개념탑재 솔리드웍스
부품 모델링 기초 2일 마스터

개념탑재 솔리드웍스
부품 모델링 기초 2일 마스터

발 행	2024년 6월 20일 초판 1쇄
저 자	정인수, 이예진, 김애림, 이승열
발 행 처	피앤피북
발 행 인	최영민
주 소	경기도 파주시 신촌로 16
전 화	031-8071-0088
팩 스	031-942-8688
전자우편	pnpbook@naver.com
출판등록	2015년 3월 27일
등록번호	제406-2015-31호

ⓒ2024. 크레도솔루션 All rights reserved.

정가 : 22,000원

ISBN 979-11-94085-00-3 (93550)

- 이 책의 어느 부분도 저작권자나 발행인의 승인 없이 무단 복제하여 이용할 수 없습니다.
- 파본 및 낙장은 구입하신 서점에서 교환하여 드립니다.

정인수·이예진·김애림·이승열 공저

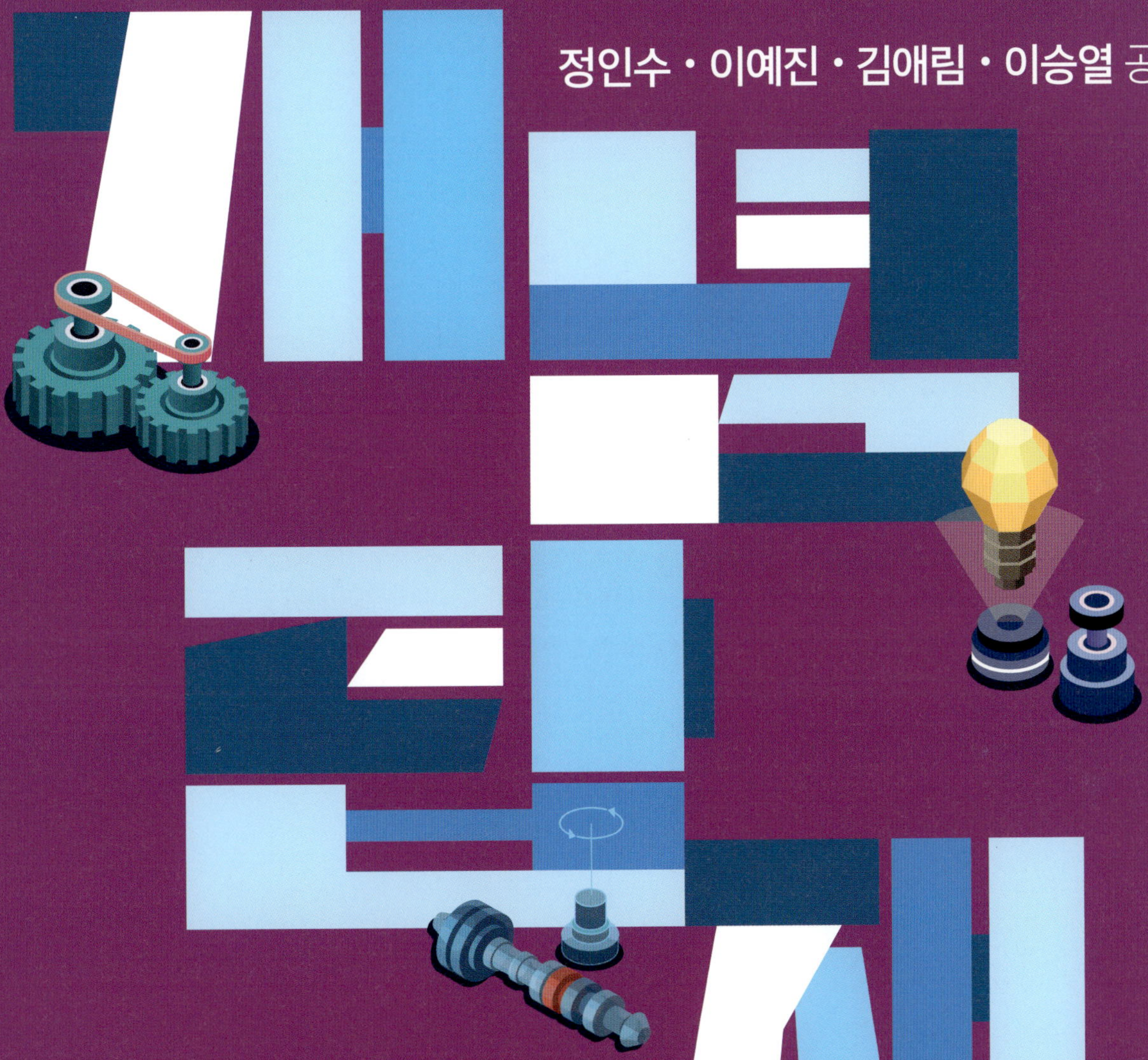

개똑똑 문제

솔리드웍스 부품 모델링
기초 2일 마스터

피앤피북

디지털 혁신의 시대에 설계와 엔지니어링 분야는 급격한 변화를 겪고 있습니다. 이러한 변화의 중심에는 3D CAD 기술이 자리 잡고 있으며, 3D CAD는 정밀한 설계, 시간 절약, 비용 절감, 시각화, 협업 등의 이점을 제공하여 다양한 산업 분야에서 널리 사용되고 있습니다.

특히, SOLIDWORKS는 전 세계 수많은 설계자와 엔지니어들이 가장 선호하는 3D CAD로 제품을 개발하는 모든 단계에서 사용 중이며, 아이디어 구상부터 제조까지 모든 과정을 쉽게 완료할 수 있게 해주는 전문적인 산업 표준 솔루션입니다.

그리고 설계 친화적이고 직관적인 사용자 인터페이스를 제공하여 업무의 생산성을 극대화할 수 있으며, 파트, 어셈블리, 대규모 설계 검토, 강력한 모델링 등을 통해 설계의 경계를 허물고 가장 복잡한 제품과 대형 어셈블리까지 처리할 수 있는 설계 기능과 성능을 제공하고 있습니다.

이 책은 SOLIDWORKS를 처음 시작하는 초보자에게 실무 경험과 교육적 접근을 결합하여 효율적으로 부품 모델링을 디자인할 수 있도록 구성되었으며, 이론적인 설명과 다양한 실습 예제를 활용해 사용 방법을 자세히 설명하고 있습니다. 그리고 다른 3D CAD에서 SOLIDWORKS로 전환하려는 분들에게 다양한 도구와 기능을 활용하여 창의적이고 효율적으로 아이디어를 표현하고 만들어 낼 수 있도록 안내되어 있습니다.

끝으로 Youtube 채널 'TOP JAE 개념탑재술'에 업로드 한 학습 동영상을 함께 활용하면 SOLIDWORKS를 더욱 쉽고 편하게 익힐 수 있을 것이라 생각하며, 학습 과정 중 궁금한 사항은 네이버 카페 '개념탑재술'을 통해 질문을 남겨주시면 성심성의껏 답변 드리도록 하겠습니다.

이 책을 통해 학습하시는 모든 분이 SOLIDWORKS 3D CAD를 활용해 산업 현장에서 창의적이고 혁신적인 기여를 이루어 낼 수 있기를 기대하며, 앞으로도 준비 중인 '개념탑재' 도서 시리즈와 **'개념탑재 솔리드웍스 어셈블리 모델링, 도면'** 책에도 많은 관심 부탁드립니다.

감사합니다.

2024년 6월
저자 일동

· 개념탑재술 Youtube 채널 : https://www.youtube.com/@TOPJAE
· 개념탑재술 네이버 카페 : https://cafe.naver.com/topjae
· 개념탑재 Instagram : https://www.instagram.com/topjae_center
· 개념탑재 센터 : https://topjae.inclass.co.kr

CHAPTER. 01
SOLIDWORKS 시작하기 12

SECTION 1   SOLIDWORKS에 대해서 14
- 01   SOLIDWORKS에 대해서 14
- 02   SOLIDWORKS 2024 Windows의 시스템 요구사항 ... 14
- 03   SOLIDWORKS 패키지 종류 15
- 04   용어 19

SECTION 2   새 문서 작성 및 파일 형식 20
- 01   새 문서 작성 20
- 02   SOLIDWORKS의 파일 형식 21

SECTION 3   데이터 열기 및 저장하기 23
- 01   열기 23
- 02   저장 25

SECTION 4   사용자 인터페이스 27
- 01   사용자 인터페이스 27
- 02   기능 선택 및 피드백 29
- 03   표시 유형 + 뷰 설정 33

SECTION 5   화면 제어 38
- 01   마우스 + 키보드 38
- 02   뷰 선택 도구 39

CONTENTS

CHAPTER. 02
사용자 환경 최적화 및 공동 작업 도구   42

SECTION 1   옵션 및 파트 템플릿 작성하기 44
- 01 시스템 옵션 44
- 02 문서 속성 52
- 03 파트 템플릿 작성하기 57

SECTION 2   사용자 정의 61
- 01 바로가기 설정하기 62
- 02 도구 모음 설정하기 63
- 03 키보드 단축키 63
- 04 마우스 제스처 66

CHAPTER. 03
스케치와 피처   68

SECTION 1   스케치 70
- 01 스케치 개요 70
- 02 작업 평면 72
- 03 스케치 작업 73
- 04 스케치 예제 79

SECTION 2 피처 83
    01 작업 피처 83
    02 스케치된 피처 85
    03 적용 피처 87

CHAPTER. 04
기초 형상 3D 모델링　90

SECTION 1　기초 형상 모델링 1 92
    01 예제 도면 및 학습 명령어 92
    02 모델링 실습 93

SECTION 2　기초 형상 모델링 2 95
    01 예제 도면 및 학습 명령어 95
    02 모델링 실습 96

SECTION 3　기초 형상 모델링 3 98
    01 예제 도면 및 학습 명령어 98
    02 모델링 실습 99

SECTION 4　기초 형상 모델링 4 103
    01 예제 도면 및 학습 명령어 103
    02 모델링 실습 104

SECTION 5　기초 형상 모델링 5 106
    01 예제 도면 및 학습 명령어 106
    02 모델링 실습 107

CONTENTS

SECTION 6 기초 형상 모델링 6 .... **110**
    01   예제 도면 및 학습 명령어 110
    02   모델링 실습 111

SECTION 7 기초 형상 모델링 7 .... **115**
    01   예제 도면 및 학습 명령어 115
    02   모델링 실습 116

SECTION 8 기초 형상 모델링 8 .... **120**
    01   예제 도면 및 학습 명령어 120
    02   모델링 실습 121

SECTION 9 기초 형상 모델링 9 .... **126**
    01   예제 도면 및 학습 명령어 126
    02   모델링 실습 127

SECTION 10 기초 형상 모델링 10 .... **132**
    01   예제 도면 및 학습 명령어 132
    02   모델링 실습 133

SECTION 11 예제 도면 **139**

CHAPTER. 05
응용 형상 3D 모델링　144

SECTION 1　스프링 **146**
 01　예제 도면 및 학습 명령어 146
 02　모델링 실습 147

SECTION 2　육각머리볼트 **151**
 01　예제 도면 및 학습 명령어 151
 02　모델링 실습 152

SECTION 3　샤프트 **156**
 01　예제 도면 및 학습 명령어 156
 02　모델링 실습 157

SECTION 4　커버 **162**
 01　예제 도면 및 학습 명령어 162
 02　모델링 실습 163

SECTION 5　브라켓 **169**
 01　예제 도면 및 학습 명령어 169
 02　모델링 실습 171

SECTION 6　파이프 브라켓 **177**
 01　예제 도면 및 학습 명령어 177
 02　모델링 실습 178

SECTION 7　커버 **184**
 01　예제 도면 및 학습 명령어 184
 02　모델링 실습 185

CONTENTS

SECTION 8   하우징 194
    01   예제 도면 및 학습 명령어 194
    02   모델링 실습 196

SECTION 9   예제 도면 212

CHAPTER. 06
3D 형상 모델링 검토 및 수식   220

SECTION 1   3D 형상 모델링 검토 222
    01   측정 222
    02   물성치 226
    03   피처 편집 228
    04   피처 삭제 228
    05   기능 억제 229
    06   롤백 바 231

SECTION 2   수식 233
    01   수식에 대해서 233
    02   수치 링크 235
    03   글로벌 변수 237
    04   수식 사용 238
    05   수식 제어 239

[부록]   AutoCAD 명령에 상응하는 SOLIDWORKS 기능 대조표 243

Section 1	SOLIDWORKS에 대해서	14
Section 2	새 문서 작성 및 파일 형식	20
Section 3	데이터 열기 및 저장하기	23
Section 4	사용자 인터페이스	27
Section 5	화면 제어	38

CHAPTER.01

—

SOLIDWORKS 시작하기

SECTION 01

SOLIDWORKS에 대해서

01 SOLIDWORKS에 대해서

SOLIDWORKS® CAD 소프트웨어는 설계자가 구상한 설계를 빠르게 스케치하고, 다양한 피처와 치수를 활용하여 모델 및 상세도를 만들 수 있도록 도와주는 기계 설계 자동화 응용 프로그램입니다.
파트는 SOLIDWORKS 소프트웨어에서 사용되는 기본 작성 블럭입니다. 어셈블리에는 파트나 하위 어셈블리와 같은 기타 어셈블리가 포함됩니다.
SOLIDWORKS 모델은 모서리, 면, 곡면을 정의하는 3D 형상으로 구성되어 있습니다. SOLIDWORKS 소프트웨어를 사용하면 모델을 빠르고 정확하게 설계할 수 있습니다.

- **3D 설계에 의한 정의**

SOLIDWORKS는 3D 설계 접근 방식을 사용합니다. 파트를 설계할 때 첫 스케치에서부터 최종 모델까지 3D 모델을 생성하게 됩니다. 이 모델에서 3D 어셈블리를 생성할 수 있는 2D 도면이나 파트 또는 하위 어셈블리로 이루어진 부품을 결합할 수 있으며, 2D 도면을 생성할 수도 있습니다.

- **부품 기반**

SOLIDWORKS 응용 프로그램의 가장 강력한 기능 중 하나는 파트를 변경하면 이와 관련된 도면이나 어셈블리에도 변경사항이 반영된다는 것입니다.

02 SOLIDWORKS 2024 Windows의 시스템 요구사항

시스템	요구사항
운영 체제	Windows® 10 및 11, 64비트
프로세서	64비트, Intel 또는 AMD
메모리	16GB 이상
그래픽	인증된 그래픽 카드 참고 https://www.SOLIDWORKS.com/ko/support/hardware-certification/
드라이브	최적의 성능을 위해 권장되는 SSD 드라이브

03 SOLIDWORKS 패키지 종류

1 SOLIDWORKS Standard

SOLIDWORKS Standard을 사용하여 작업 속도를 빠르게 높이고 파트, 어셈블리 및 2D 도면을 신속하게 작성할 수 있습니다. 판금, 용접, 곡면 처리 및 금형 도구 등의 도구를 활용할 수 있습니다.

- **3D 솔리드 모델링**

아이디어를 3D로 표현하고 설계 변경시 즉각적인 3차원 그래픽을 실시간으로 확인할 수 있습니다.

- **어셈블리 설계**

파트 또는 어셈블리를 구동조건에 맞춰 조립하고 설계 변경시 관련 모든 파일에서 자동 업데이트됩니다.

- **대형 어셈블리 설계**

대형 부품을 설계 및 관리하고 단순화하여 생산성을 향상시키고, 개선된 대규모 설계 검토 모드를 사용할 수 있습니다.

- **2D 도면 작성**

파트 또는 어셈블리의 도면을 손쉽게 작성할 수 있으며, 파트 또는 어셈블리와 연동되어 설계 변경 시 관련 모든 파일에서 자동 업데이트됩니다.

- **자동 부품 번호(BOM)**

부품 번호 속성 표시기를 사용하여 모델 변경 시 자동 업데이트되는 자동화된 BOM을 생성할 수 있습니다.

- **곡면 설계**

금형, 의료기기 산업에서 사용되는 C2 곡면 등 복잡한 곡면 지오메트리를 작성할 수 있습니다.

- **판금 설계**

판금 파트의 초기 설계부터 K변수 및 절곡률에 따른 전개도를 생성할 수 있습니다.

- **금형 설계**

코어, 캐비티, 구배, 몰드베이스 부품 등을 제조하기 위한 금형 설계를 할 수 있습니다.

- **용접구조물 설계**

표준화된 구조용 맴버 형상 또는 사용자가 직접 제작한 프로파일을 이용하여 구조 부재 및 평판을 설계할 수 있습니다.

- **애니메이션**

모터, 중력, 스프링, 접촉 조건을 적용하여 부품에 동작을 표현하고 비디오를 생성할 수 있습니다.

2 SOLIDWORKS Professional

SOLIDWORKS Professional은 SOLIDWORKS Standard를 기반으로 파일 관리 도구, 고급 실사적 렌더링, eDrawings Professional 협업 기능, 정교한 부품 및 파트 라이브러리 기능을 추가하여 설계 생산성을 높여 줍니다.

- **TOOL BOX**

볼트, 너트, 기어 등 100만개 이상의 표준품을 설계 라이브러리로 제공하여 설계 시간을 단축시킬 수 있습니다.

- **작업 스케줄러**

도면을 DWG 또는 PDF로 일괄 변경 및 출력하거나 작업 시간에 맞춰 예약하여 효율성을 높입니다.

- **PHOTOVIEW360**

3D 설계에 태양광 등 조건을 부여하여 실사적 이미지와 애니메이션을 생성합니다.

- **VISUALIZE STANDARD**

실사 품질의 고성능 3D 랜더링 솔루션을 제공합니다.

- **PDM STANDARD**

설계 데이터 중앙화 솔루션(리비전관리, 설계데이터 공유 등)을 제공합니다.

- **STAN TO 3D**

스캔 데이터를 SOLIDWORKS 3D 지오메트리로 변환하는 역설계를 지원합니다.

- **CIRCUITWORKS**

IDF, ProStep, PADS 확장자를 통해 ECAD 데이터와 MCAD 데이터의 상호 호환이 가능합니다.

- **TOLANALYST**

파트와 어셈블리에 미치는 공차의 영향을 자동으로 분석하고 보고서를 생성합니다.

3 SOLIDWORKS Premium

SOLIDWORKS Premium은 SOLIDWORKS Professional을 기반으로 첨단 배선 및 배관 기능에 대한 설계 검증과 강력한 시뮬레이션을 추가하여 설계 생산성을 높여 줍니다.

- **파이프/ 튜브 설계**

파이프 및 튜브의 3D 설계를 통해 모든 파이프 및 튜브의 절단 길이를 자동으로 계산하고 BOM을 자동 생성할 수 있습니다.

- **케이블/ 하네스 설계**

기본 케이블, 전기 케이블, 하네스 및 도관 시스템을 전체에 배치하고 제조용 BOM 및 와이어 용접 구조물 테이블을 생성할 수 있습니다.

- **사각 파이프**

사각 단면에 대한 배관을 자동으로 생성할 수 있습니다.

- **곡면 전개**

제품의 복잡한 곡면을 전개하고 변형 플롯을 통해 검토한 후 실제 제품의 인장 및 압축을 확인할 수 있으며, 전개 라인을 DWG 파일로 내보낼 수 있습니다.

- **비용 예측 (어셈블리)**

SOLIDWORKS 어셈블리의 자동 비용 산정 도구를 통해 제조 비용을 실시간으로 평가하며 설계할 수 있습니다.

- **모션 시뮬레이션**

제품의 동적 문제에 대해 시간을 기반으로 모션을 수행합니다. (모터, 스프링, 댐퍼)

- **환경 평가 계산**

설계 제품에 대하여 환경에 미치는 영향을 실시간으로 확인하고 환경 평가 보고서를 생성할 수 있습니다.

- **선형 정적해석**

자동 메시 및 제품의 선형 정적 해석을 수행할 수 있습니다.

4. SOLIDWORKS 패키지 비교

기 능	STANDARD	PROFESSIONAL	PREMIUM
파트 및 어셈블리 모델링	●	●	●
2D 도면화	●	●	●
설계 재사용 및 자동화	●	●	●
CAD 데이터 협업 및 공유	●	●	●
간섭검사	●	●	●
1차 테스트 해석 도구	●	●	●
CAM 프로그래밍 (SOLIDWORKS CAM)	●	●	●
DFM(제조 적합성을 감안한 설계)	●	●	●
생산성 도구	●	●	●
고급 CAD 파일 불러오기 / 내보내기 및 3D Interconnect	●	●	●
Xtended Reality(XR) Exporter	●	●	●
CAD 라이브러리 (SOLIDWORKS Toolbox)		●	●
ECAD/MCAD 협업 (CircuitWorks)		●	●
eDrawings Professional에서 협업		●	●
자동화된 공차 누적 해석(TolAnalyst)		●	●
고급 실사적 렌더링 (SOLIDWORKS Visualize)		●	●
SOLIDWORKS 파일 관리		●	●
리버스 엔지니어링(ScanTo3D)		●	●
시간 기반 모션 해석			●
파트와 어셈블리에 대한 선형 정적 해석			●
파이프 및 튜브 배관			●
전기 배선 및 하니스 배선 연결			●
고급 곡면 전개			●
직사각형 및 기타 단면의 배관			●

04 용어

다음은 SOLIDWORKS 소프트웨어 전반에 걸쳐 나오는 용어입니다.

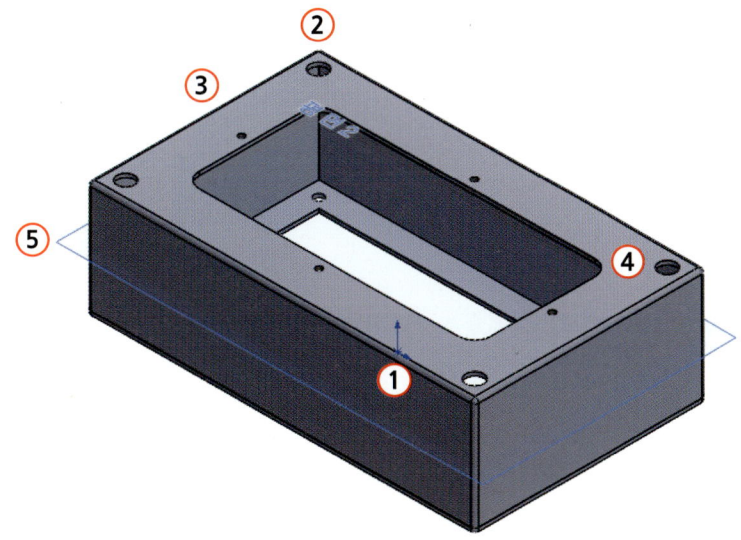

1 원점 : 두 개의 파란 화살표로 표시되며 모델의 (0,0,0) 좌표를 나타냅니다. 스케치가 활성 상태이면 스케치 원점이 빨간색으로 표시되고 스케치의 (0,0,0) 좌표를 나타냅니다. 치수와 구속조건을 모델 원점에는 부가할 수 있지만 스케치 원점에는 부가할 수 없습니다.

2 꼭지점 : 둘 이상의 선이나 모서리가 교차하는 지점입니다. 스케치, 치수 작성 등의 작업을 위해 꼭지점을 선택할 수 있습니다.

3 모서리 : 두 개 이상의 면이 교차하고 서로 합쳐지는 위치입니다. 스케치, 치수 작성 등의 작업을 위해 모서리를 선택할 수 있습니다.

4 Face : 모델이나 곡면의 형태를 정의할 때 사용되는 경계입니다. 면은 모델이나 곡면의 선택 가능한 영역(평면 또는 비 평면)입니다. 예를 들어, 사각형 솔리드에는 여섯 개의 면이 있습니다.

5 평면 : 평평한 보조선을 의미합니다. 평면을 스케치나 모델의 단면도 작성에 사용하거나 구배 피처의 중립 평면으로 사용할 수 있습니다.

SECTION 02 새 문서 작성 및 파일 형식

01 새 문서 작성

SOLIDWORKS에서 템플릿을 선택해 작업을 시작하기 위하여 새 문서 명령을 실행하는 방법입니다.

1 SOLIDWORKS 메뉴에서 새 문서 작성

SOLIDWORKS 메뉴에서 파일 〉 [새 파일(N)] 명령을 클릭합니다.

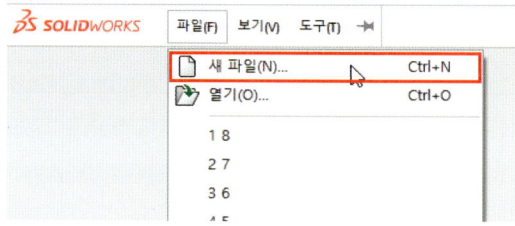

2 표준 도구 모음에서 새 문서 작성

표준 도구 모음에서 [새 문서]를 클릭합니다.

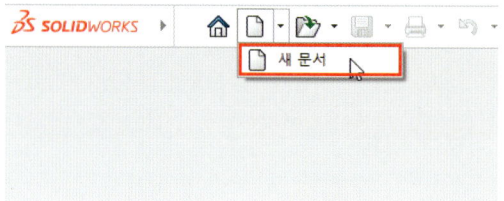

02 SOLIDWORKS의 파일 형식

SOLIDWORKS에서 작업할 수 있는 파트, 어셈블리, 도면 파일의 구조와 사용 방법을 알아봅니다. SOLIDWORKS에서는 동시에 여러 개의 파트, 어셈블리, 도면 문서를 열 수 있습니다.

1 파트 (.sldprt)

파트 모델링 작업을 하기 위해서는 '파트(템플릿)'에서 작업해야 합니다.

파트 환경의 작업 명령은 서로 결합하여 구성하는 스케치, 피처, 본체를 조작합니다. 대부분의 파트 모델링 작업은 스케치 작업으로부터 시작되며, 스케치는 피처를 작성하는 데 필요한 모든 형상의 프로파일입니다.

파트는 단일 본체 파트와 다중 본체 파트로 구분할 수 있습니다.

2 어셈블리 (.sldasm)

어셈블리 파일 작업을 하기 위해서는 '어셈블리 환경(템플릿)'에서 작업해야 합니다.

파트를 어셈블리에 삽입하거나 스케치 및 파트 명령을 사용하여 어셈블리 환경에서 파트를 작성하여 어셈블리 파일을 구성합니다. 그리고 다른 부분 어셈블리(Sub assembly)을 어셈블리에 삽입할 수 있습니다.

3 도면 (.slddrw)

파트, 어셈블리를 작성한 후 도면 파일을 생성해 설계를 문서화할 수 있습니다.

SOLIDWORKS 새 문서 대화상자에서는 [고급]과 [초보] 버튼을 클릭하여 새 문서 창을 전환하여 사용할 수 있습니다.

- **초보**

파트, 어셈블리, 도면 문서 아이콘과 설명을 표시합니다.

- **고급**

탭에 템플릿 아이콘을 표시합니다.

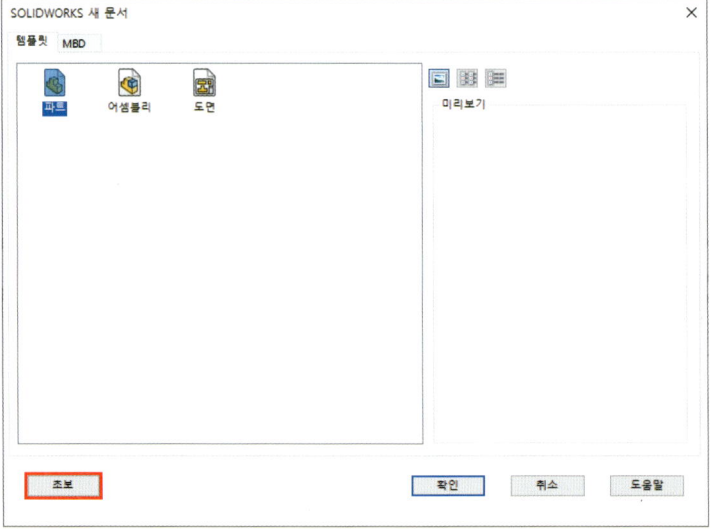

SECTION 03

데이터 열기 및 저장하기

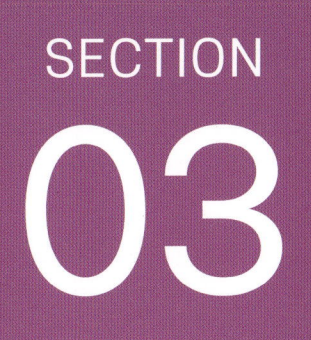

01 열기

SOLIDWORKS에서 [열기] 명령을 이용하여 내 컴퓨터에 저장되어 있는 파일을 열 수 있습니다.

1 SOLIDWORKS 메뉴에서 열기

SOLIDWORKS 메뉴에서 파일 > [열기(O)] 명령을 클릭합니다.

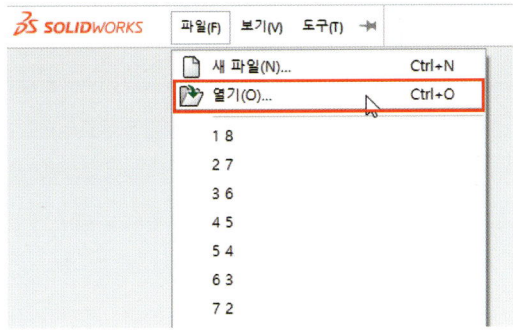

2 표준 도구 모음에서 열기

표준 도구 모음에서 [열기]를 클릭합니다.

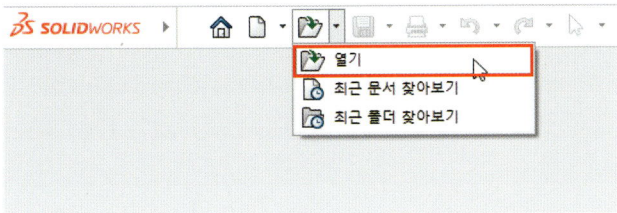

PART 1 **SOLIDWORKS 시작하기** 23

SOLIDWORKS에서 열 수 있는 파일 형식입니다.

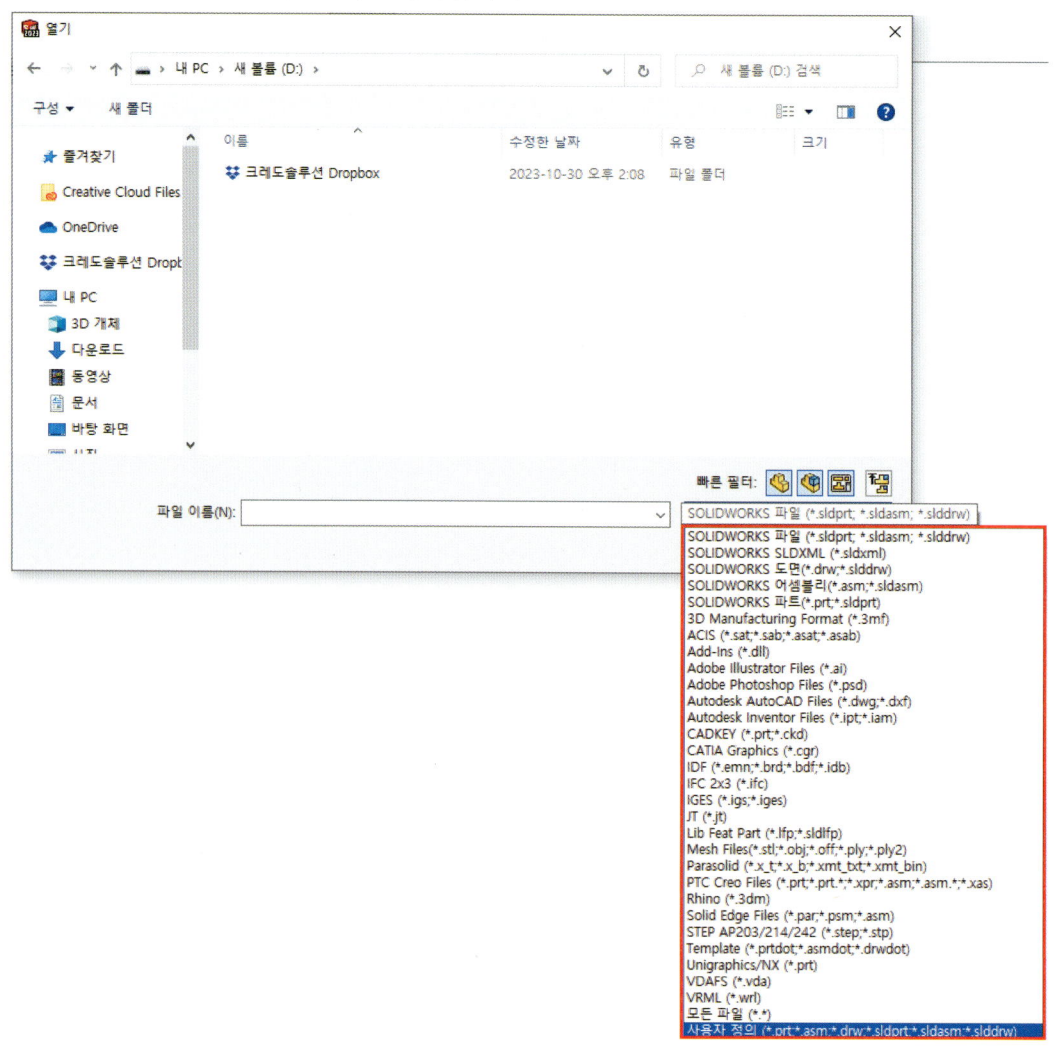

02 저장

SOLIDWORKS에서 [저장] 명령을 이용하여 원하는 위치에 파일을 저장할 수 있습니다.

1 SOLIDWORKS 메뉴에서 저장

SOLIDWORKS 메뉴에서 파일 > [저장(S)] 명령을 클릭합니다.

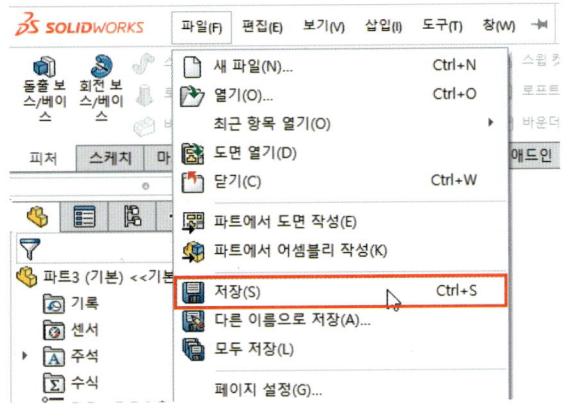

2 표준 도구 모음에서 저장

표준 도구 모음에서 [저장]을 클릭합니다.

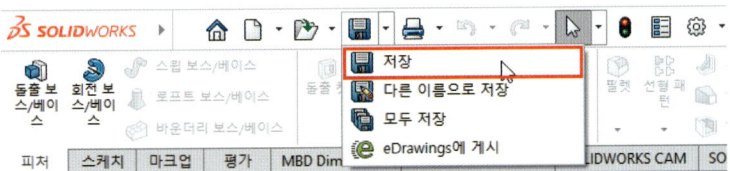

3 SOLIDWORKS 메뉴에서 다른 이름으로 저장

SOLIDWORKS 메뉴에서 파일 > [다른 이름으로 저장(A)] 명령을 클릭해 기존 파일을 새 SOLIDWORKS 파일로 저장하거나 다양한 파일 형식으로 저장할 수 있습니다.

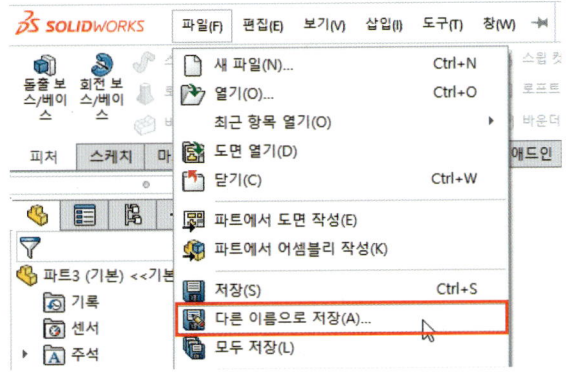

다른 이름으로 사본 저장할 수 있는 파일 형식입니다.

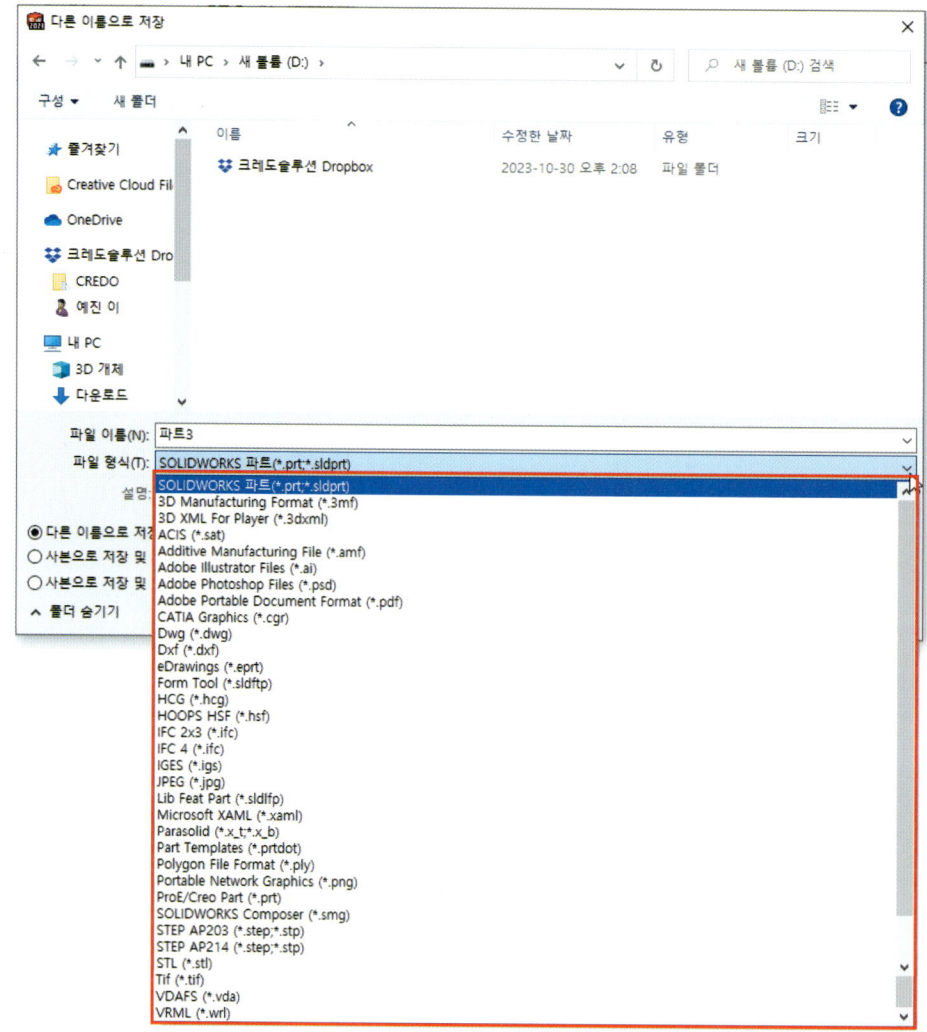

SECTION 04

사용자 인터페이스

01 사용자 인터페이스

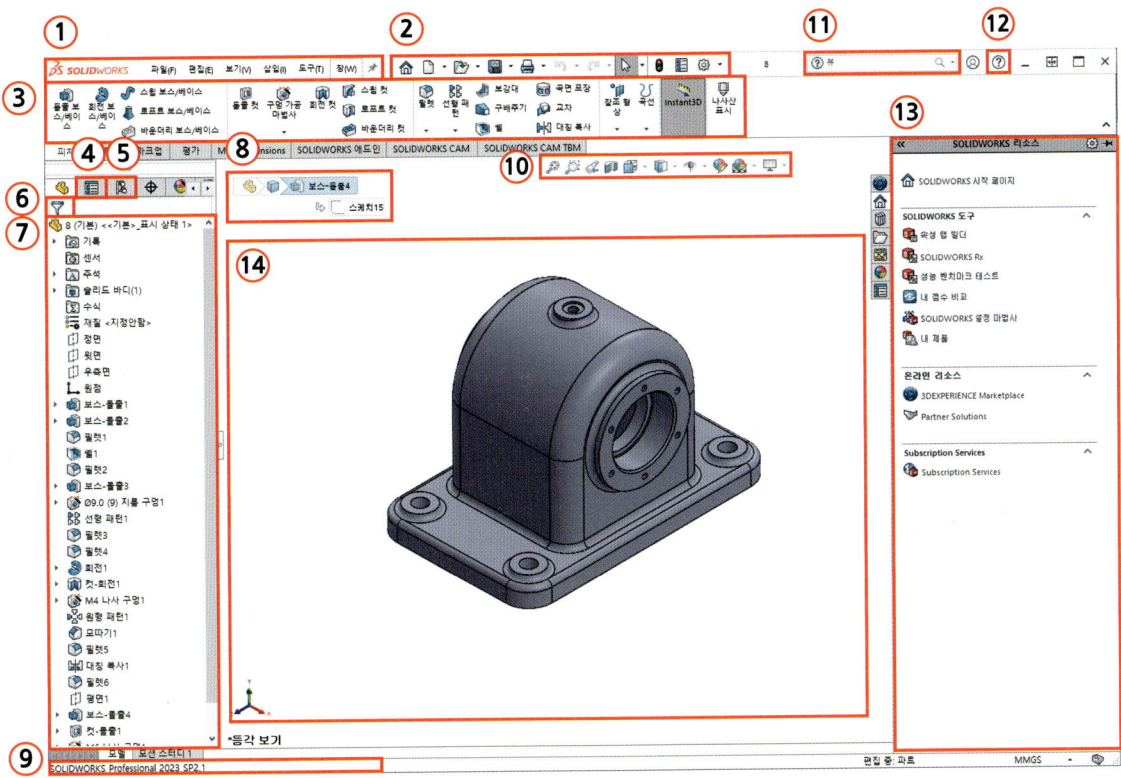

1. **메뉴 모음** : 메뉴 모음에는 SOLIDWORKS 메뉴, 일련의 빠른 액세스 도구, SOLIDWORKS 검색 및 도움말 옵션이 있습니다.

2. **도구 모음** : 도구 모음에는 대부분의 SOLIDWORKS 도구와 애드인 제품의 도구 모음이 있습니다. 명명된 도구 모음은 곡면 또는 도면 곡선 적용과 같은 특정 설계 작업을 수행하는 데 도움이 됩니다.

3. **CommandManager** : CommandManager는 사용자가 액세스하려는 도구 모음을 기반으로 동적으로 업데이트되는 작업 상황별 도구 모음입니다. 기본으로 여기에는 문서 유형에 따라 기본적으로 포함된 도구 모음이 들어 있습니다.

4 **PropertyManager** : PropertyManager는 여러 SOLIDWORKS 명령의 속성 및 기타 옵션을 지정하는 도구입니다.

5 **설정 보기** : 설정 보기를 사용하여 문서에서 파트 및 어셈블리의 여러 설정을 작성하고, 선택하고, 볼 수 있습니다.

6 **FeatureManager 디자인 트리 필터** : FeatureManager 디자인 트리 필터를 사용하여 특정 파트의 피처 및 어셈블리 파트를 검색할 수 있습니다.

7 **FeatureManager 디자인 트리** : SOLIDWORKS 창 왼쪽의 FeatureManager 디자인 트리에서는 활성 파트, 어셈블리 또는 도면의 전체적인 개요를 볼 수 있습니다. 이는 모델이나 어셈블리의 구조를 쉽게 보고 도면의 여러 시트와 뷰를 편리하게 확인할 수 있게 해줍니다.

8 **선택 이동 경로** : 선택 이동 경로는 현재 선택 사항을 상황에 맞게 보여줍니다. 파트와 어셈블리의 계층 구조 트리에서 관련 요소를 표시합니다.

9 **상태 표시줄** : SOLIDWORKS 창 하단에 있는 상태 표시줄에서는 수행 중인 기능과 관련된 정보가 제공됩니다.

10 **빠른 보기 도구 모음** : 각 뷰포트에 표시되는 투명한 도구 모음에는 뷰를 조작하는 데 공통적으로 필요한 모든 도구가 있습니다.

11 **SOLIDWORKS 검색** : SOLIDWORKS 검색을 사용하여 설명서에서 정보를 찾을 수 있습니다. 또한 파일 및 모델을 찾고, 몇 번의 키 입력으로 SOLIDWORKS 명령을 찾아 실행할 수 있습니다.

12 **도움말 플라이아웃 메뉴** : 도움말에 액세스하는 경우 브라우저에서 설명서가 열립니다. 인터넷 연결이 느리거나 인터넷에 연결되지 않은 경우 로컬 도움말(.chm) 파일을 볼 수 있습니다.

13 **작업 창** : 작업 창을 통해 SOLIDWORKS 리소스, 재사용 가능한 설계 요소의 라이브러리, 도면 시트에 끌어 놓을 수 있는 보기, 기타 유용한 항목과 정보에 액세스할 수 있습니다.

14 **그래픽 영역** : 그래픽 영역은 파트, 어셈블리, 도면을 표시하고 이를 수정할 수 있게 해줍니다.

02 기능 선택 및 피드백

SOLIDWORKS 응용 프로그램에서는 요소를 스케치하거나 피처를 적용하는 등의 작업을 수행할 때 피드백이 제공됩니다. 피드백에는 포인터, 도움선, 미리보기 등이 있습니다.

1 메뉴

SOLIDWORKS 메뉴를 이용하여 명령을 실행할 수 있습니다. 또한 마우스 오른쪽 버튼을 클릭하여 상황에 맞는 바로 가기 메뉴를 사용할 수 있습니다.

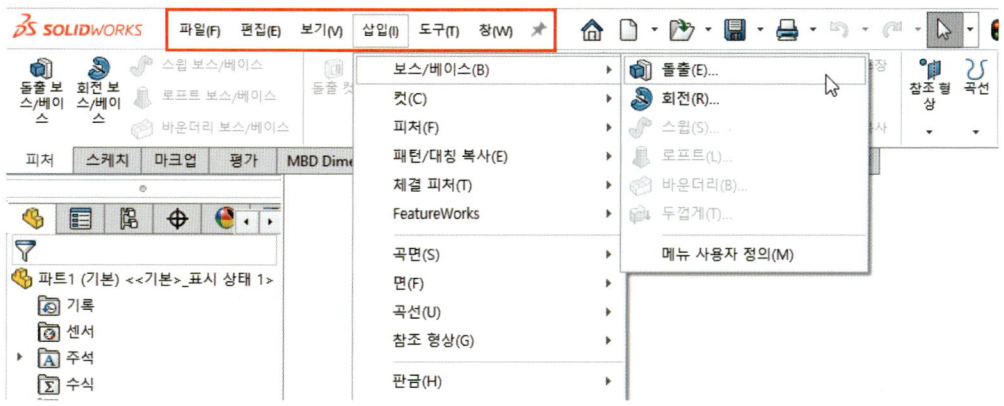

2 도구 모음

도구 모음을 사용하여 SOLIDWORKS 기능에 액세스할 수 있습니다. 도구 모음은 스케치 또는 어셈블리 도구 모음과 같이 기능별로 구성되어 있으며, 각 도구 모음은 뷰 회전, 원형 패턴, 원 등 특정 도구에 대한 개별 아이콘으로 구성되어 있습니다.

도구 모음은 표시하거나 숨길 수 있으며 SOLIDWORKS 창에 고정시키거나 화면에서 자유롭게 이동할 수 있습니다. SOLIDWORKS 소프트웨어에서는 도구 모음의 상태를 다음 세션까지 기억합니다. 도구를 추가하거나 삭제하여 도구 모음을 사용자 정의할 수 있습니다.

③ CommandManager

CommandManager는 활성된 문서 유형을 기반으로 하여 동적으로 업데이트되는 작업 상황별 도구 모음입니다.

CommandManager 아래의 탭을 클릭하면 관련 명령어들이 표시되며, 파트, 어셈블리, 도면과 같은 각 문서 유형에 맞게 작업에 적합하도록 탭이 서로 다르게 정의되어 있습니다. 탭의 내용은 도구 모음과 같은 방식으로 사용자 정의할 수 있습니다. 예를 들어 피처 탭을 클릭하면 피처와 관련된 도구가 나타납니다. 또한, 도구를 추가하거나 삭제하여 CommandManager를 사용자 정의할 수 있습니다. 도구 도움말은 각 아이콘 위에 마우스를 두면 표시됩니다.

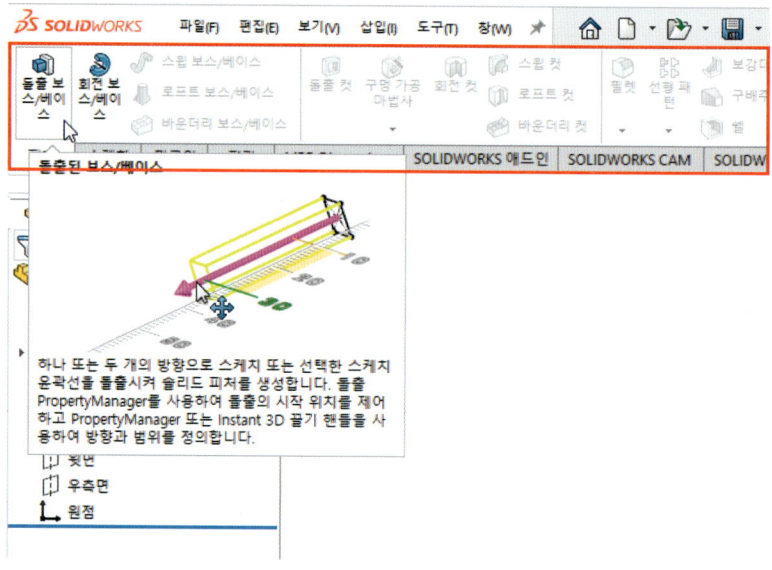

④ 바로가기 바

사용자 정의할 수 있는 바로가기 바를 사용하여 파트, 어셈블리, 도면, 및 스케치 모드에서 사용할 사용자 고유의 명령어 세트를 빠르게 실행할 수 있습니다. 이 바에 액세스 하려면 키보드 S 키(기본값)를 누릅니다.

5 상황별 도구 모음

그래픽 영역 또는 FeatureManager 디자인 트리의 항목을 선택하면 상황별 도구 모음이 나타납니다. 이 도구 모음은 해당 상황에서 자주 실행되는 작업으로의 액세스를 제공합니다. 상황 도구 모음은 파트, 어셈블리와 스케치에 사용할 수 있습니다.

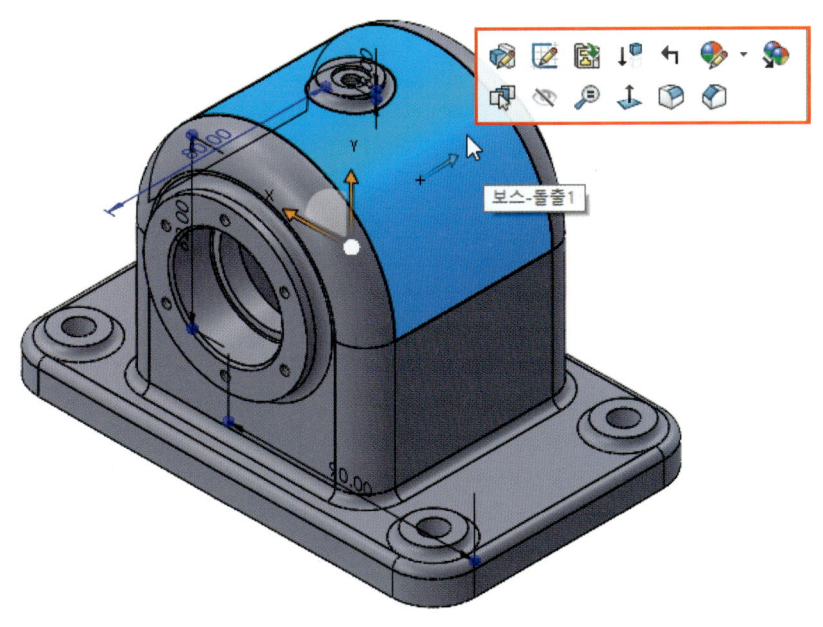

6 핸들

PropertyManager를 사용하여 돌출 깊이 등과 같은 값을 설정할 수 있습니다. 그래픽 핸들을 사용하여 그래픽 영역을 떠나지 않고도 변수를 동적으로 드래그하고 설정할 수 있습니다.

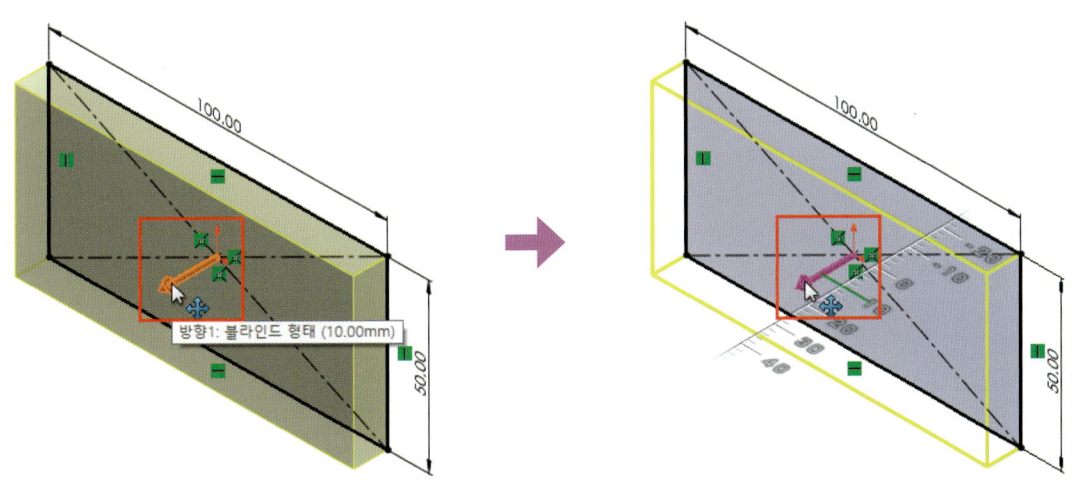

7 미리보기

대부분의 피처를 사용할 경우 그래픽 영역에 생성하려는 피처의 미리보기가 표시됩니다. 베이스/보스 돌출, 컷 돌출, 스윕, 로프트, 패턴, 곡면 등과 같은 피처는 미리보기가 표시됩니다.

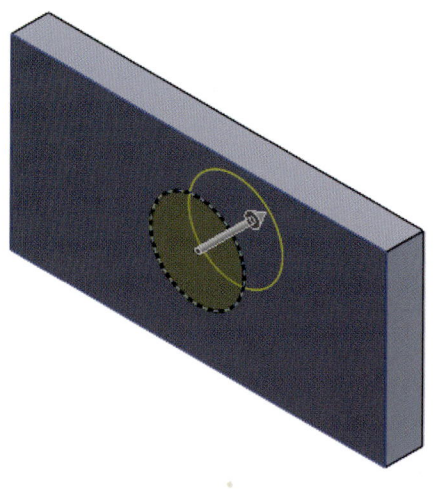

8 포인터 피드백

SOLIDWORKS 응용 프로그램에서 포인터는 꼭지점, 모서리 및 면과 같은 개체의 유형에 따라 모양이 변경됩니다. 스케치에서 포인터는 실행한 명령어에 대한 안내와 중간점 같은 다른 스케치 요소에 대한 상대적인 포인터 위치를 보여줍니다.

✏️	원 스케치를 나타냅니다.
✏️	스케치 선이나 모서리의 중간점임을 나타냅니다. 중간점을 선택하려면, 선이나 모서리 선을 마우스 우측 버튼으로 클릭하고 **중간점 선택**을 선택합니다.

03 표시 유형 + 뷰 설정

1 표시 유형

활성 보기의 표시 스타일을 변경합니다. 모델의 표시 유형을 바꾸는 명령으로써, 모델을 여러 가지 형태로 보는 기능입니다. 예를 들어, 모서리 표시 음영, 은선 제거 또는 실선을 선택할 수 있습니다.

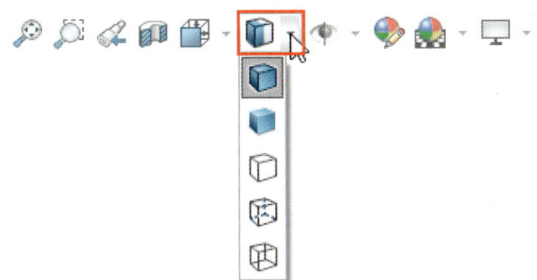

- **모서리 표시 음영**

모델을 모서리선 표시 상태로 음영뷰로 표시합니다.

- **음영처리**

모델의 음영 뷰를 표시합니다.

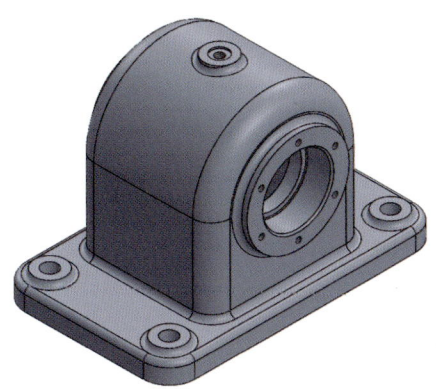

- **은선 제거**

현재 뷰 방향에서 볼 수 있는 모델 모서리선만 표시합니다.

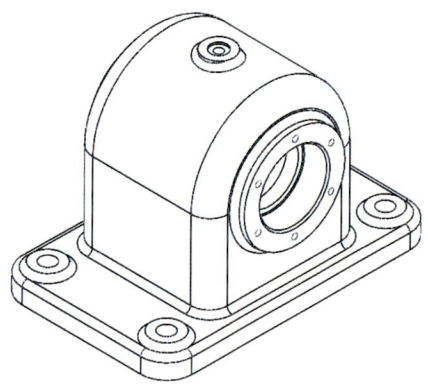

- **은선 표시**

모든 모서리선을 표시하며, 현재 뷰 방향에서 숨은 모서리들은 회색선으로 표시됩니다.

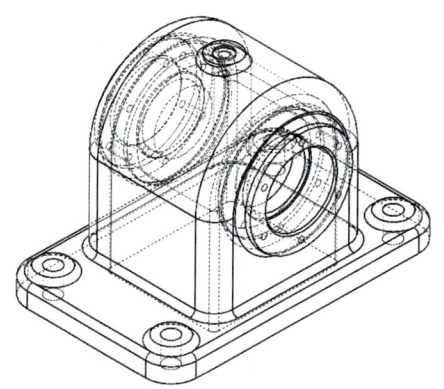

- **실선 표시**

모델 모서리를 모두 실선으로 표시합니다.

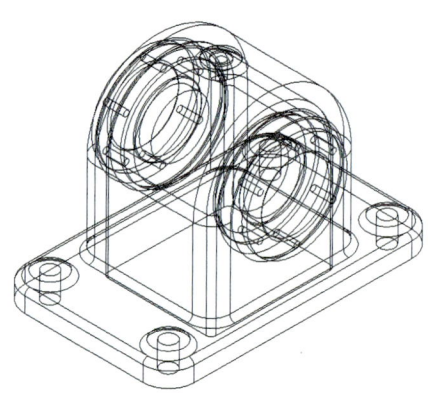

2 뷰 설정

RealView, 그림자, 엠비언트 오클루전과 같은 다양한 뷰 설정을 전환합니다.

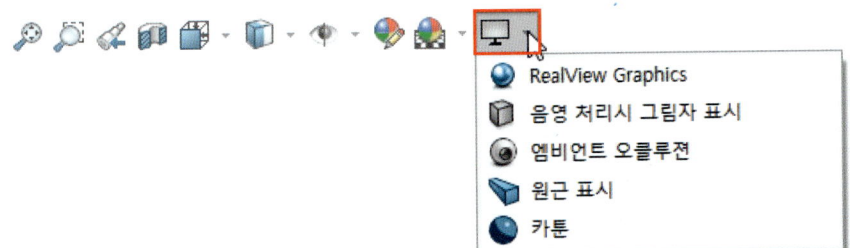

- **RealView Graphics**

RealView Graphics는 자체 그림자나 화면 반사와 같은 고급 음영 기술을 실시간으로 지원하는 하드웨어(그래픽 카드) 입니다. 표현을 적용할 때 RealView Graphics를 사용하여 보다 실사적인 모델을 표현할 수 있습니다. RealView Graphics는 지원되는 그래픽 카드가 있을 때만 사용할 수 있습니다.

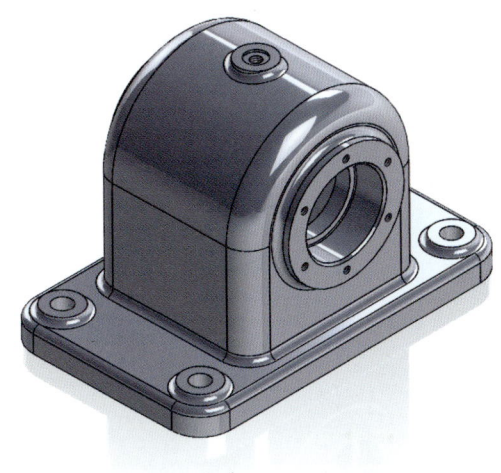

- **음영 처리시 그림자 표시**

음영 처리시 모델의 그림자를 표시합니다. 그림자가 표시되면 현재 방향에서 모델의 윗 부분에 조명이 나타납니다. 그림자 기능을 사용하면, 회전, 화면 이동, 확대/축소와 같은 동적인 보기 작업을 할 때 시스템 속도가 느려집니다.

- **엠비언트 오클루젼**

엠비언트 오클루젼은 간접조명 차단으로 인한 간접 조명의 희석을 조절하여 모델에 사실감을 추가하는 전체 조명 방식입니다. 물체가 구름이 덮힌 흐린 날처럼 표현됩니다.

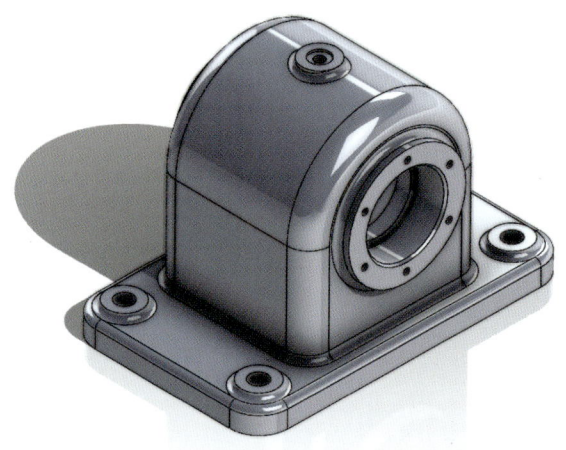

- **원근 표시**

모델의 투시도를 표시합니다. 원근 표시란 사람의 육안을 통해 정상적으로 보이는 뷰입니다. 평행선이 소실점을 향해 점점 희미해집니다.

- **카툰**

OpenGL 및 RealView에서 카툰 렌더링을 켜면 모서리와 면에 카툰 같은 효과를 제공할 수 있습니다. 카툰 렌더링을 통해서 RealView 모델에 비사실적 만화 같은 효과를 줄 수 있습니다.

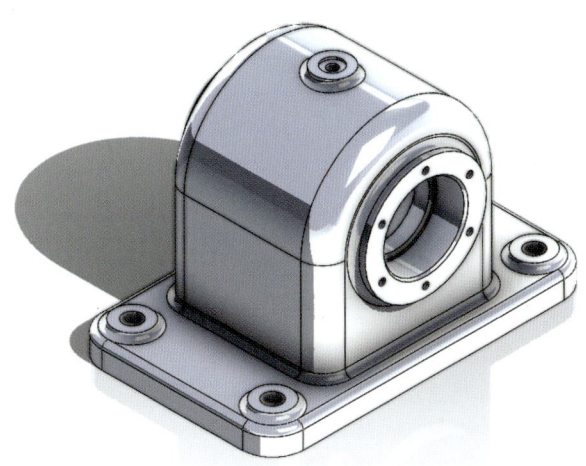

SECTION 05

화면 제어

01 마우스 + 키보드

1 Zoom

- **ZOOM ALL(전체)**
  마우스 가운데 버튼을 더블 클릭합니다.

- **ZOOM IN/OUT :**
  ZOOM IN : 마우스 가운데 버튼(휠)을 밀 때
  ZOOM OUT : 마우스 가운데 버튼(휠)을 당길 때

2 PAN

Ctrl 키와 마우스 가운데 버튼을 누른 상태로 커서를 이동하면 초점 이동을 할 수 있습니다.

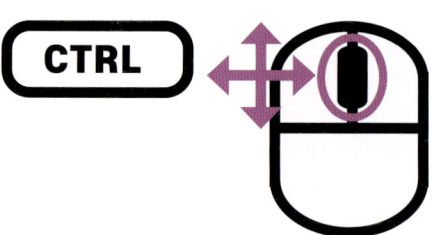

3 ORBIT

- 마우스 가운데 버튼을 누른 상태로 커서를 이동하면 화면 회전을 할 수 있습니다.

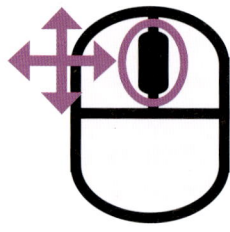

02 뷰 선택 도구

뷰 선택 도구로 상황별 모델 뷰를 확인 및 선택할 수 있습니다. 스페이스바를 누르거나 방향 대화 상자에서 뷰 선택 도구를 클릭하여 실행할 수 있습니다.

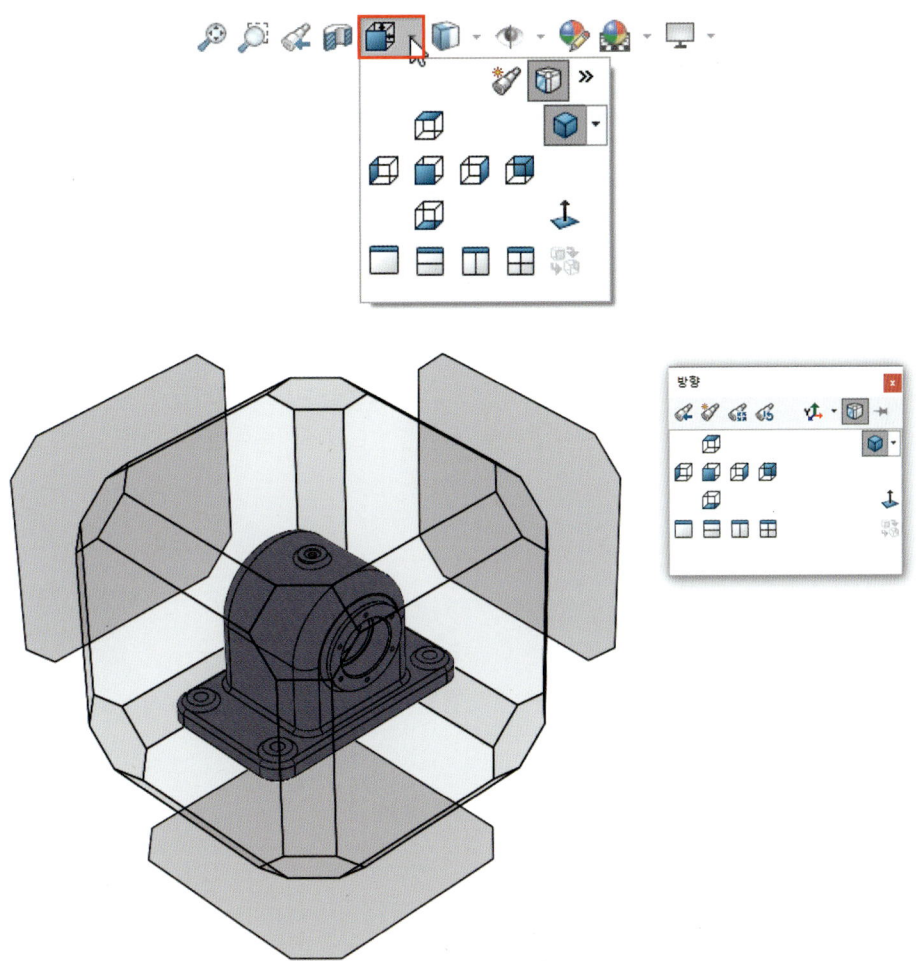

뷰 선택 도구를 사용하면 모델의 우측면, 좌측면, 정면, 후면, 윗면, 부등각 투영 뷰를 선택했을 때 해당 뷰가 어떻게 표시되는지 확인할 수 있습니다. 뷰를 선택하려면 뷰 선택 도구에서 면을 클릭하면 되며, 뷰 선택 도구의 큐브 후면에서 뷰를 보려면 Alt 키를 누르면 됩니다.

1 정면(Ctrl + 1)

2 후면(Ctrl + 2)

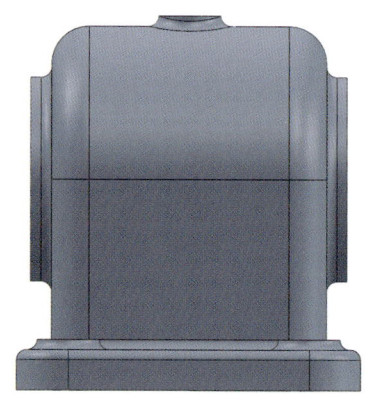

3 좌측면(Ctrl + 3)

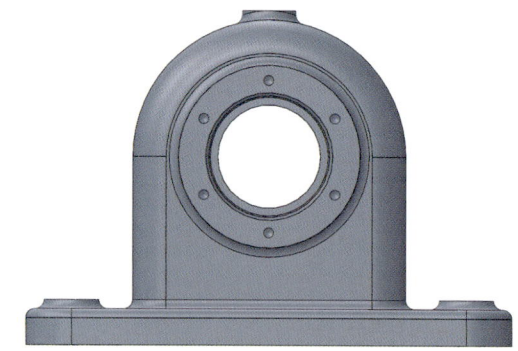

4 우측면(Ctrl + 4)

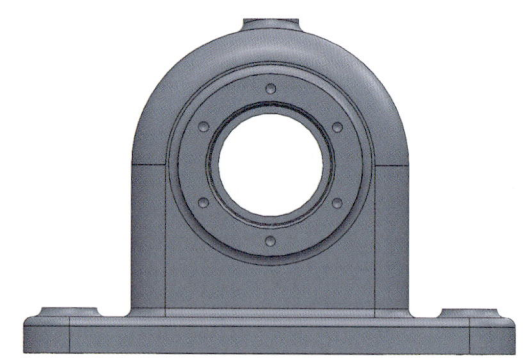

5 윗면(Ctrl + 5)

6 아랫면(Ctrl + 6)

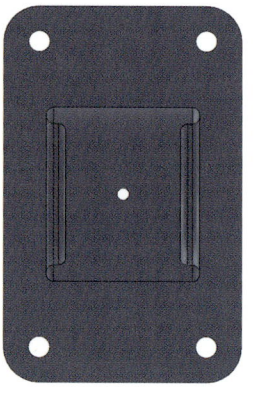

7 등각보기(Ctrl + 7)

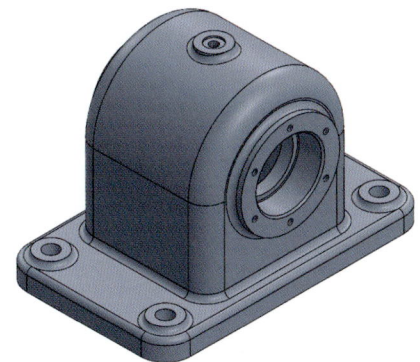

8 면에 수직으로 보기(Ctrl + 8)

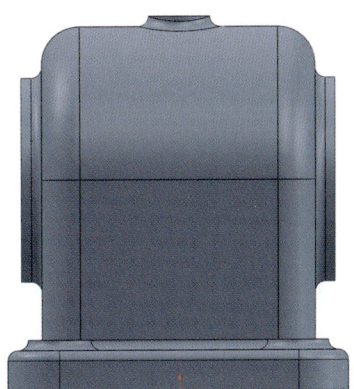

Section 1   옵션 및 파트 템플릿 작성하기   44
Section 2   사용자 정의   61

CHAPTER.02

사용자 환경 최적화 및 공동 작업 도구

SECTION 01

옵션 및 파트 템플릿 작성하기

01 시스템 옵션

SOLIDWORKS 옵션에서는 모양, 동작 및 파일 위치에 대한 기본 설정들을 제어할 수 있습니다.

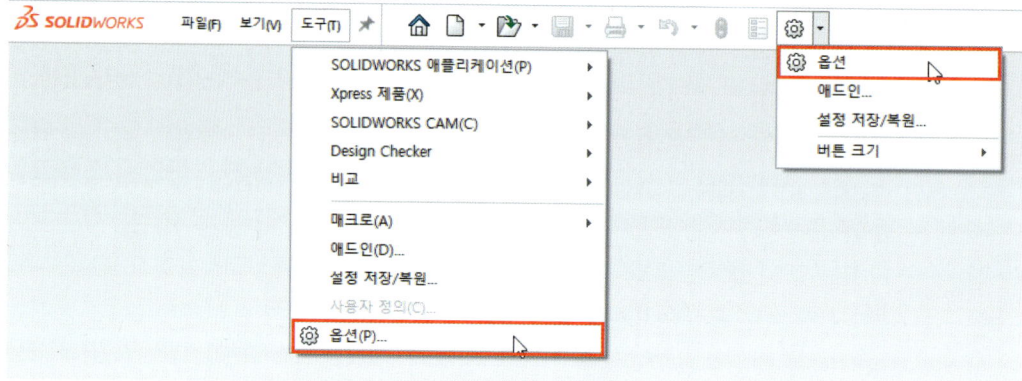

1 일반 탭

일반 탭에서는 작업 성능 피드백 사용, 확인 코너 사용 등과 같은 일반 시스템 옵션을 지정할 수 있습니다.

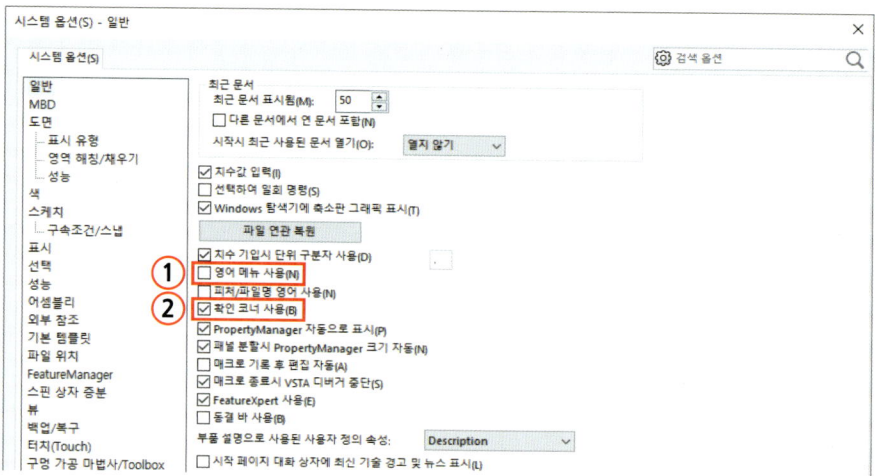

1 영어 메뉴 사용 : 영어 메뉴 사용에 체크하면 영문 인터페이스를 사용할 수 있습니다.
2 확인 코너 사용 : 그래픽 영역 상단 오른쪽 코너에 확인 코너를 표시합니다.

2 도면 탭

도면 탭에서는 도면에 대한 옵션을 설정할 수 있습니다.

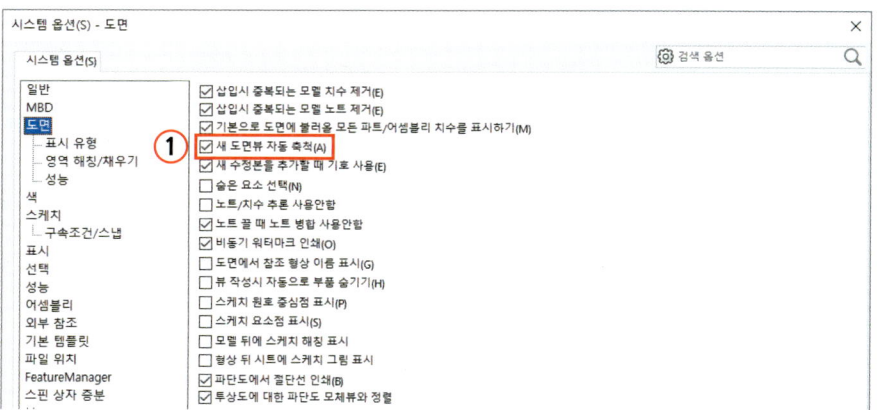

1 새 도면뷰 자동 축척 : 표준3도는 선택한 용지 크기에 상관 없이 도면 시트에 맞게 크기가 조절됩니다. 이 설정으로 비정상 배율이 얻어질 수도 있습니다. 모델링에 상관없이 항상 1:1 배율을 사용하려면 체크 해제합니다.

3 색 탭

색 탭에서는 사용자 인터페이스에서 배경, 아이콘, 도면 용지, 스케치 상태, 치수, 주석 등에 대한 색상을 지정할 수 있습니다.

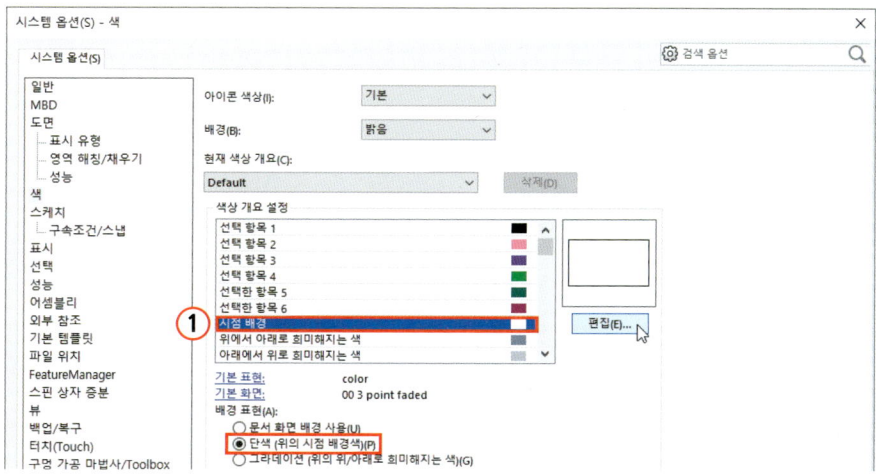

PART 2 사용자 환경 최적화 및 공동 작업 도구   45

1 시점 배경 : 솔리드웍스의 기본 그래픽뷰의 색상을 설정할 수 있습니다. 단색으로 선택 후 우측의 편집 버튼을 누르면 원하는 색상으로 변경할 수 있습니다.

4 스케치 탭

스케치 탭에서는 스케치와 관련된 기본 시스템 옵션을 설정할 수 있습니다.

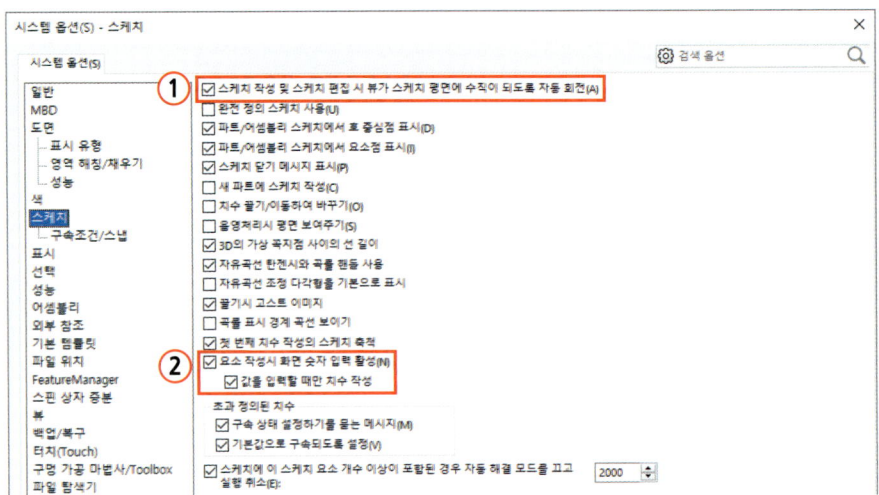

1 스케치 작성 및 스케치 편집 시 뷰가 스케치 평면에 수직이 되도록 자동 회전 : 평면에서 새 스케치나 기존 스케치를 열 때마다 스케치 평면에 수직하도록 뷰를 회전합니다.

2 요소 작성시 화면 숫자 입력 활성 : 스케치 요소를 만들 때 숫자 입력 필드를 표시해서 크기를 지정합니다. 스케치에서 오른쪽 클릭하고 스케치 수치 입력을(를) 클릭하여 이 옵션을 사용할 수도 있습니다.

5 성능 탭

성능 탭에서는 파트와 어셈블리의 전체적인 품질과 작업 속도를 조정할 수 있습니다.

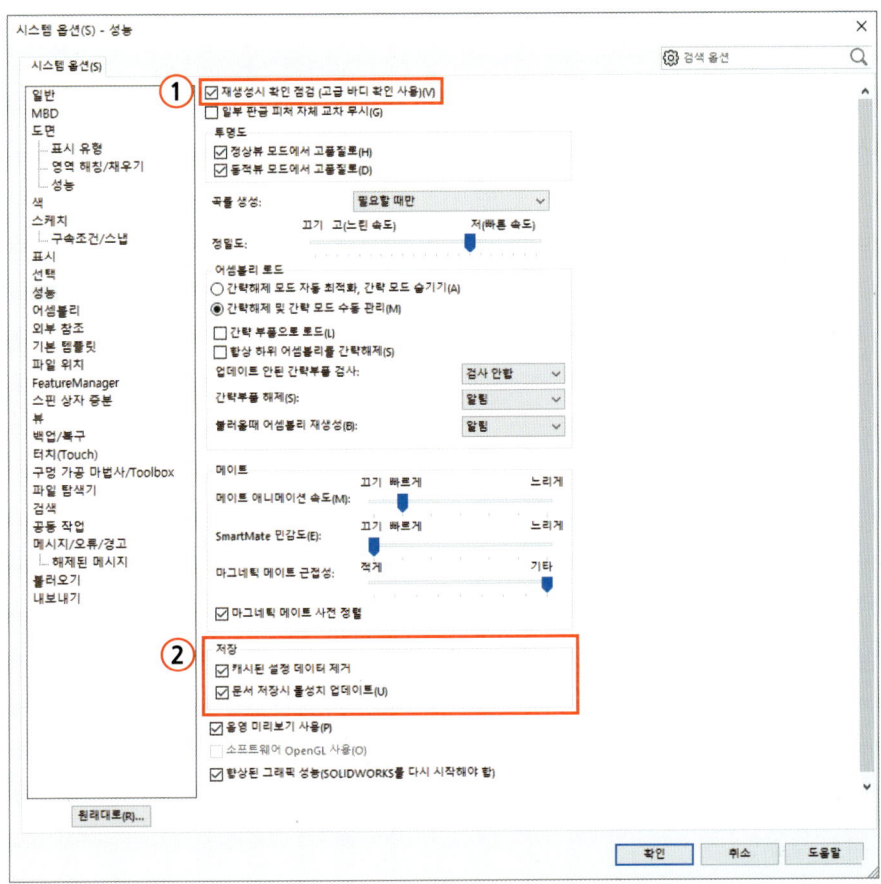

1 재생성시 확인 점검 : 재생성시 확인 점검 옵션을 사용하면 재생성 중에 모델이 철저히 평가되므로 재생성 속도가 느려질 수 있습니다. 새로 생성되는 피처나 변경된 피처에서 인접 면과 모서리선뿐만 아니라 모든 기존 면과 모서리선에 대해 검사됩니다.

2 저장 : 문서 저장에 관련된 옵션을 확인할 수 있습니다. 문서를 저장할 때마다 데이터를 자동으로 제거할 수 있으며, 물성치 업데이트가 가능합니다.

PART 2 사용자 환경 최적화 및 공동 작업 도구 47

6 FeatureManager 탭

FeatureManager 탭에서는 FeatureManager 디자인 트리 옵션에 대한 설정을 할 수 있습니다. 또한, 자동으로 표시/숨김 처리되는 항목을 설정할 수 있습니다.

1 **동적 하이라이트** : FeatureManager 디자인 트리에서 항목 위로 포인터를 이동할 때 그래픽 영역에서 해당 지오메트리(모서리선, 면, 평면, 축)를 강조 표시할 수 있습니다.

2 **FeatureManager 트리에서 구성 요소 파일 이름 변경 허용** : FeatureManager 디자인 트리에서 부품의 파일 이름을 직접 변경할 수 있습니다.

7 뷰 탭

뷰 탭에서는 마우스, 화살표 등에 대한 작동 방법과 속도를 설정할 수 있습니다.

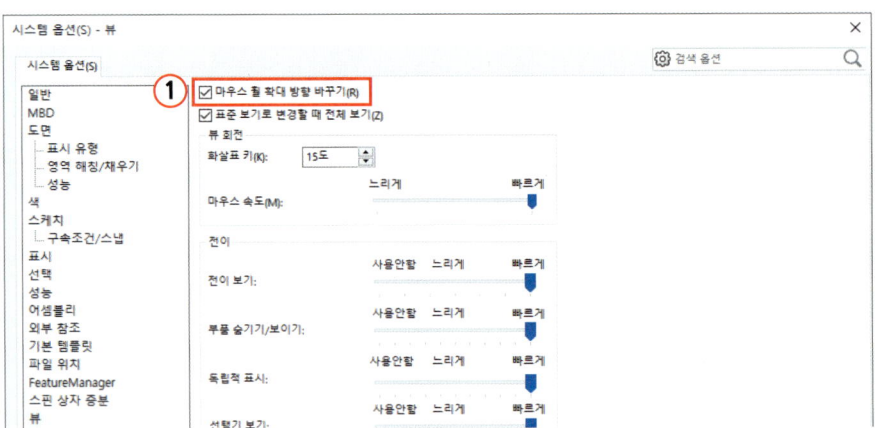

1 **마우스 휠 확대 방향 바꾸기** : 마우스 휠의 확대 및 축소 방향을 바꿀 수 있습니다.

8 백업/복구 탭

백업/복구 탭에서는 자동 복구, 백업, 저장 알림에 대한 빈도와 폴더를 지정할 수 있습니다. 자동 복구와 저장 알림은 지정된 시간(분)으로 제어됩니다.

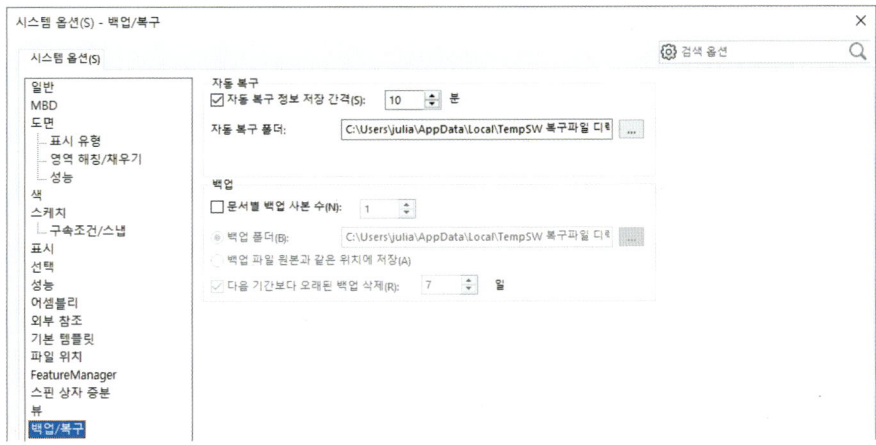

9 구멍 가공 마법사/Toolbox 탭

구멍 가공 마법사/Toolbox 탭에서는 구멍 가공 마법사 구멍 및 SOLIDWORKS Toolbox 부품에 사용되는 규격을 작성 또는 편집할 수 있습니다. Toolbox 즐겨찾기 폴더를 활성화하거나 비활성화할 수 있습니다.

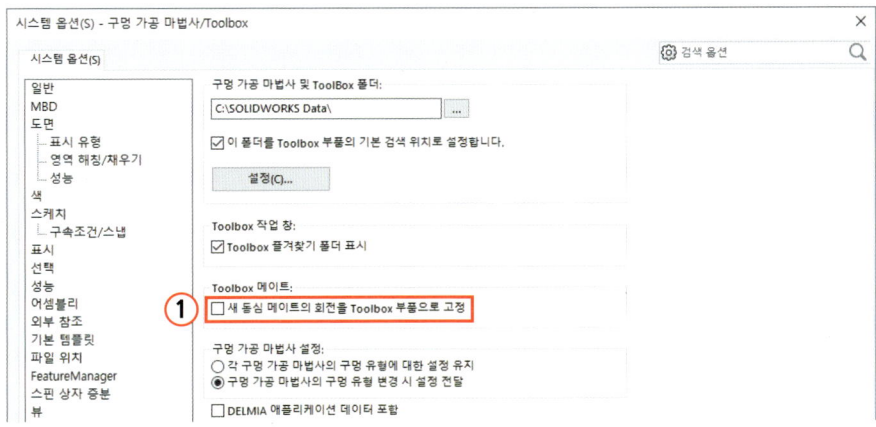

1 새 동심 메이트의 회전을 Toolbox 부품으로 고정 : Toolbox 부품에 새 동심 메이트 회전을 자동으로 잠급니다. 이 옵션은 설정 관리자 도구에서 잠글 수 있습니다.

10 메시지/오류/경고 탭

메시지/오류/경고 탭에서는 특정 경고 메시지의 표시 여부를 제어할 수 있습니다.

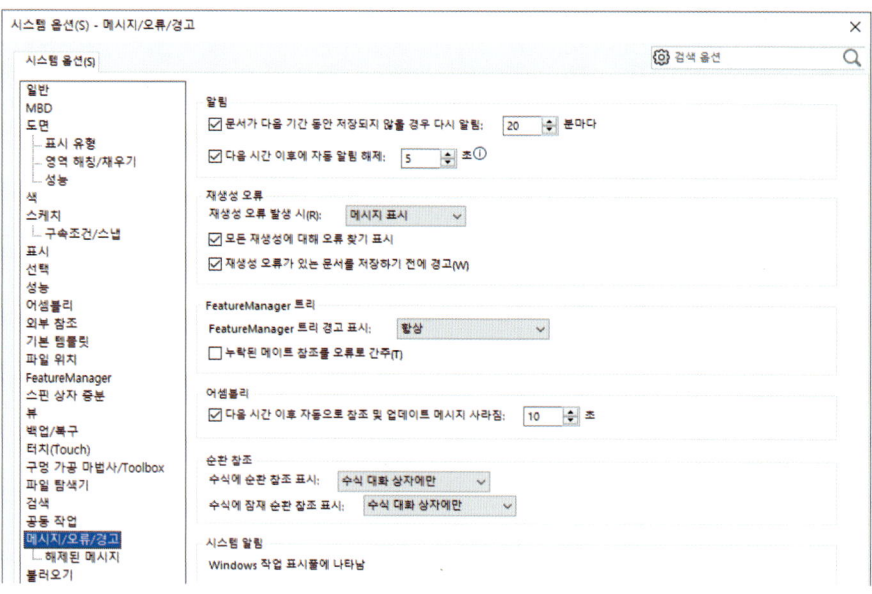

11 불러오기 탭

불러오기 탭에서는 타 프로그램에서 작성된 파일을 솔리드웍스로 불러올 때의 옵션을 설정할 수 있습니다. IGES, STEP 등의 여러 가지 파일 형식을 세부적으로 설정할 수도 있습니다.

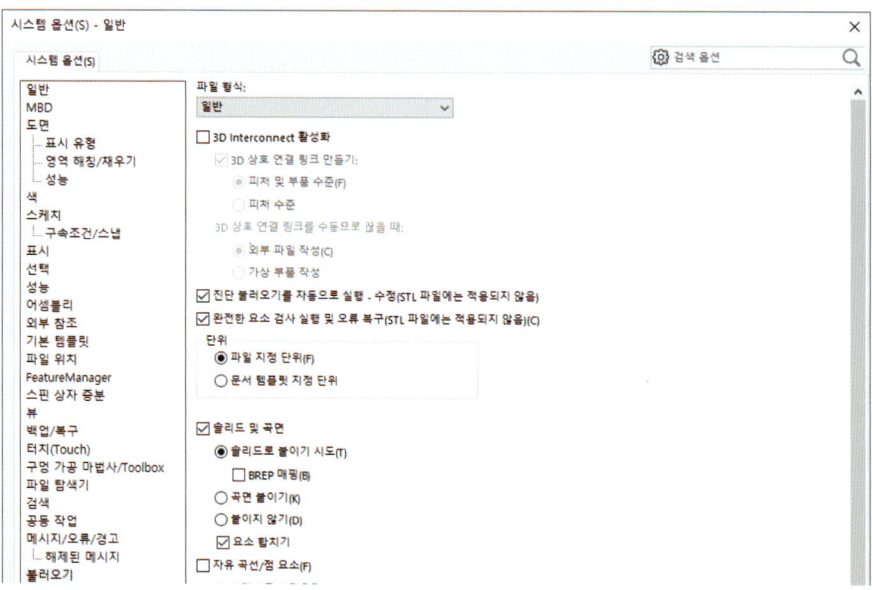

12 내보내기 탭

내보내기 탭에서는 솔리드웍스에서 작성한 파일을 다른 형식의 파일로 저장할 때의 옵션을 설정할 수 있습니다. PDF, STEP 등의 여러 가지 파일 형식을 세부적으로 설정할 수도 있습니다.

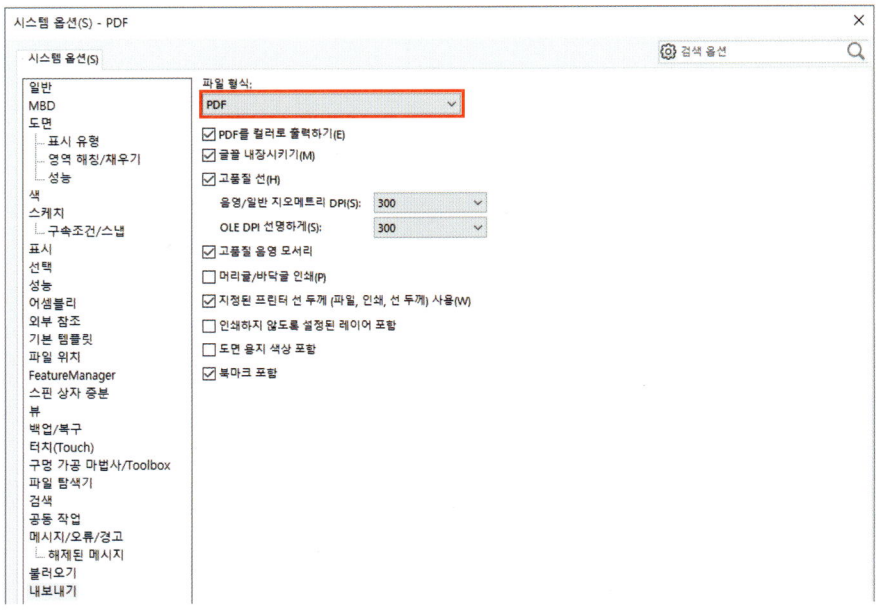

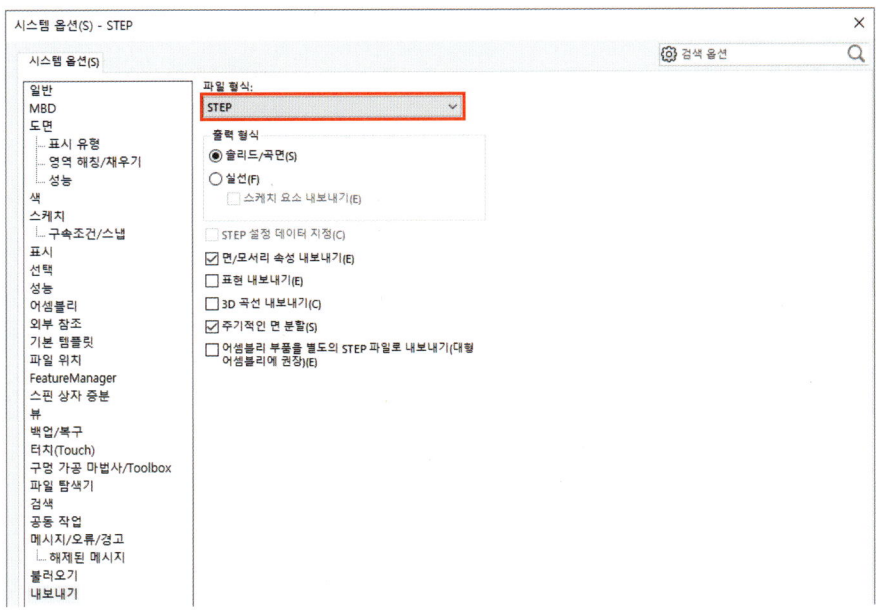

02 문서 속성

문서 속성은 파트 작업이 이루어지는 작업 환경에 대한 옵션입니다. 시스템 옵션은 한 번 설정하면 계속 기억하지만 문서 속성에서 지정한 설정은 현재 템플릿에서만 적용되는 것이기 때문에 문서 속성을 설정한 다음 템플릿을 작성하여 문서 속성을 계속 사용할 수 있습니다. (ex. 음영 나사산)

새 문서를 작성하고 [옵션] 명령을 실행하여 문서 속성 탭을 클릭합니다.

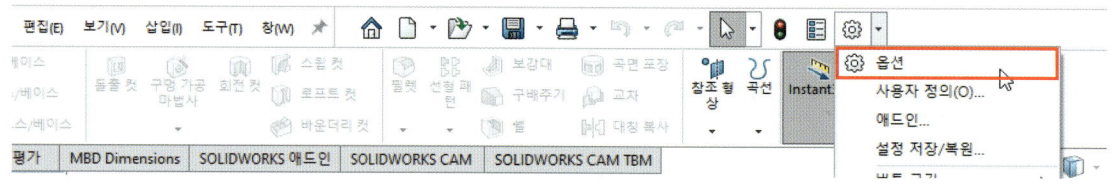

1 제도 표준 탭

제도 표준 탭에서는 문서 수준 일반 제도 표준을 지정할 수 있으며, 사용자 정의 제도 표준을 복사, 삭제, 이름 바꾸기, 내보내기 할 수 있습니다.

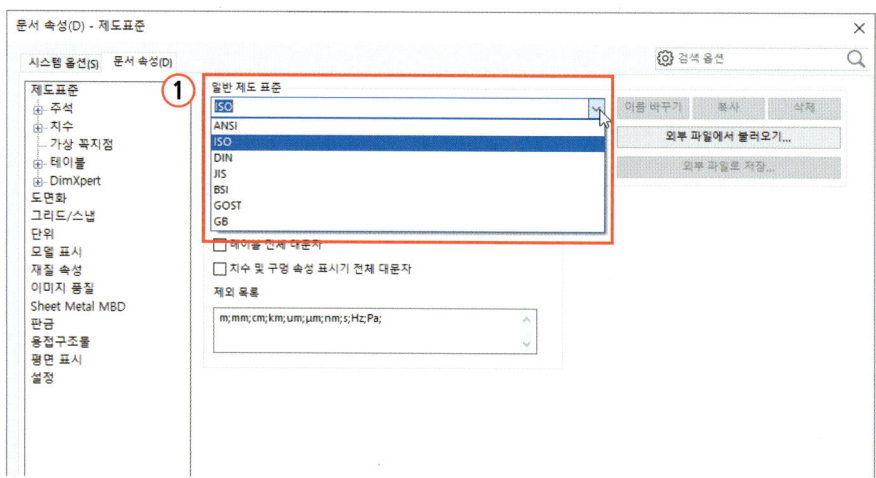

1 일반 제도 표준 : 문서에 대한 표준 규격을 설정할 수 있습니다. ISO 규격이 기본으로 세팅되어 있습니다.

2 주석 탭

주석 탭에서는 모든 주석에 대한 문서 수준 제도 설정을 지정할 수 있습니다.

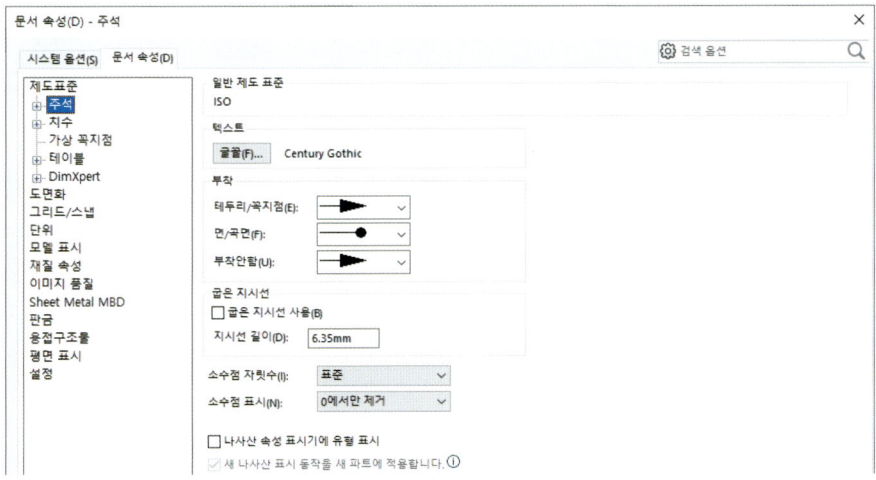

3 치수 탭

치수 탭에서는 치수의 글꼴 및 크기를 조정할 수 있습니다. 또한, 소수점 및 분수 표시 옵션도 설정할 수 있습니다.

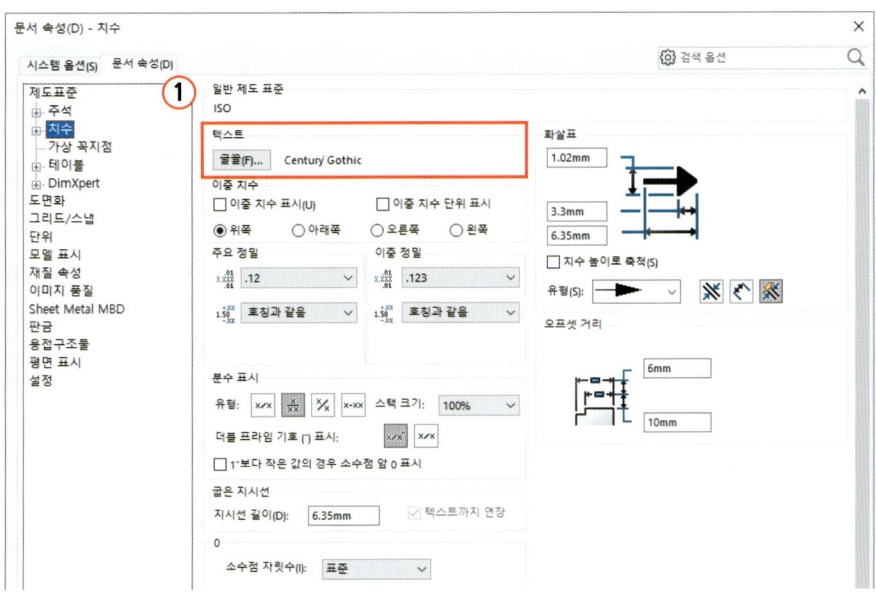

1 **텍스트** : 치수 글꼴을 변경할 때, 모든 치수 유형의 문서 수준 글꼴이 함께 업데이트됩니다.

4 가상 꼭지점 탭

가상 꼭지점 탭에서는 가상 꼭지점 표시 옵션을 설정할 수 있습니다.

5 DimXpert 탭

DimXpert 탭에서는 모따기, 홈, 필렛에 DimXpert 도구를 사용하기 위한 옵션을 지정할 수 있습니다.

6 도면화 탭

도면화 탭에서는 도면화 옵션의 문서 수준 제도 설정을 지정할 수 있습니다.

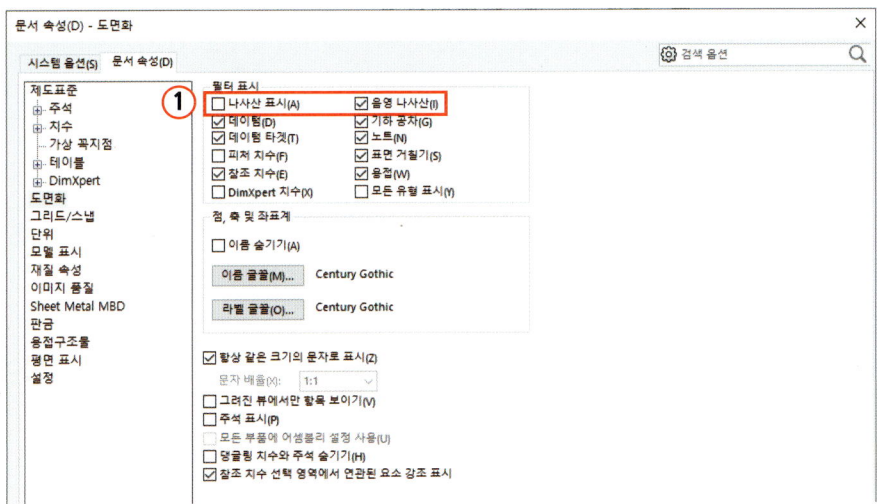

1 나사산 표시 / 음영 나사산 : 구멍 가공 마법사를 사용하여 탭 구멍을 작성할 경우 나사산 이미지 표시에 대한 옵션을 설정할 수 있습니다. 나사산 표시 옵션을 체크해제하면 보다 깔끔한 표기가 가능합니다.

7 단위 탭

단위 탭에서는 파트 문서의 단위를 설정할 수 있습니다.

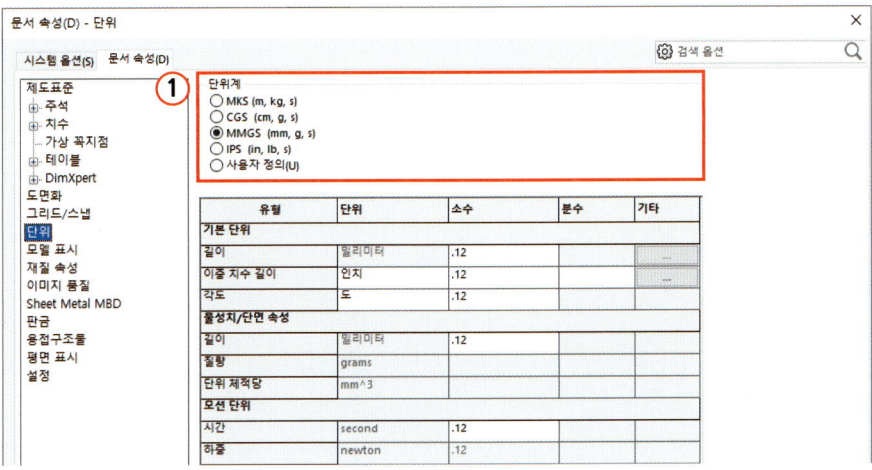

1 단위계 : 파트 문서의 단위를 설정할 수 있는 옵션입니다. 문서 수준 단위와 정밀을 표준 단위계로 설정하거나 단위를 수정할 수 있습니다.

8 이미지 품질 탭

이미지 품질 탭에서는 이미지 표시를 위한 품질 옵션을 지정할 수 있습니다.

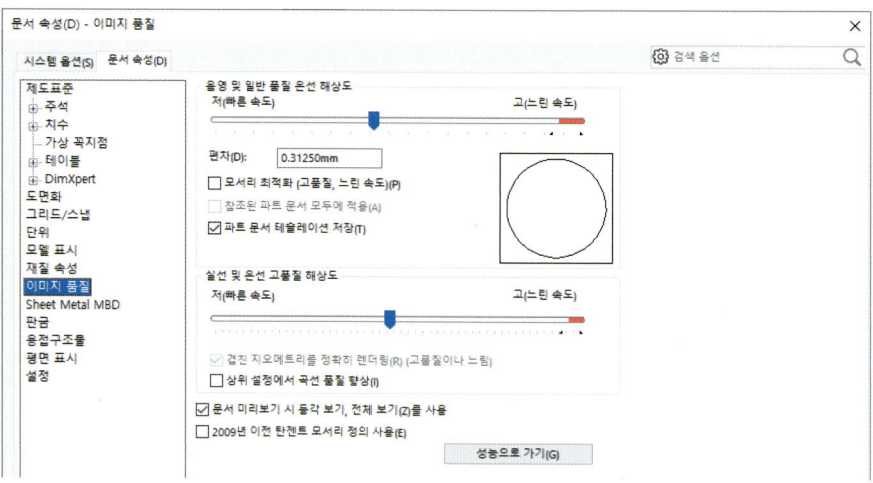

9 평면 표시 탭

평면 표시 탭에서는 평면 표시를 위한 색상, 투명도, 교차 옵션을 지정할 수 있습니다.

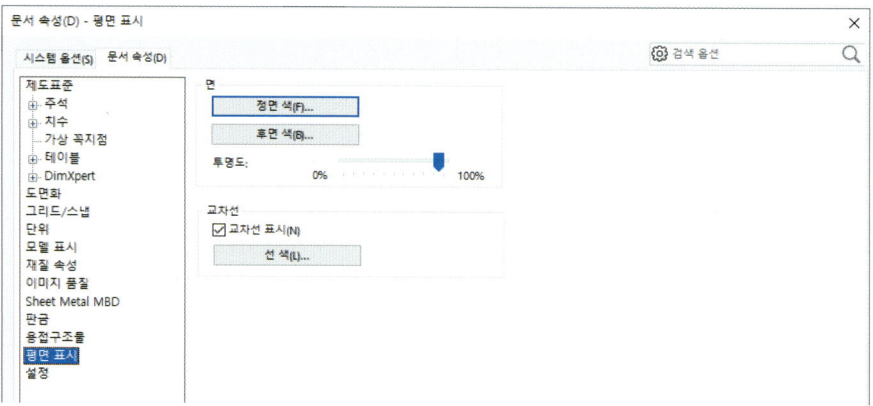

03 파트 템플릿 작성하기

템플릿을 작성하면 매번 문서 속성이나 옵션을 설정하지 않아도 설정값 그대로 사용이 가능합니다.

1 사용자 정의 속성

[파일] 메뉴 - 속성 명령을 클릭하면 [속성] 대화상자가 실행됩니다. [사용자 정의] 탭에서 도면 작성에 필요한 정보를 입력할 수 있습니다.

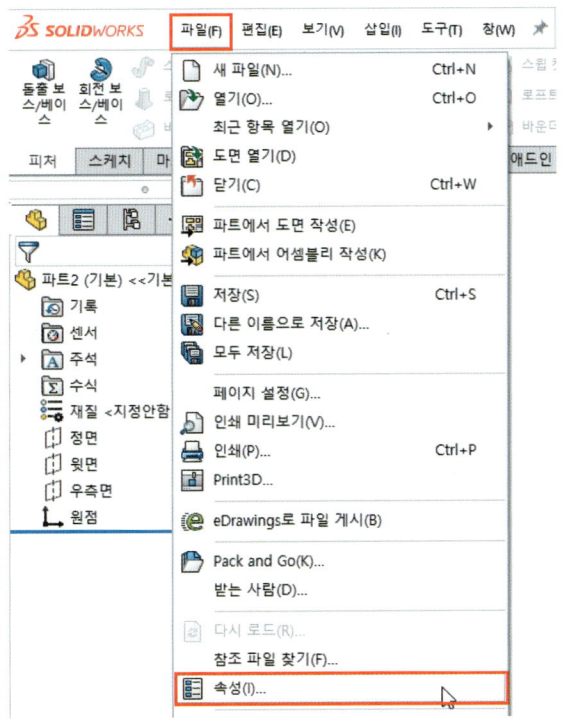

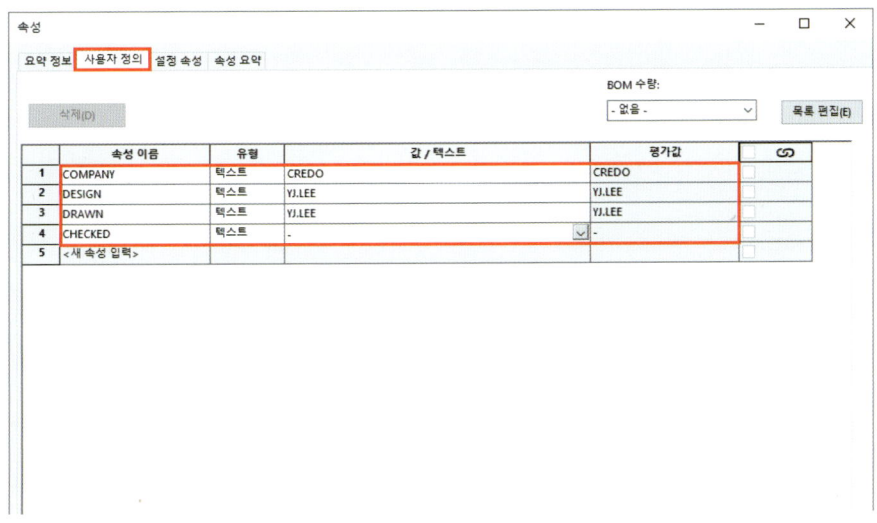

재질은 링크를 걸기 위해 다음과 같이 설정할 수 있습니다. 이렇게 설정하면 미리 설정한 속성값에 따라 질량, 재질 등의 항목이 링크되어 표시됩니다.

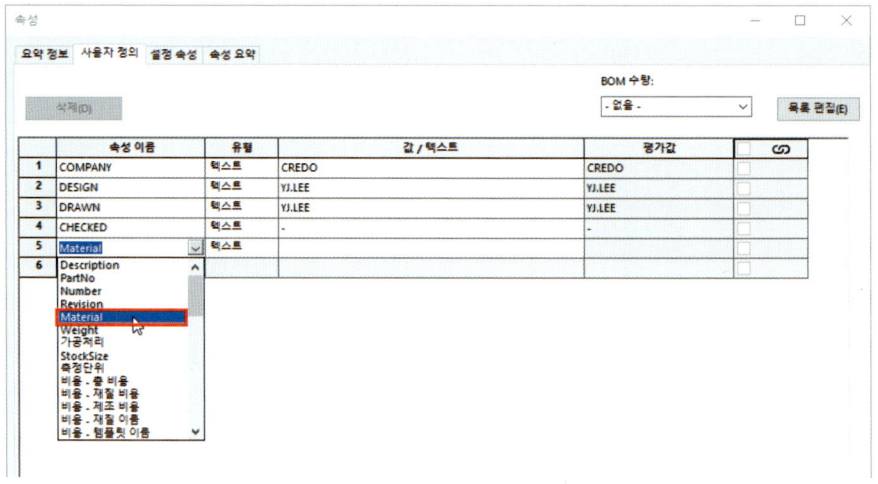

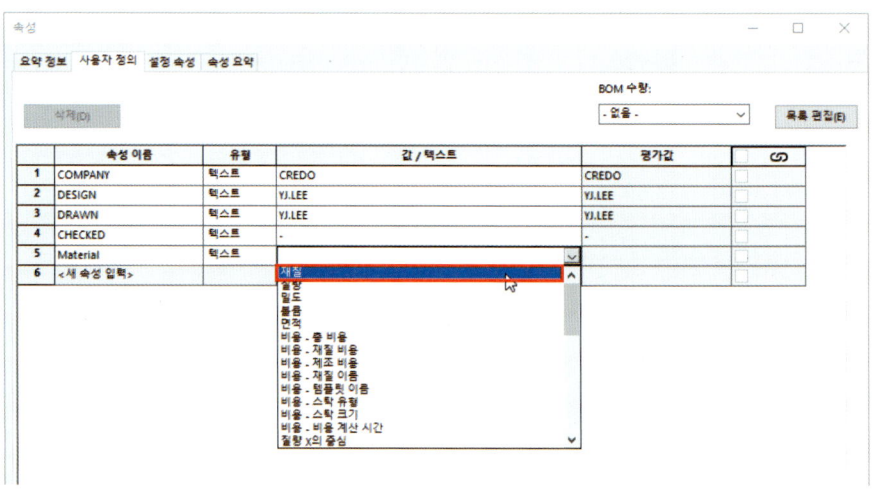

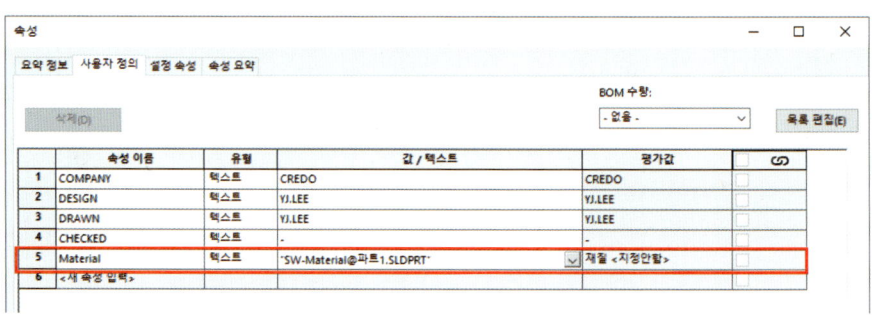

[주석] - [세부 사항]에서 [나사산 표시]를 체크 해제하고 [음영 나사산]에 체크하여 나사산의 음영이 표시되도록 설정합니다.

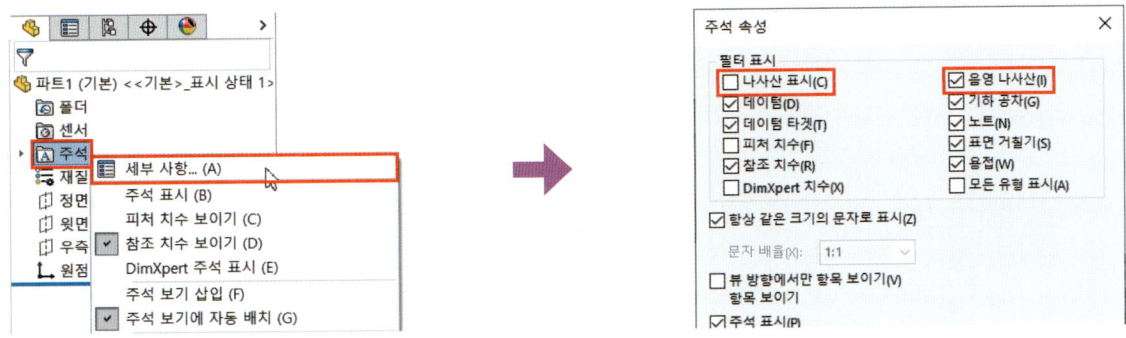

2 템플릿 저장하기

모든 설정이 완료되면 문서를 다른 이름으로 저장합니다.

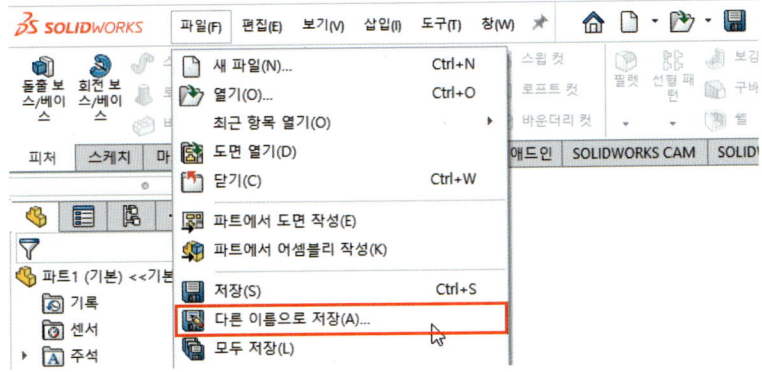

다른 이름으로 저장 대화상자가 실행되면 파일 형식을 Part Templates (*.prtdot)로 변경한 다음 템플릿 위치와 이름을 지정합니다.

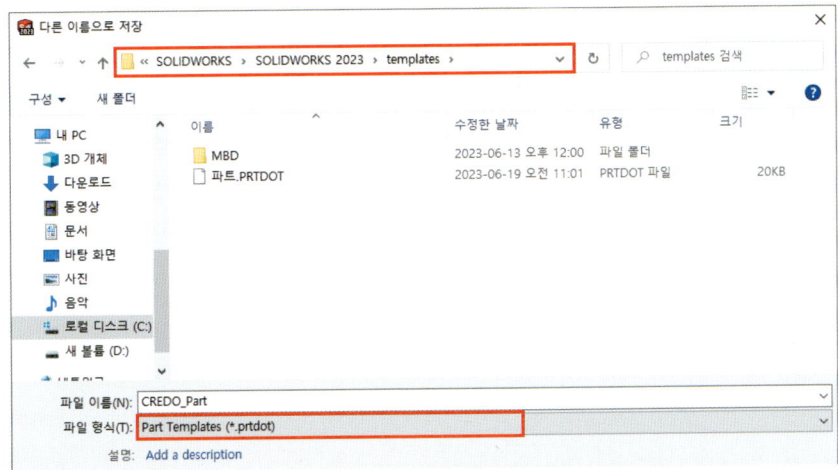

템플릿 위치를 기본 위치가 아닌 다른 위치로 지정했을 경우에는 시스템 옵션 - 파일 위치 탭에서 템플릿 저장 폴더를 추가해야 합니다.

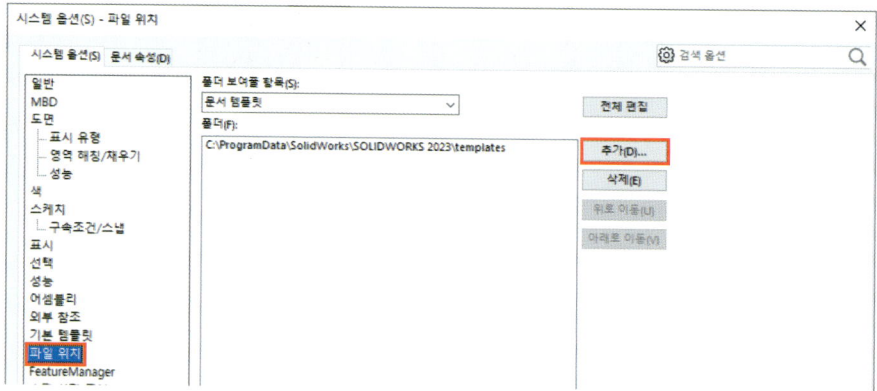

새 문서를 다시 실행하면 새로 만든 템플릿 파일이 표시되는 것을 확인할 수 있습니다.

SECTION 02

사용자 정의

사용자 정의 기능을 활용하여 솔리드웍스 도구 모음에 새로운 도구를 추가하거나 삭제할 수 있습니다. 경우에 따라 아이콘의 크기를 조절하거나, 아이콘만 표시하도록 변경할 수도 있으며, 단축키 및 마우스 제스처에 대한 설정도 가능합니다.

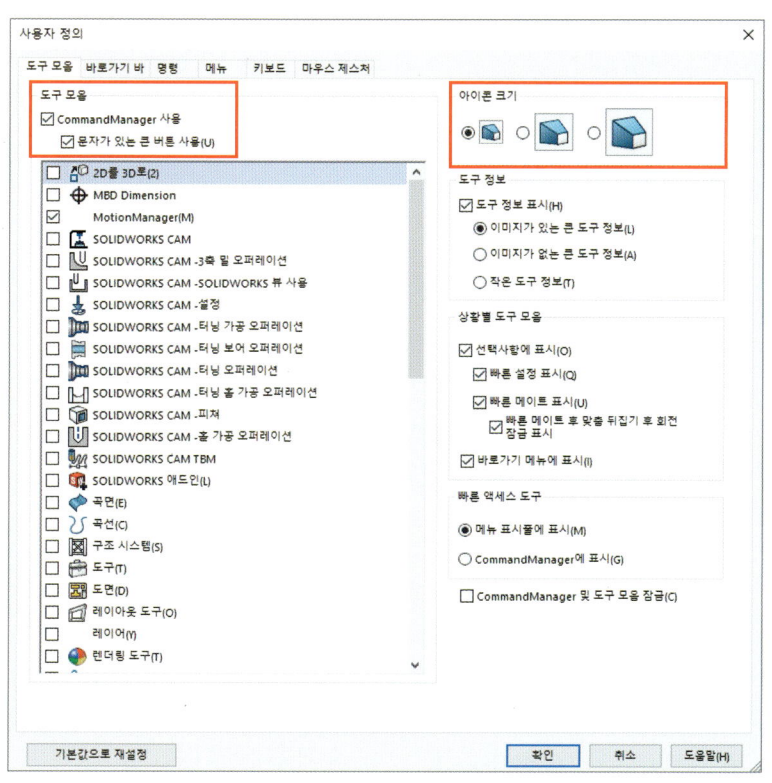

PART 2 사용자 환경 최적화 및 공동 작업 도구

01 바로가기 설정하기

키보드에서 단축키 S를 누르면 마우스 커서에 팝업 메뉴가 표시되는데, 각각의 작업 환경마다 독립적인 바로가기 도구모음을 사용할 수 있습니다.

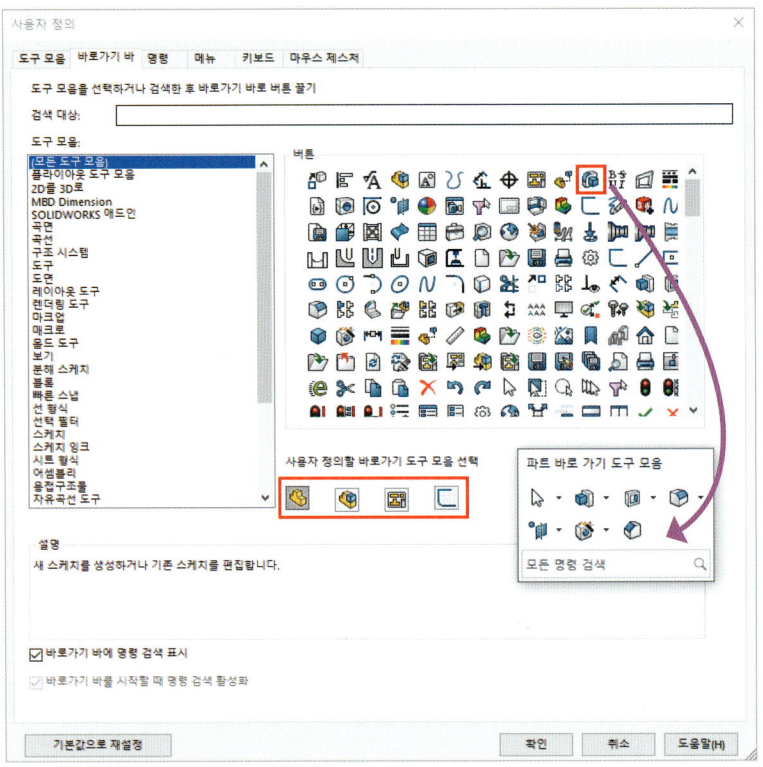

02 도구 모음 설정하기

바로가기에 추가했던 도구들을 작업창 상단의 CommandManager 탭에도 추가할 수 있습니다. 추가할 도구를 드래그하여 CommandManager 탭으로 드롭합니다.

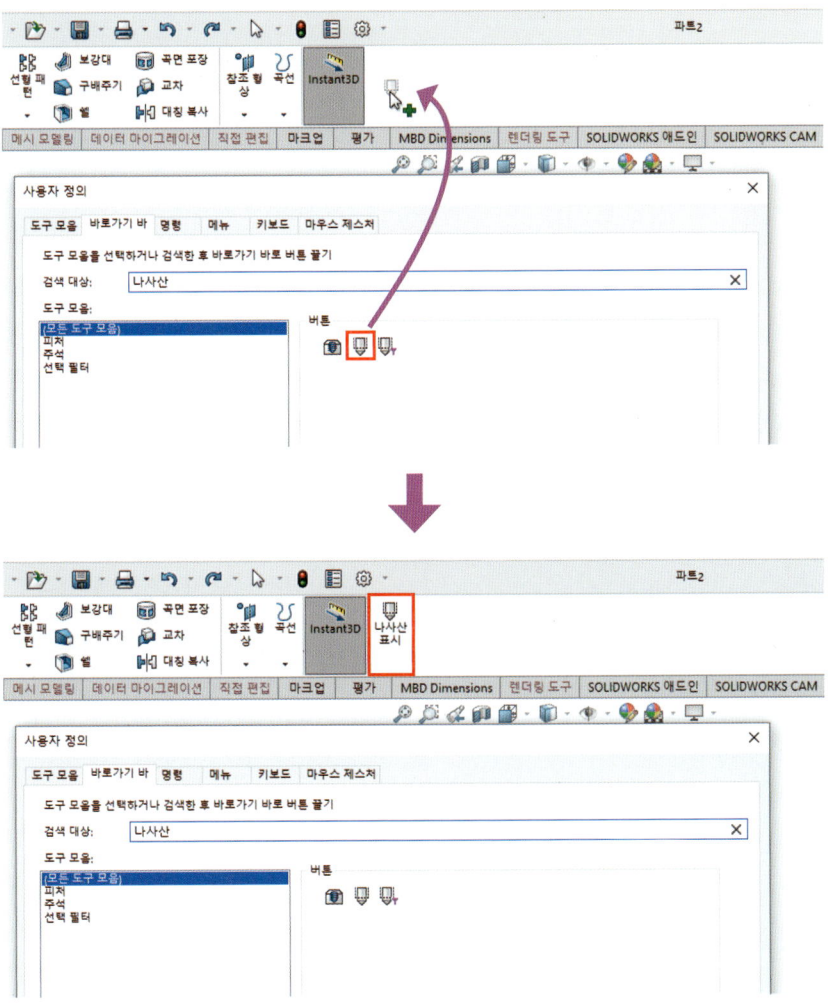

03 키보드 단축키

키보드 탭에서는 단축키를 설정할 수 있습니다. 솔리드웍스는 아이콘 중심의 작업 환경이 구축되어 있으며, 간단한 단축키는 미리 설정되어 있습니다. 사용자는 직접 작업 스타일에 맞게 단축키 설정이 가능합니다.

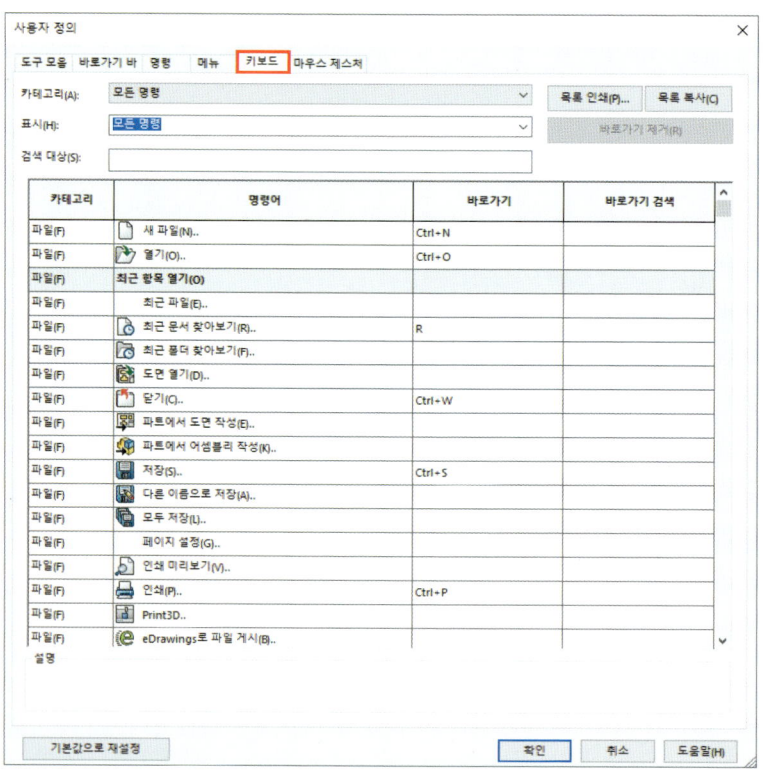

- 키보드 바로가기 참조 – 사용자 인터페이스

키	기능
Ctrl + B	모델을 재생성합니다.
Ctrl + R	화면을 다시 그립니다.
Ctrl + Tab	열린 문서 사이를 이동합니다.
ENTER	마지막 명령을 반복 실행합니다.
S	바로가기 바를 엽니다.

- 키보드 바로가기 참조 – 선택

키	기능
Alt + 클릭	뷰 선택기 큐브에서 뒷면을 선택합니다.
Ctrl + 클릭	여러 요소를 선택합니다.
Shift	파트의 투명 면을 선택합니다.
Shift + 클릭	FeatureManager 디자인 트리에서 선택한 두 항목 내의 모든 것을 선택합니다.

● 키보드 바로가기 참조 – 복사/붙여넣기

키	기능
Ctrl + C	선택한 요소를 복사합니다.
Ctrl + V	복사한 요소를 붙여넣습니다.
Ctrl + 끌기	선택한 요소를 복사합니다.

● 키보드 바로가기 참조 – 표시

키	기능
Alt + 화살표 키	보기 창에 평행하게 모델을 회전합니다.
Alt + 가운데 마우스 버튼 끌기	보기 창에 평행하게 모델을 회전합니다.
Shift + 화살표 키	모델을 90° 회전합니다.
Shift + Z	모델을 확대합니다.
Z	모델을 축소합니다.
Shift + 가운데 마우스 버튼 끌기	화면 중심을 기준으로 모델을 확대/축소합니다.
F	크기에 맞춥니다.
Alt + 클릭	바디나 부품 위로 마우스를 이동하면 숨겨진 바디나 부품이 표시됩니다.
Alt + 가운데 마우스 휠	돋보기를 사용할 때 단면도를 표시합니다.
Ctrl + 스페이스바	뷰 선택기를 엽니다.
스페이스바	뷰 선택기 및 방향 대화 상자를 엽니다.
Alt + 끌기	작업 창에서 모델로 표현을 끌면 표현 PropertyManager가 열립니다.

● 키보드 바로가기 참조 – 스케치

키	기능
Alt + 끌기	자유 곡선에서 조정점의 두 핸들을 대칭적으로 조정합니다.
Ctrl + 끌기	끝점을 끌 때 도움선을 억제합니다.
스케치하는 동안 Ctrl 키 누르기	자동 스케치 구속을 끕니다.
Shift + 클릭	스내핑을 켭니다.
Shift + 끌기	선을 스케치하면 선이 특정 길이에 스냅됩니다.
Tab	3D 스케치를 수행하면 XYZ 평면이 변경됩니다.

04 마우스 제스처

솔리드웍스는 마우스에도 단축키를 지정하여 사용할 수 있습니다. 마우스 우측 버튼을 각각의 방향으로 짧게 드래그하여 도구를 실행할 수 있으며, 사용자 정의 옵션에서 제스처 수량과 활성/비활성 상태를 변경할 수 있습니다.

마우스 제스처를 사용하려면, 마우스 오른쪽 버튼을 누른 후 그래픽 영역에서 명령에 해당하는 제스처 방향으로 드래그합니다. 마우스를 오른쪽 클릭하고 드래그하면, 가이드가 나타나 제스처 방향에 대한 명령 매핑을 표시합니다.

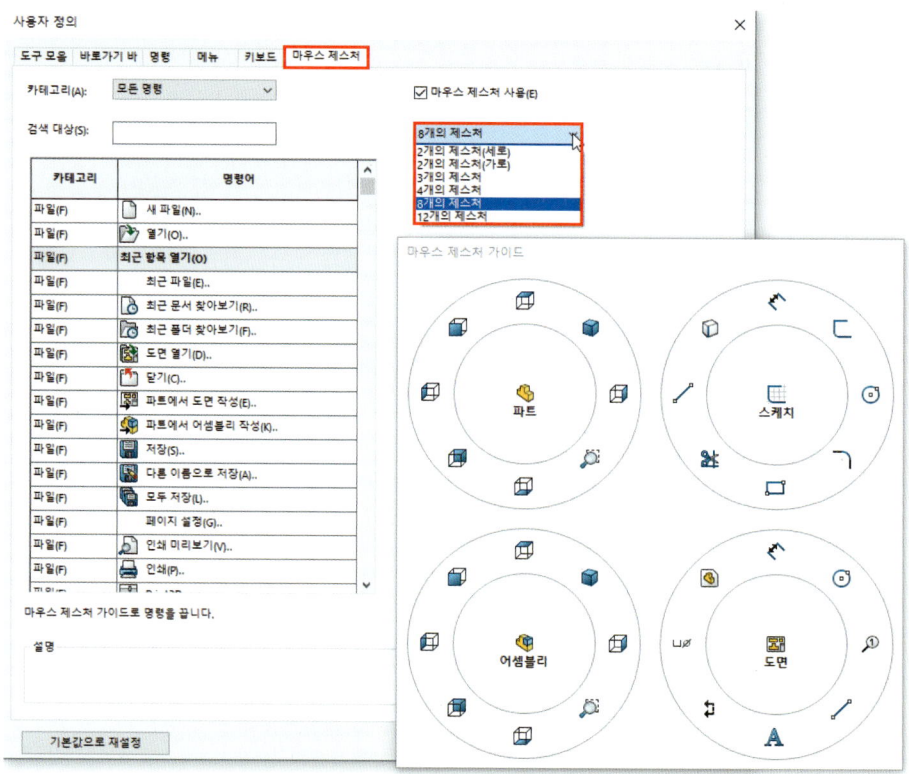

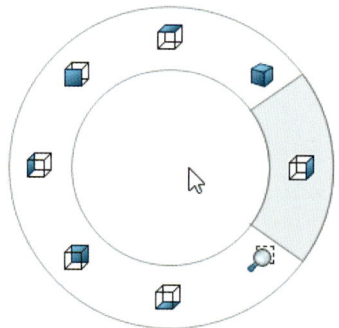

Section 1	스케치	----------	70
Section 2	피처	----------	83

CHAPTER.03

스케치와 피처

SECTION 01 스케치

01 스케치 개요

SOLIDWORKS에서 부품 모델링을 하기 위해서는 형상의 기초가 되는 프로파일을 작성해야 하며 프로파일은 스케치 작업을 통해 작성할 수 있습니다.

대부분의 프로파일은 2D 스케치로 작성하지만, 상황에 따라 3D 스케치를 작성해 형상을 만들 수도 있습니다.

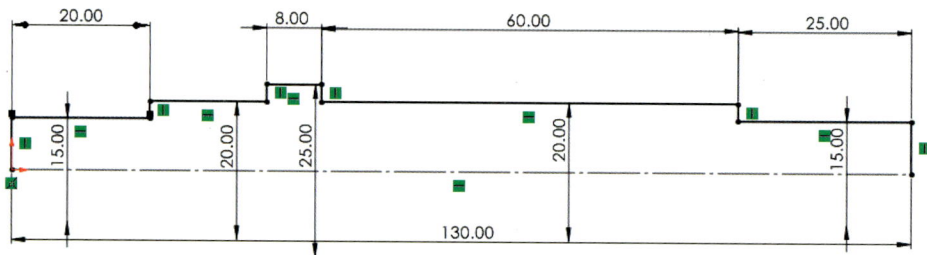

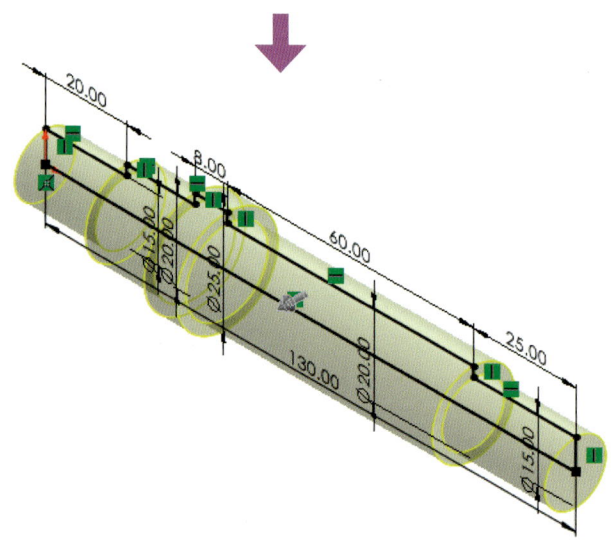

2D 스케치로부터 회전 피처 작성

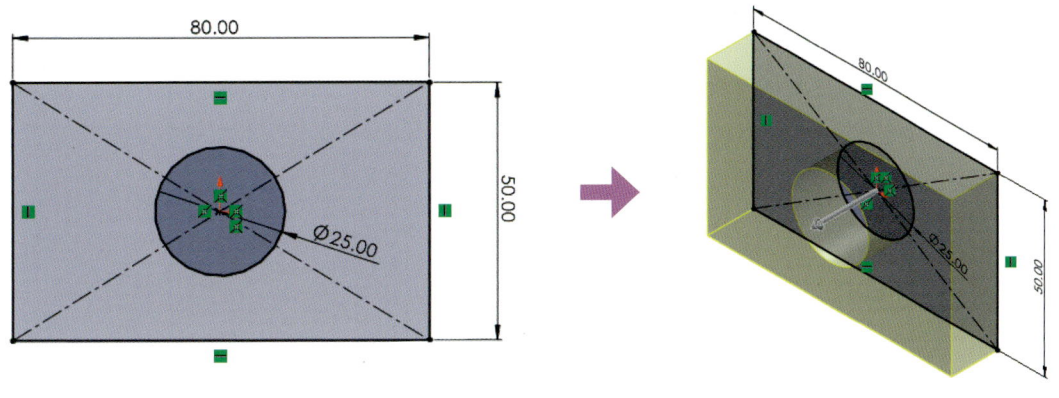

2D 스케치로부터 돌출 피처 작성

- **2D 스케치** : 돌출, 회전과 같은 피처에 평면형 형상을 작성하거나 로프트, 스윕 등에 대해 2D 횡단면을 작성할 때 사용

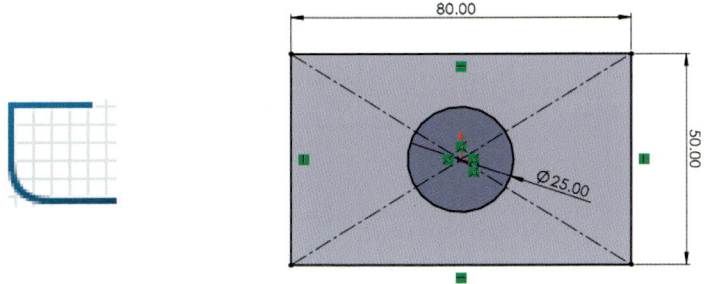

- **3D 스케치** : 와이어링, 튜빙 또는 스윕 및 로프트의 경로를 작성할 때 사용

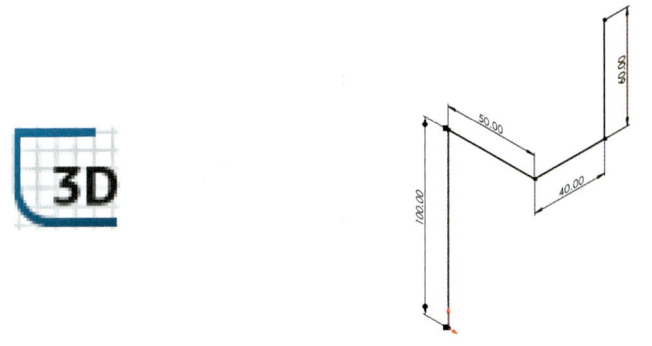

- **프로파일**

프로파일이란 스케치 요소로 작성된 루프(loops) 또는 닫힌 영역입니다. 돌출, 회전과 같은 스케치된 피처를 생성하기 위해서 프로파일 스케치가 필요합니다.

닫힌 프로파일로 스케치된 피처를 작성할 경우 솔리드로 피처가 생성되지만 열린 프로파일로 스케치된 피처를 작성할 경우 곡면으로 피처가 생성됩니다.

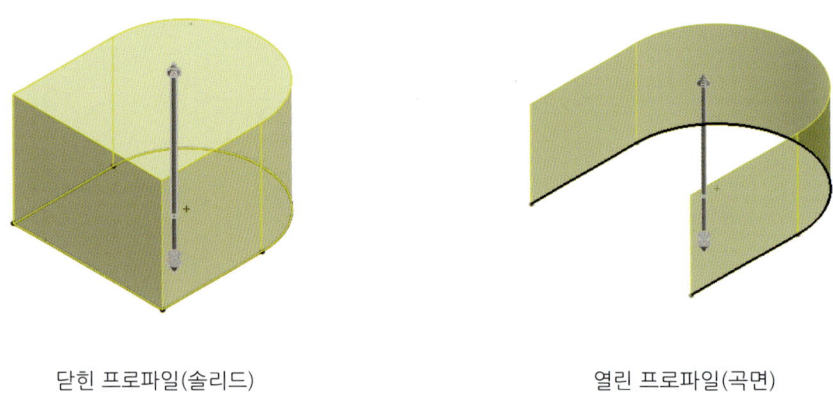

닫힌 프로파일(솔리드)　　　　　　　열린 프로파일(곡면)

02 작업 평면

스케치를 작업하기 위해서는 스케치 평면을 선택해야 하며, 최초 형상 작업시에는 SOLIDWORKS에서 제공하는 원점 평면(정면, 윗면, 우측면) 중 하나를 선택해서 작업할 수 있습니다.

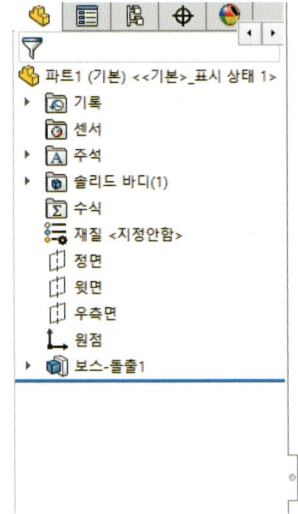 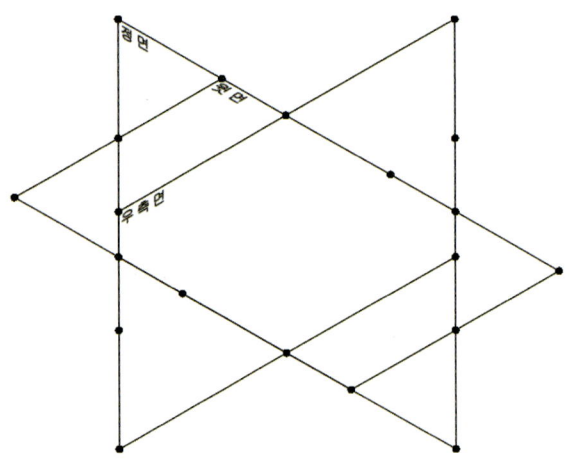

작업된 형상 모델이 있을 경우 형상 표면을 선택해 스케치를 작업할 수 있습니다.

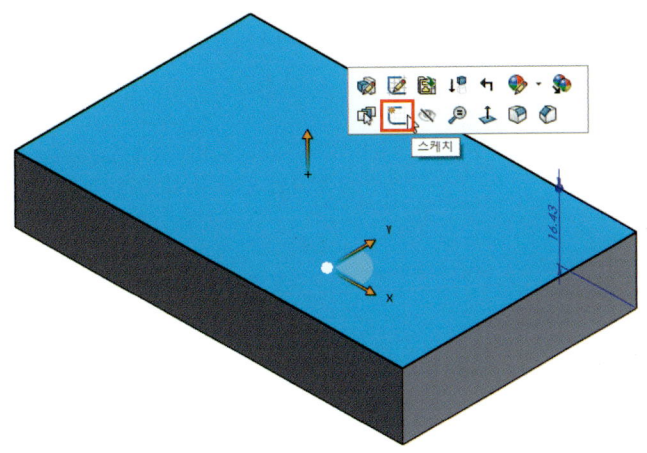

03 스케치 작업

작업 평면을 선택해 스케치 명령을 실행하면 리본 [스케치] 탭이 활성화되며, 각 명령들을 실행해 스케치 요소를 작성하거나 수정하여 프로파일을 완성합니다.

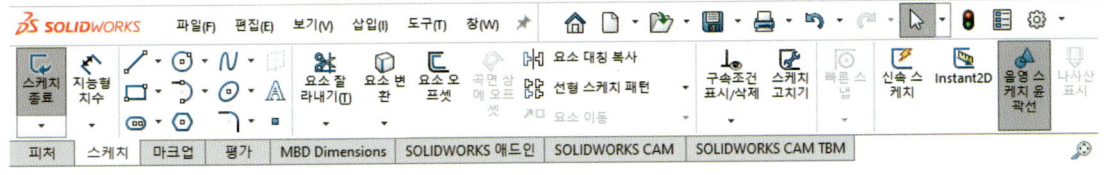

1 스케치 요소의 종류

기본적으로 스케치 요소는 실선으로 작성되지만, SOLIDWORKS에서 스케치 요소의 종류에는 실선 외에도 중심선(보조선)이 있습니다. 스케치 작업시 [선 속성] 패널에서 필요한 기능들을 활성화해 사용할 수 있습니다.

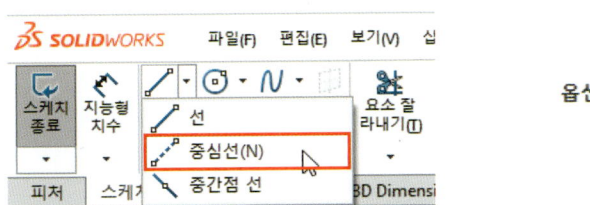

PART 3 스케치와 피처　73

● **중심선 (보조선)**

중심선은 대칭 스케치 요소와 회전 피처를 작성 할 때 사용하거나 보조선으로 사용합니다. 매번 중심선을 선택하지 않고도 여러 개의 반경 또는 지름 치수를 작성할 수 있습니다.

※ 중심선(보조선)을 작성하면 길이 치수를 입력하지 않고도 스케치를 완전 정의할 수 있습니다.

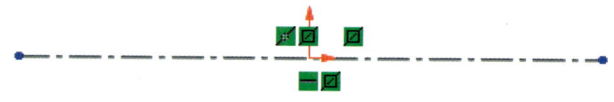

중심선 (보조선)

중심선 기능으로 작성한 선은 클릭시 선 속성 옵션에서 보조선 항목에 체크되어 있음을 확인할 수 있습니다.

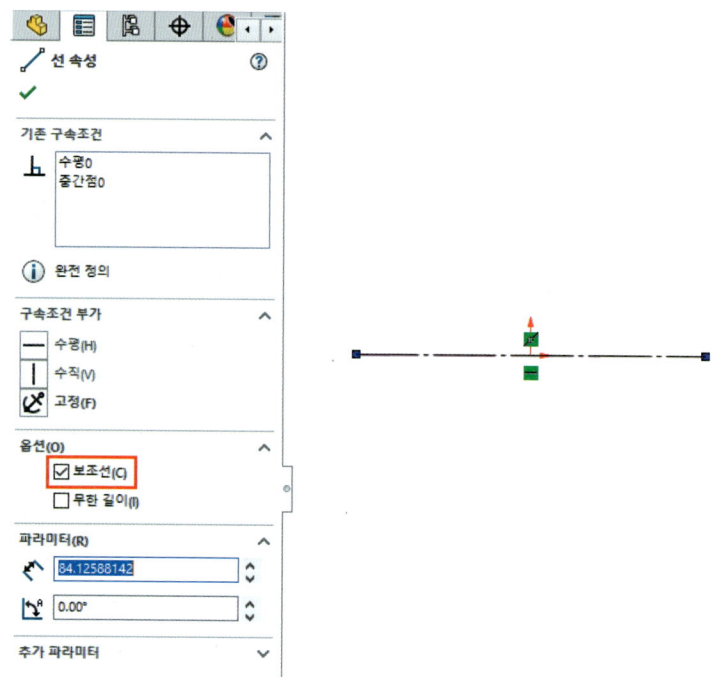

2 스케치 작성 방법

　SOLIDWORKS에서 스케치를 작성하는 방법은 아래 그림과 같이 우선 대략적인 형상을 작성한 다음 형상 구속조건 또는 치수 구속조건을 추가하여 형상을 완전하게 구속합니다. 스케치가 완전히 구속되었는지 여부는 상태막대 메시지를 통해서 확인할 수 있습니다.

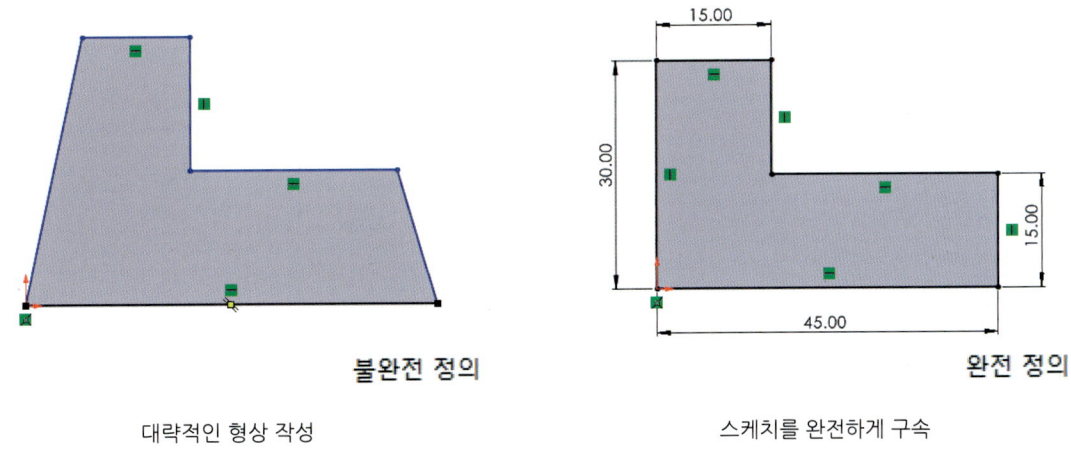

대략적인 형상 작성　　　　　　　　　　　　　스케치를 완전하게 구속

　2D 스케치에서 스케치 요소 작성시 형상 구속조건이 추정되고 자동으로 적용됩니다. Ctrl 키를 누른 상태로 스케치 요소를 작성하면 구속조건 적용을 일시적으로 비활성화할 수 있습니다.

형상 구속조건 추정　　　　　　　　　　　　　형상 구속조건 추정 비활성화

TIP

스케치를 완전하게 정의하지 않고도 피처를 생성할 수 있으나 스케치가 완전하게 정의되지 않았다는 것은 스케치 요소 간의 관계 및 크기에 대한 구속이 설정되어 있지 않아 형상이 완전하지 않은 상태를 뜻합니다.

- **스케치 구속조건 보기/숨기기**

자동으로 추정된 형상 구속조건 또는 사용자가 추가한 구속조건을 삭제하기 위해서는 바로가기 메뉴에서 [스케치 구속조건 보기]를 선택합니다.

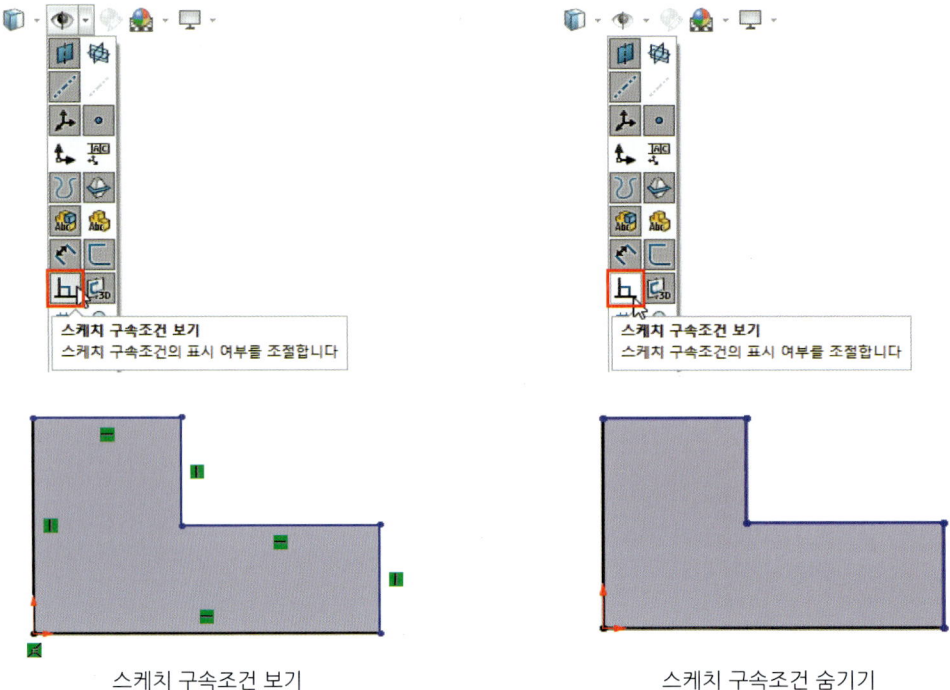

스케치 구속조건 보기   스케치 구속조건 숨기기

TIP

추가된 구속조건을 삭제하기 위해서는 스케치 구속조건을 표시한 상태에서 삭제한 구속조건을 선택한 다음 Delete키를 누르거나 마우스 오른쪽 버튼을 클릭해 삭제를 선택합니다.

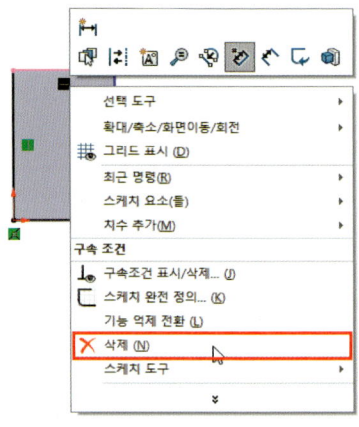

• 단면도

단면도 기능을 사용하면 스케치 평면 앞쪽의 형상을 일시적으로 잘라내어 보여줍니다.

단면도 실행 전   단면도 실행 후

3 스케치 편집

작성된 스케치를 편집하기 위해서는 FeatureManager 디자인 트리에서 해당 스케치를 더블 클릭하거나, 마우스 오른쪽 버튼으로 클릭한 다음 [스케치 편집]을 선택합니다. 스케치 편집이 완료되면 리본에서 [스케치 마무리]를 클릭합니다.

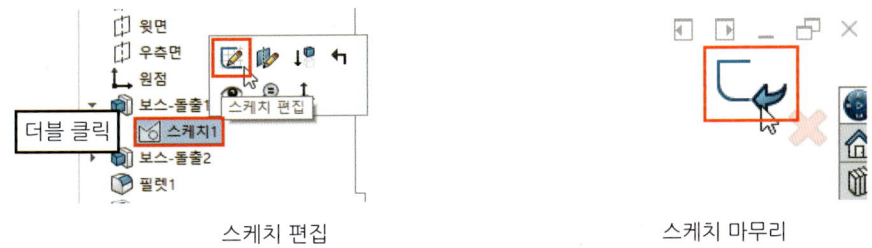

스케치 편집   스케치 마무리

스케치 편집 작업으로 스케치 요소를 추가하거나 삭제할 수 있으며, 구속된 스케치 프로파일의 크기를 변경하려면 치수를 더블 클릭하여 편집할 수 있습니다.

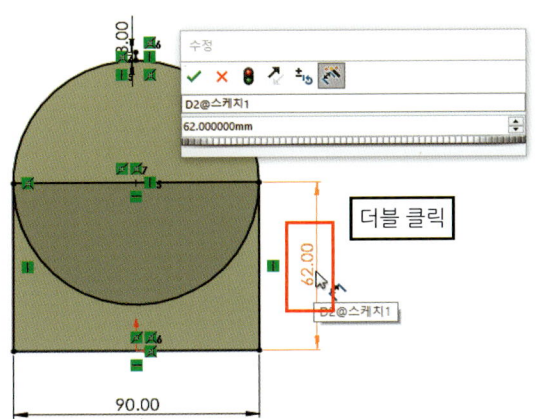

PART 3 스케치와 피처

4 요소 변환

요소 변환이란 스케치 작업시 기존에 작성된 스케치 요소, 객체의 모서리, 꼭지점, 루프, 작업 피처 등 기타 스케치 형상을 현재 활성화된 스케치 평면으로 가져오는 기능입니다. 투영된 형상은 원래 형상과 연관되어 있으므로 원래 형상이 변경되면 투영된 형상도 변경됩니다.

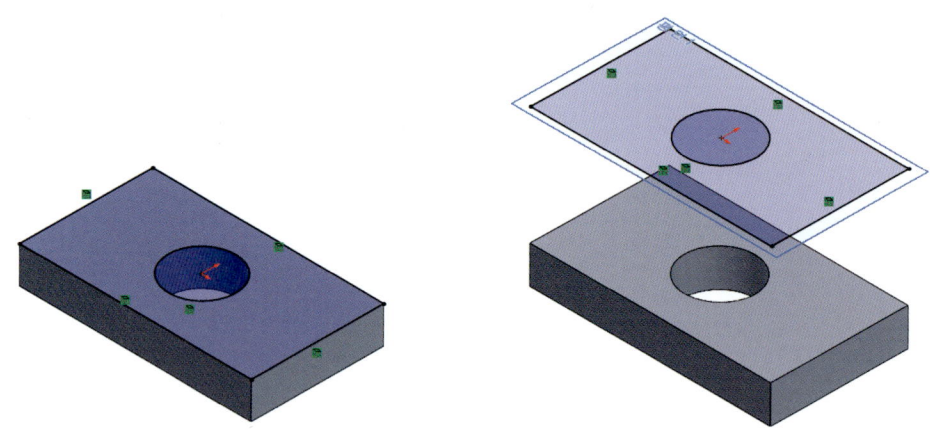

04 스케치 예제

[1]
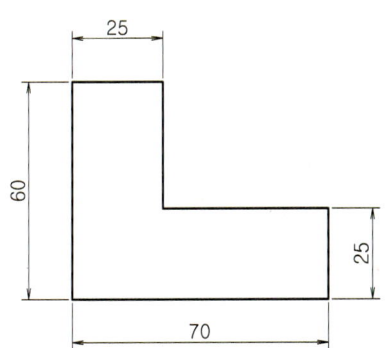

[2]
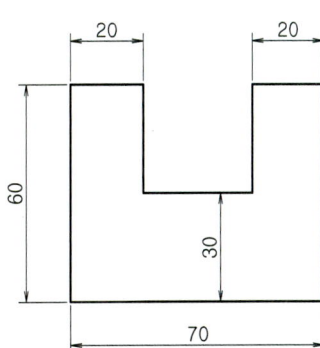

[3]
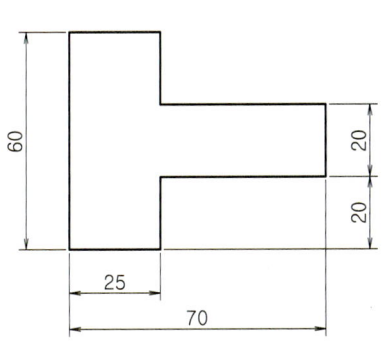

[4]
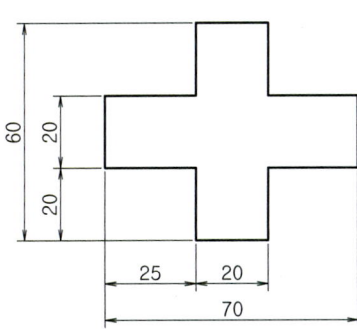

[5]
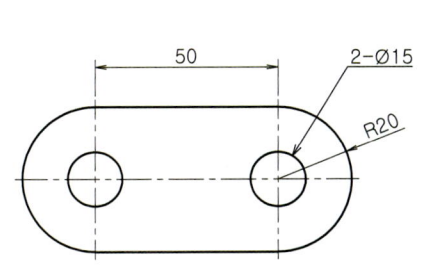

[6]
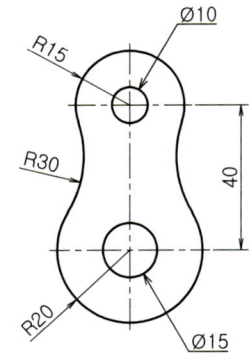

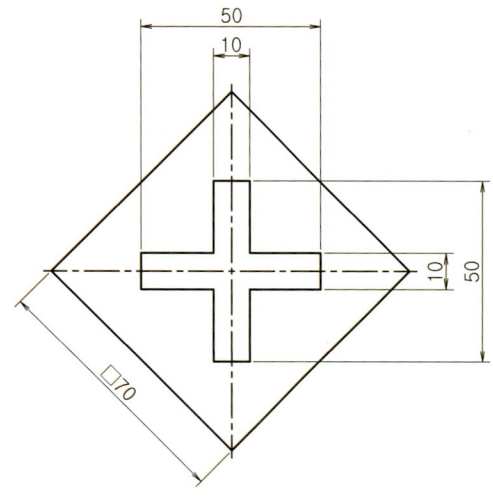
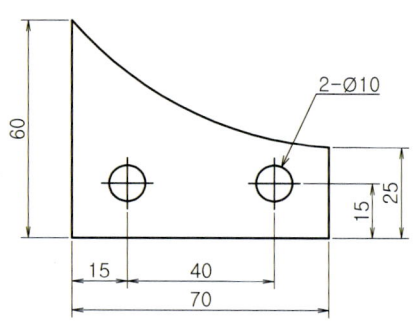

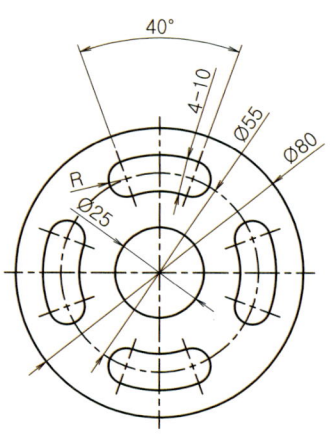
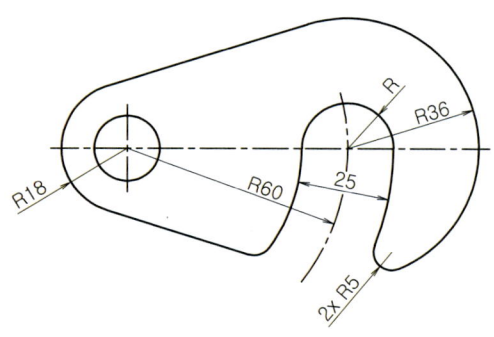

13

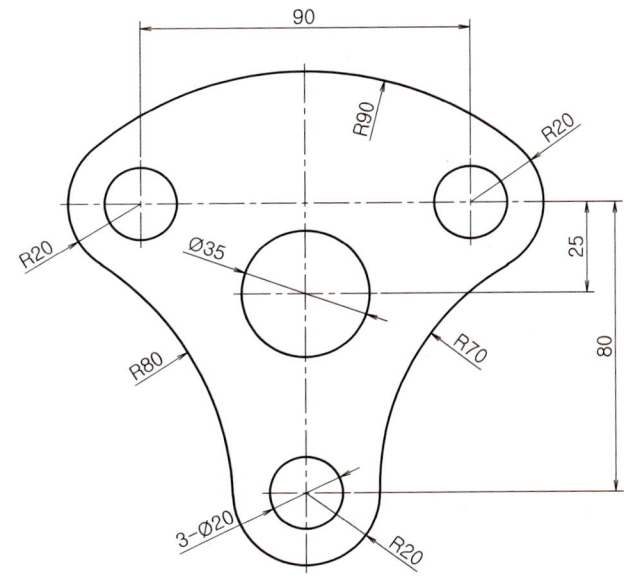

14

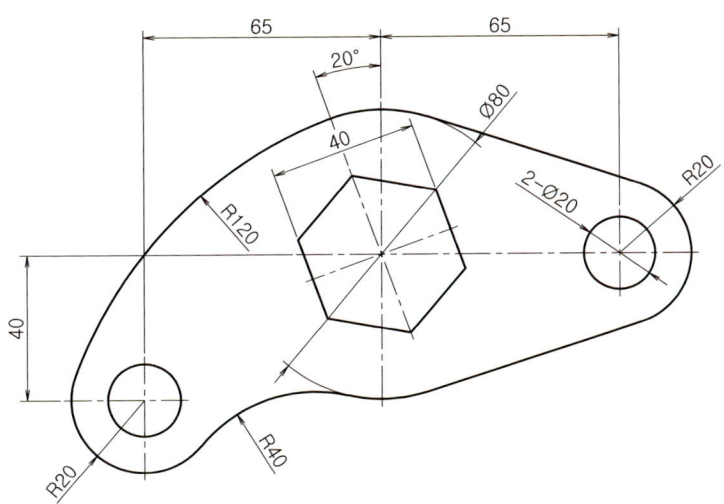

11

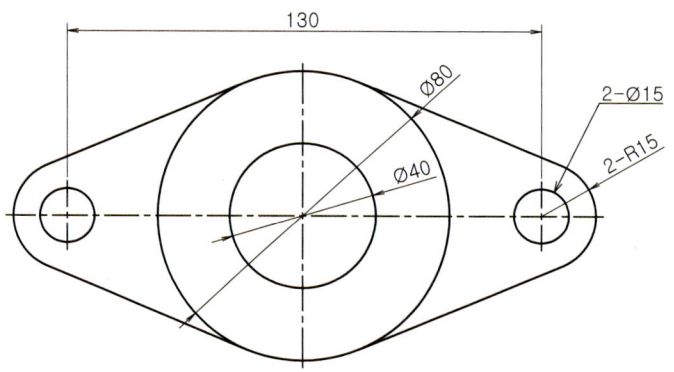

12

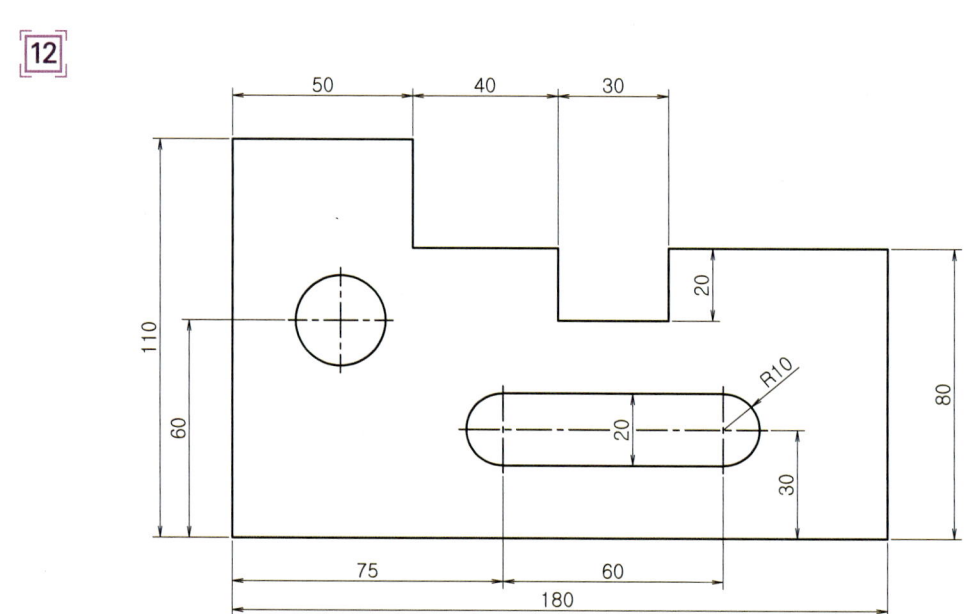

피처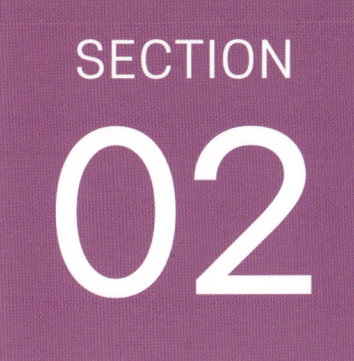

SOLIDWORKS 파트는 여러 개의 개별 피처로 구성되어 있습니다.

파트의 첫 번째 피처를 베이스(기초 피처)라고 하며, 이 피처는 다른 피처를 작성하는 기초가 되며, SOLIDWORKS에는 스케치 피처와 적용 피처 두 가지 유형의 피처가 있습니다.

01 작업 피처

작업 피처는 모형 형상이 아닌 참조 피처로 스케치에 투영하여 새 피처를 구성하는데 사용할 수 있는 평면, 축 및 점으로 구성됩니다.

1 기준면 (Plane)

작업 평면은 무한한 구성 평면으로 부품과 조립품 작업 공간 내에서 어느 방향으로도 배치할 수 있으며, 부품 모델링시 스케치 평면으로 활용하거나 절단된 평면을 배치할 때 사용할 수 있습니다.

곡면에 접하고 평면에 평행한 작업 평면 　　　　모서리를 중심으로 평면에 기울어진 작업 평면

- **기준면 작성 명령**

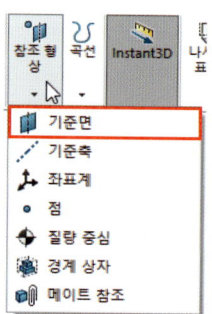

2 기준축 (Axis)

기준축은 무한한 길이의 선으로 부품 모델링시 피처를 작성하거나 조립품 모델링시 부품을 구속하기 위한 목적으로 사용할 수 있습니다.

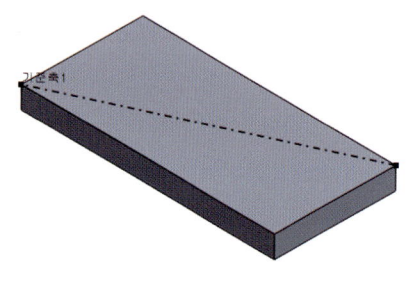 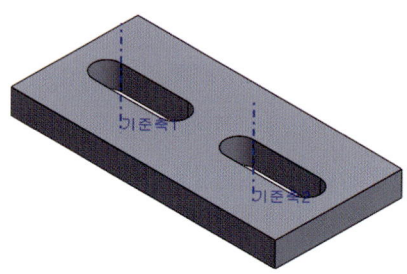

두 점을 통과하는 기준축   점을 통과하여 평면에 수직하는 기준축

- **기준축 작성 명령**

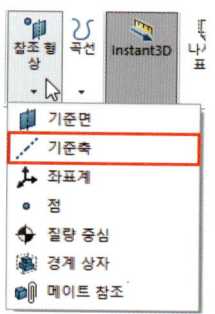

02 스케치된 피처

스케치 피처는 돌출, 회전, 스윕, 로프트와 같은 피처로 도형 스케치에 적용하여 만드는 피처를 말합니다.

1 돌출 (Extrude)

돌출은 프로파일에 깊이를 추가하여 재질을 붙이거나 파냅니다. 돌출 보스/베이스, 돌출 컷 등을 만들 수 있습니다.

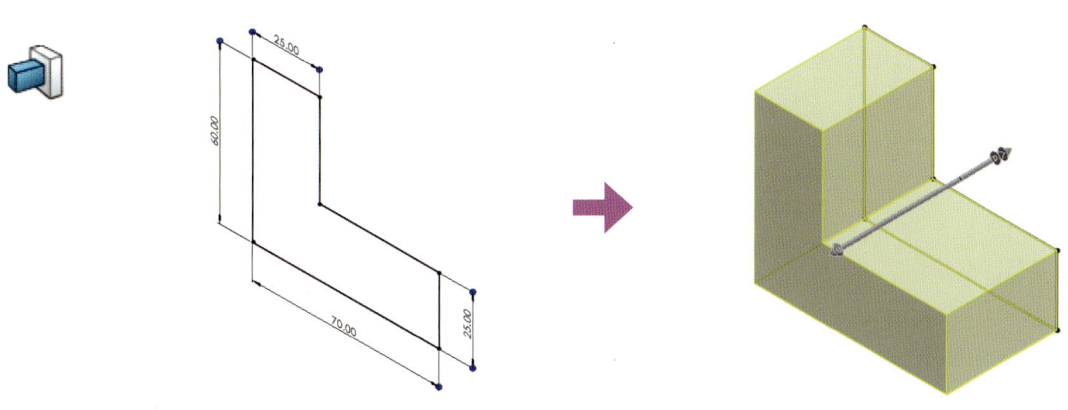

2 회전 (Revolve)

회전은 중심선을 기준으로 프로파일을 회전하여 재질을 붙이거나 파냅니다. 회전 보스/베이스, 회전 컷, 회전 곡면 등을 만들 수 있습니다. 회전 피처는 솔리드, 얇은 벽, 또는 곡면이 될 수 있습니다.

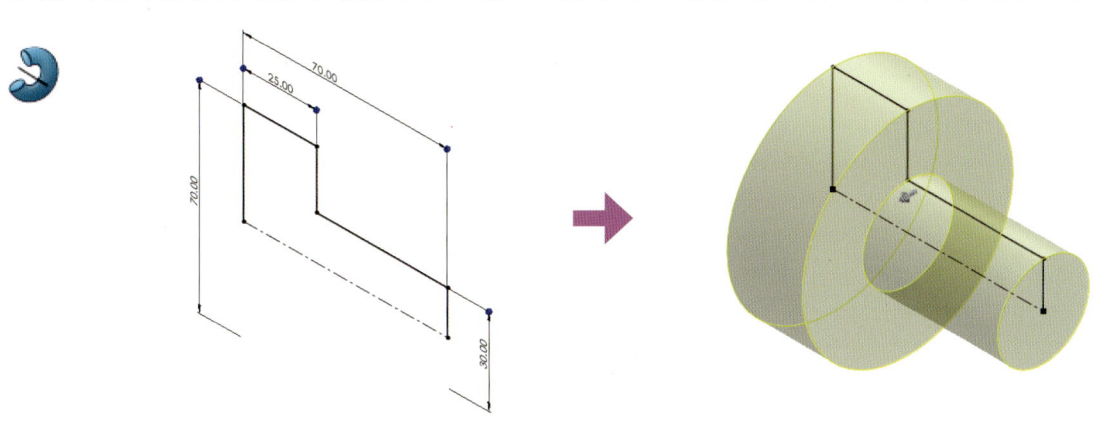

3 스윕 (Sweep)

스윕은 경로를 따라 프로파일(단면)을 이동하여 만드는 베이스, 보스, 또는 컷입니다. 스윕은 단순할 수도 있고 복잡할 수도 있습니다.

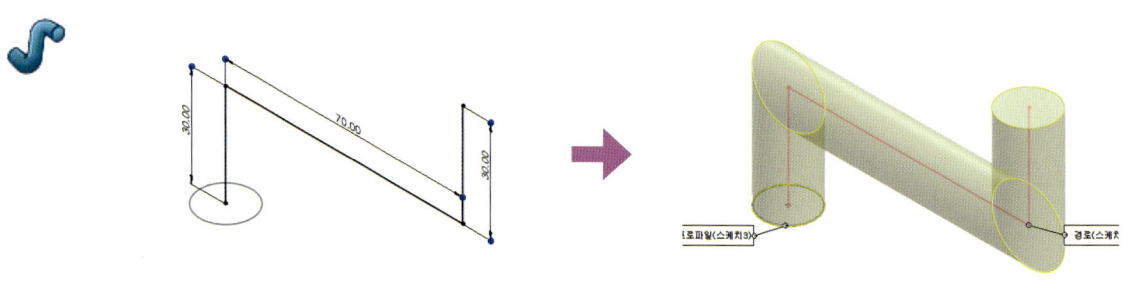

4 로프트 (Loft)

로프트는 프로파일 사이에 전이를 주어 피처를 만듭니다. 로프트는 베이스, 보스, 컷, 곡면일 수 있습니다.

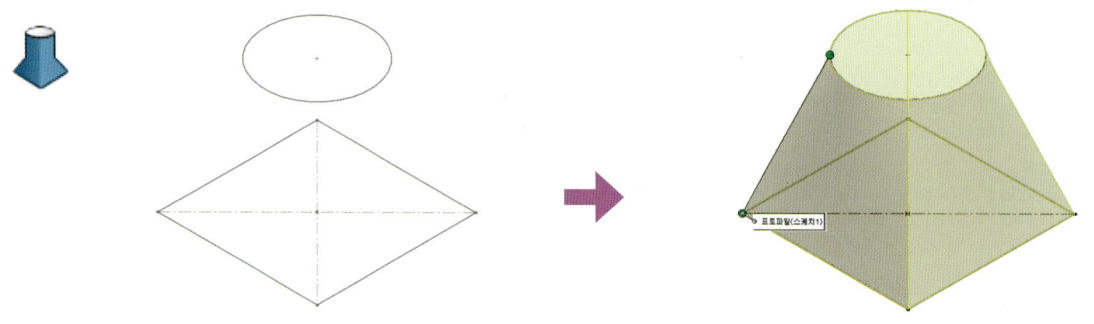

5 보강대

 보강대는 개곡선이나 폐곡선 스케치 프로파일에서 만들어지는 돌출 피처의 특수한 한 유형입니다. 이는 프로파일과 기존 파트 사이에 지정한 방향으로 일정한 두께의 재질을 추가합니다. 단일 스케치 또는 여러 개의 스케치를 사용하여 보강대를 작성합니다. 구배를 사용하거나, 구배할 참조 프로파일을 선택하여 보강대를 작성할 수도 있습니다.

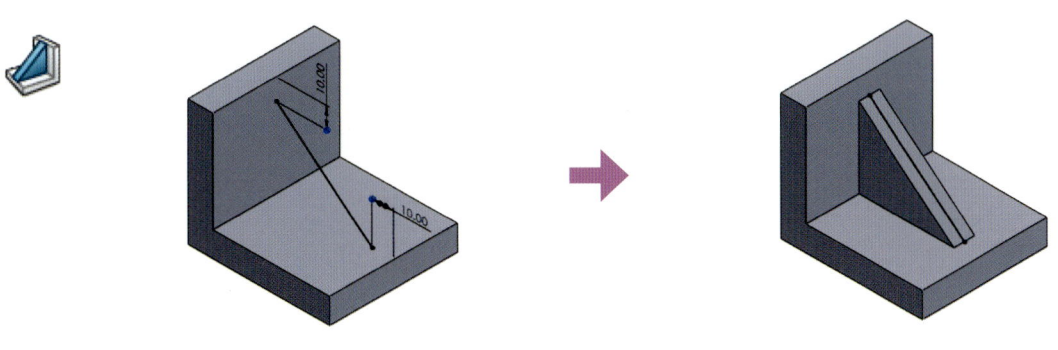

03 적용 피처

 적용 피처는 모따기, 필렛, 쉘과 같은 피처로 스케치 없이 모델에 직접 적용하는 피처를 말합니다.

1 필렛 (Fillet)

 필렛은 부품의 내부 또는 외부 모서리에 필렛 형상을 생성합니다.

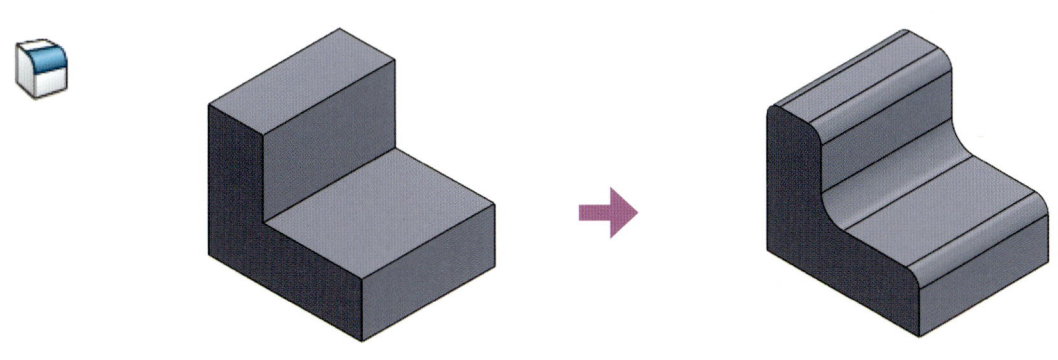

2 모따기 (Chamfer)

모따기 도구를 사용하여 선택한 모서리이나 면, 또는 꼭지점을 깎습니다.

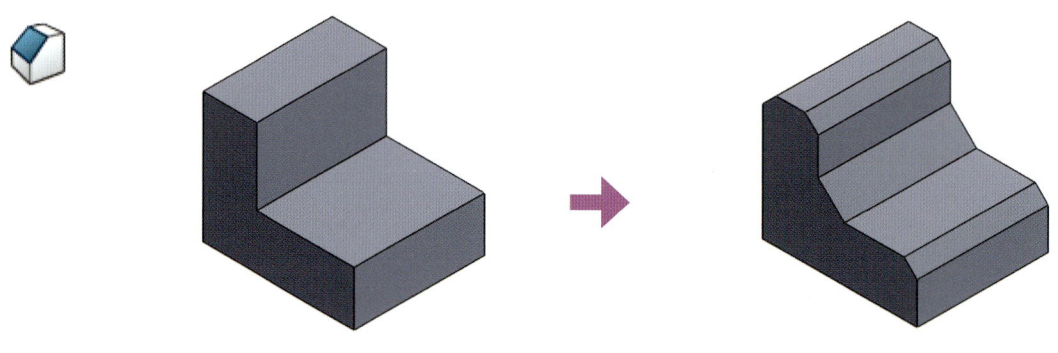

3 구멍 가공 마법사 (Hole)

모델에서 다양한 유형의 구멍 피처를 생성할 수 있습니다. 평면에 구멍을 배치하고 깊이를 설정합니다. 나중에 치수를 지정하여 위치를 지정할 수 있습니다.

4 나사산 피처 (Thread)

프로파일 스케치를 사용하여 원통형 모서리나 면에 나선형 나사산을 생성하고 사용자 정의 나사산 프로파일을 라이브러리 피처로 저장할 수 있습니다.

5 구배주기 (Draft)

구배는 모델에서 선택한 면에 지정한 각도를 사용하여 줄입니다.

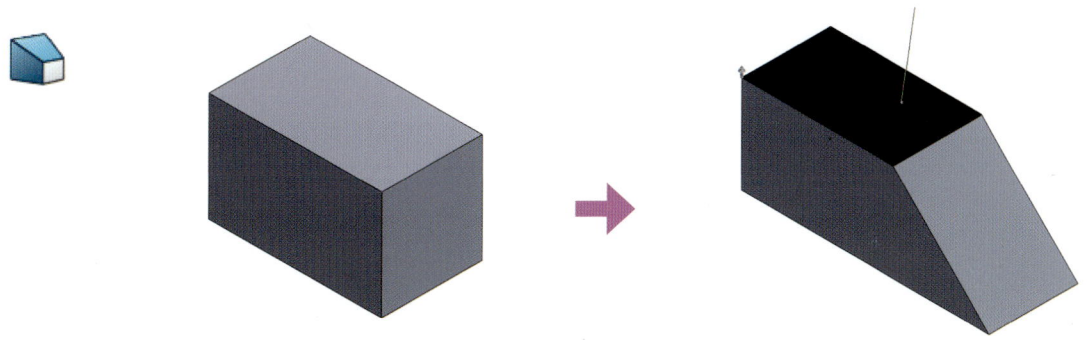

6 쉘 (Shell)

쉘은 마치 컵을 만드는 것처럼 선택한 면을 일정한 두께를 남겨두고 파내는 명령입니다.

Section 1	기초 형상 모델링 1	----------	92
Section 2	기초 형상 모델링 2	----------	95
Section 3	기초 형상 모델링 3	----------	98
Section 4	기초 형상 모델링 4	----------	103
Section 5	기초 형상 모델링 5	----------	106
Section 6	기초 형상 모델링 6	----------	110
Section 7	기초 형상 모델링 7	----------	115
Section 8	기초 형상 모델링 8	----------	120
Section 9	기초 형상 모델링 9	----------	126
Section 10	기초 형상 모델링 10	----------	132
Section 11	예제 도면	----------	139

CHAPTER.04

기초 3D 형상 모델링

SECTION 01

기초 형상 모델링 1

01 예제 도면 및 학습 명령어

1 예제 도면

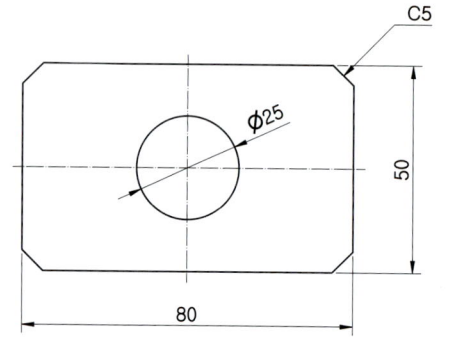
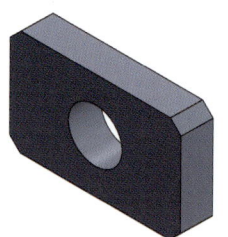

학습 명령어

* **스케치 :** 중심 사각형   중심점 원
* **솔리드 :** 돌출   모따기

2 모델링 순서

02 모델링 실습

01 정면도에 해당하는 평면에 다음과 같은 스케치를 작성합니다. (어느 평면에 작업하셔도 무방합니다.)

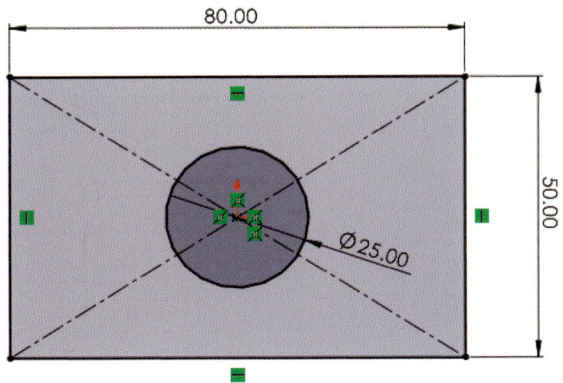

02 [돌출] 명령을 실행하고 다음과 같이 옵션 및 거리를 입력하여 형상을 작성합니다.

· 방향 : 블라인드 형태 / · 거리 : 15mm

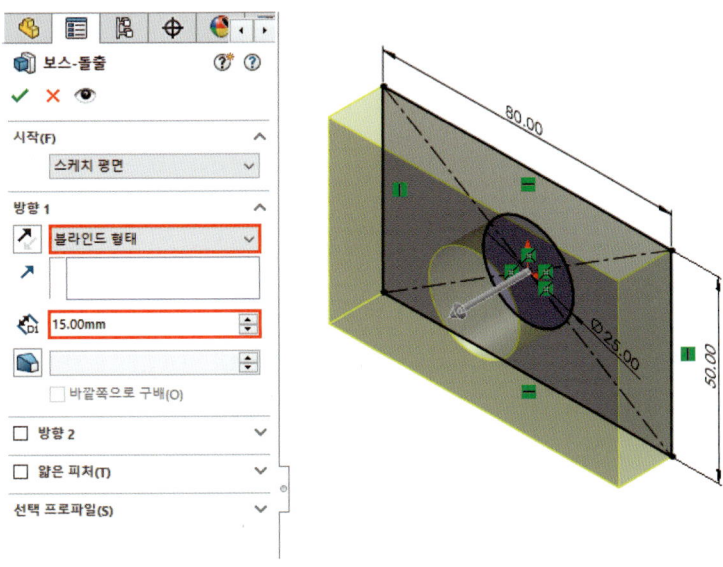

03 [모따기] 명령을 실행하고 선택한 모서리에 5mm의 모따기를 작성합니다.

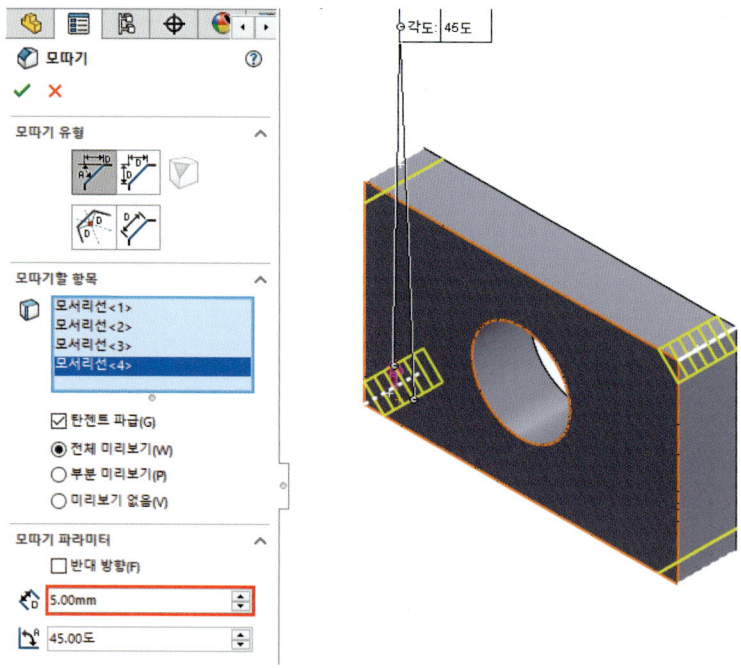

04 모델링이 완료되었습니다.

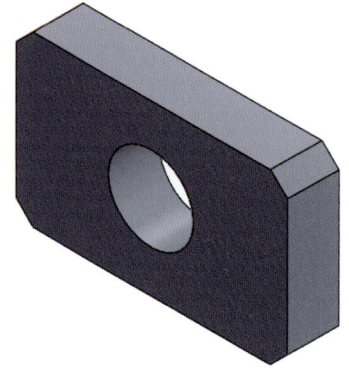

SECTION 02

기초 형상 모델링 2

01 예제 도면 및 학습 명령어

1 예제 도면

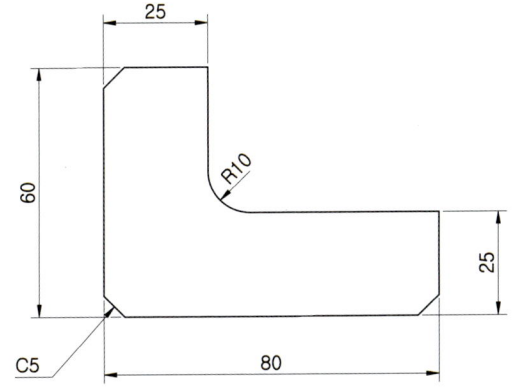
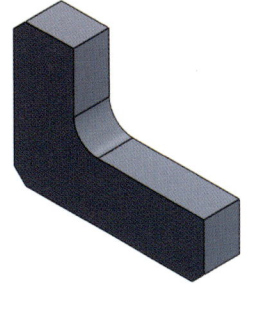

학습 명령어

* **스케치 :** 코너 사각형
* **솔리드 :** 돌출　 필렛　모따기

2 모델링 순서

02 모델링 실습

01 정면도에 해당하는 평면에 다음과 같은 스케치를 작성합니다. (어느 평면에 작업하셔도 무방합니다.)

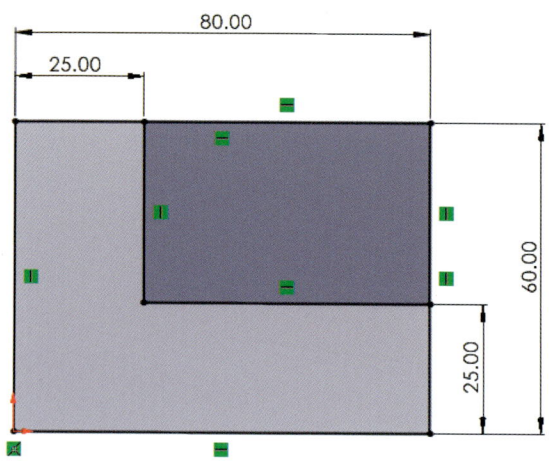

02 [돌출] 명령을 실행하고 다음과 같이 옵션 및 거리를 입력하여 형상을 작성합니다.

· 방향 : 블라인드 형태 / · 거리 : 15mm

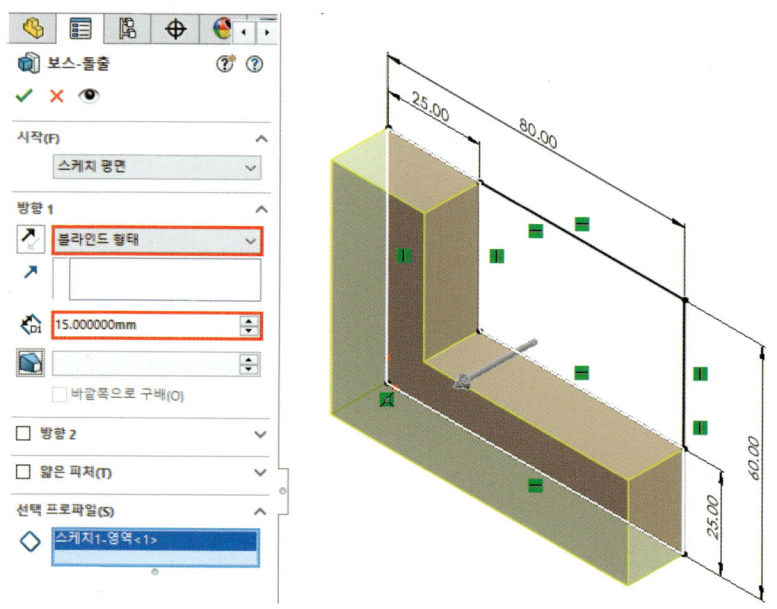

03 [필렛] 명령을 실행하고 다음과 같이 선택한 모서리에 10mm의 필렛을 작성합니다.

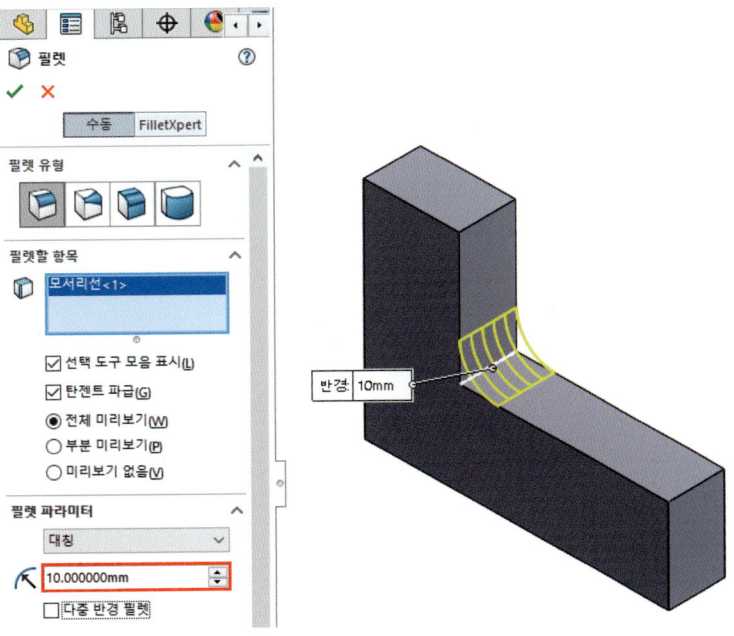

04 [모따기] 명령을 실행하고 선택한 모서리에 5mm의 모따기를 작성하여 모델링을 완료합니다.

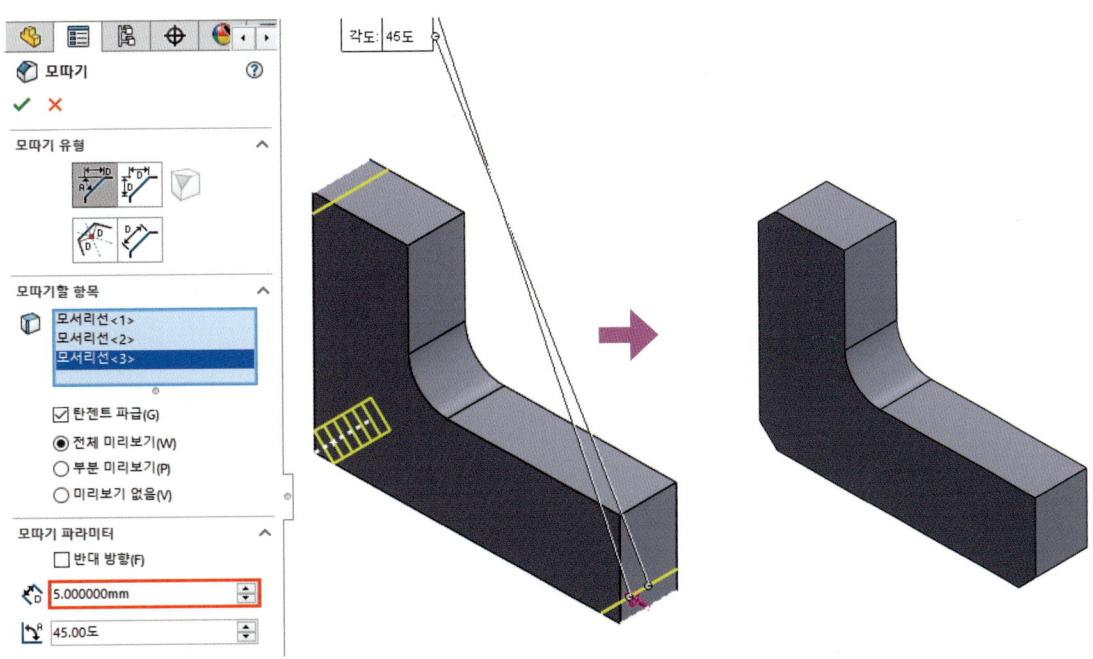

PART 4 기초 3D 형상 모델링

SECTION 03

기초 형상 모델링 3

01 예제 도면 및 학습 명령어

1 예제 도면

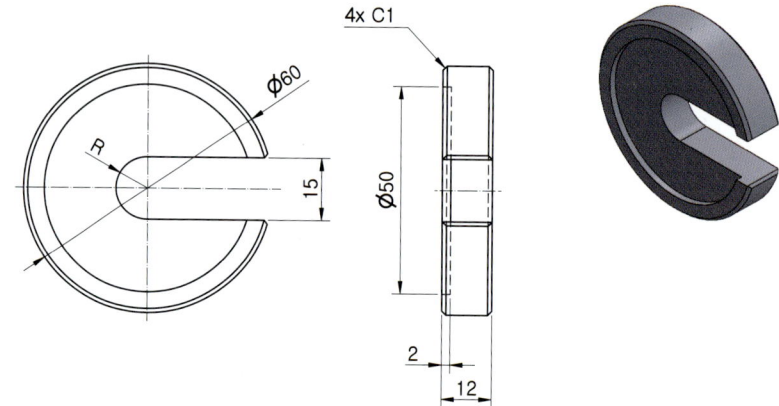

학습 명령어

* **스케치 :** 중심점 원   직선형 홈
* **솔리드 :** 돌출   돌출 컷   모따기

2 모델링 순서

02 모델링 실습

01 정면도에 해당하는 평면에 다음과 같은 스케치를 작성합니다. (어느 평면에 작업하셔도 무방합니다.)

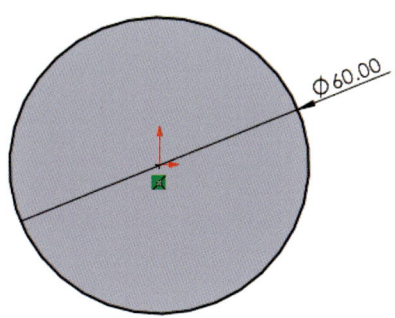

02 [돌출] 명령을 실행하고 다음과 같이 옵션 및 거리를 입력하여 형상을 작성합니다.

· 방향 : 블라인드 형태 / · 거리 : 12mm

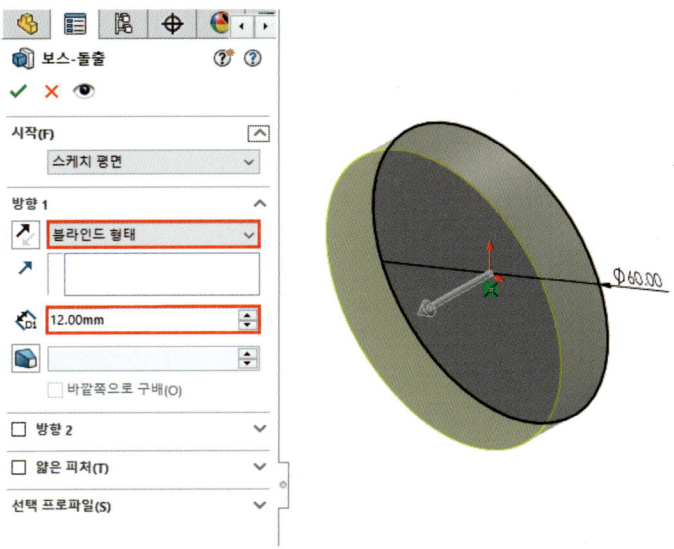

03 선택한 평면에 다음과 같이 스케치를 작성합니다.

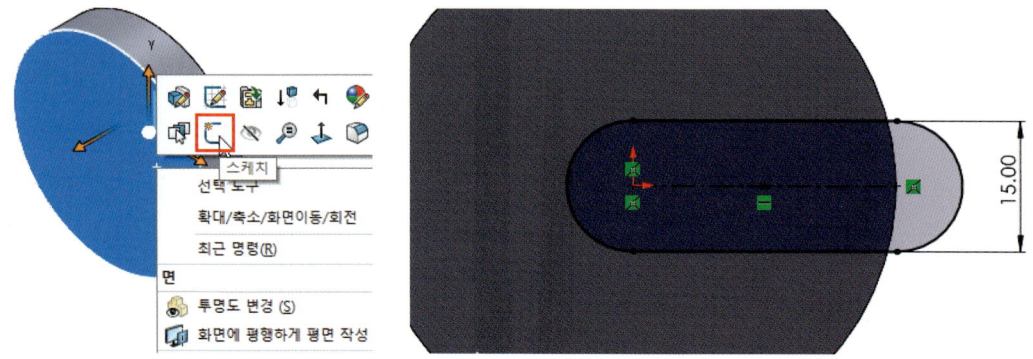

04 [컷-돌출] 명령을 실행하고 다음과 같이 옵션 및 거리를 입력하여 형상을 작성합니다.

· 방향 : 관통

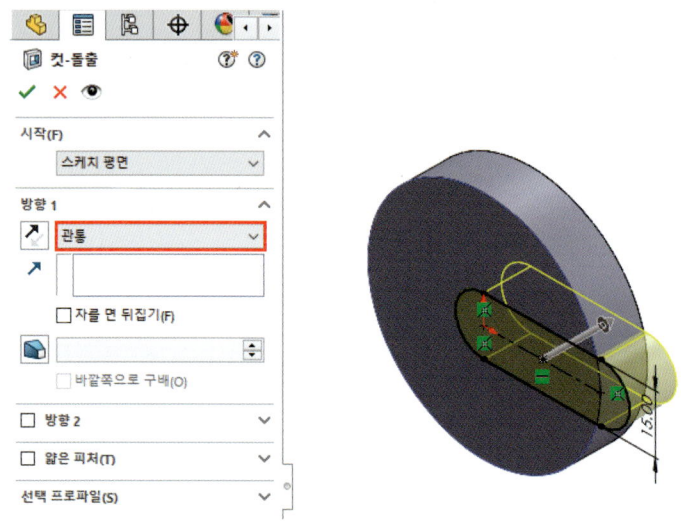

05 선택한 평면에 다음과 같이 스케치를 작성합니다.

06 [돌출 컷] 명령을 실행하고 다음과 같이 옵션 및 거리를 입력하여 형상을 작성합니다.

· 방향 : 블라인드 형태 / · 거리 : 2mm

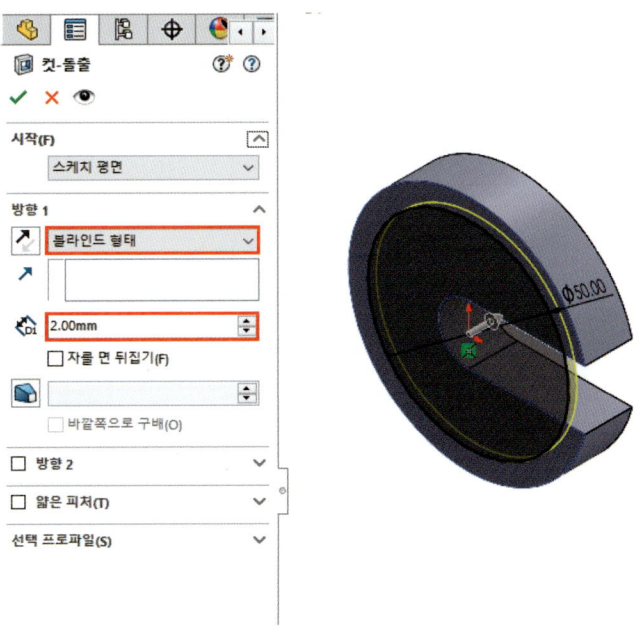

07 [모따기] 명령을 실행하고 선택한 모서리에 1mm의 모따기를 작성합니다.

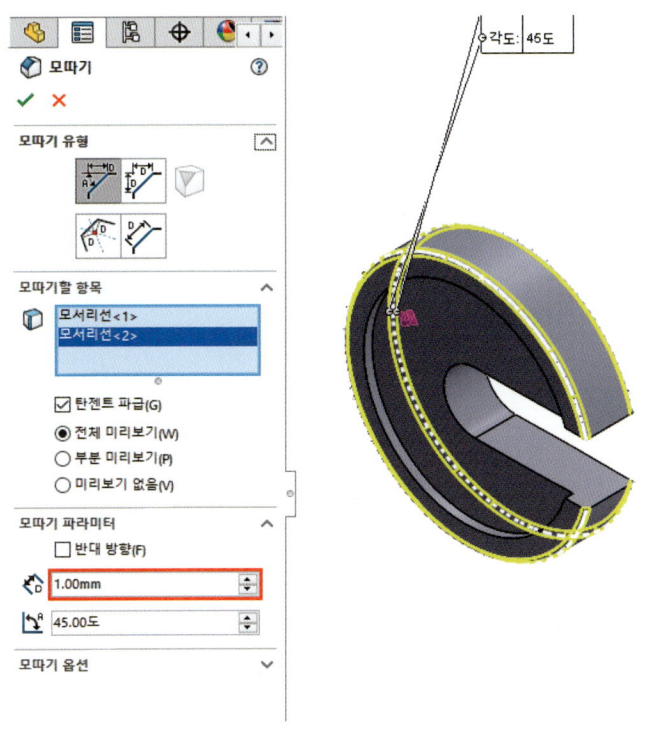

PART 4 기초 3D 형상 모델링　101

08 [모따기] 명령을 실행하고 선택한 모서리에 1mm의 모따기를 작성합니다.

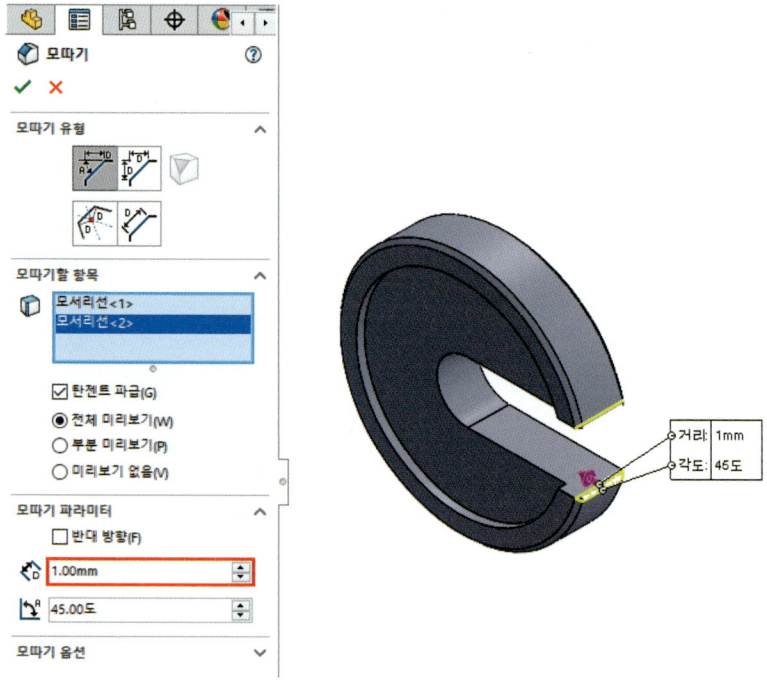

09 모델링이 완료되었습니다.

SECTION 04

기초 형상 모델링 4

01 예제 도면 및 학습 명령어

1 예제 도면

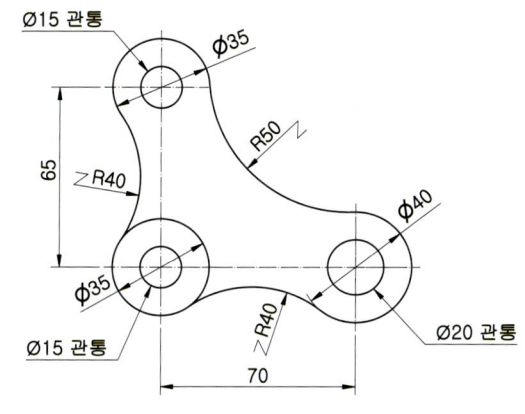

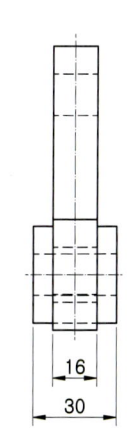

학습 명령어

* **스케치 :** 중심점 원   3점 호   요소 잘라내기
* **솔리드 :** 돌출

2 모델링 순서

PART 4 기초 3D 형상 모델링

02 모델링 실습

01 정면도에 해당하는 평면에 [수직, 수평] 구속조건과 [접선] 구속조건을 사용하여 다음과 같은 스케치를 작성합니다. (어느 평면에 작업하셔도 무방합니다.)

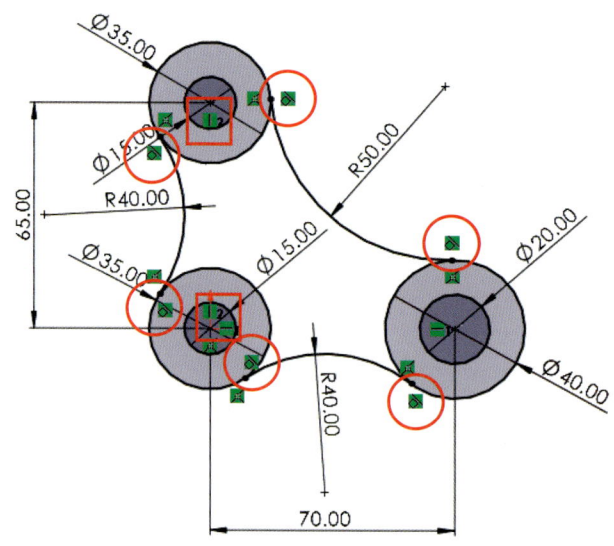

02 [돌출] 명령을 실행하고 다음과 같이 옵션 및 거리를 입력하여 형상을 작성합니다.

· 방향 : 대칭 / · 거리 : 30mm / · 출력 : 솔리드1

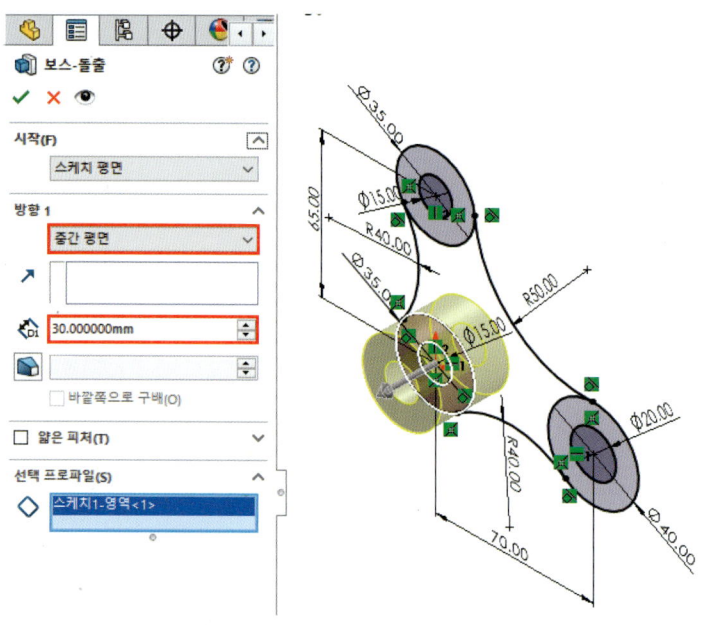

03 작성한 스케치를 다시 이용하기 위해 스케치1을 선택하여 [보이기]를 클릭합니다.

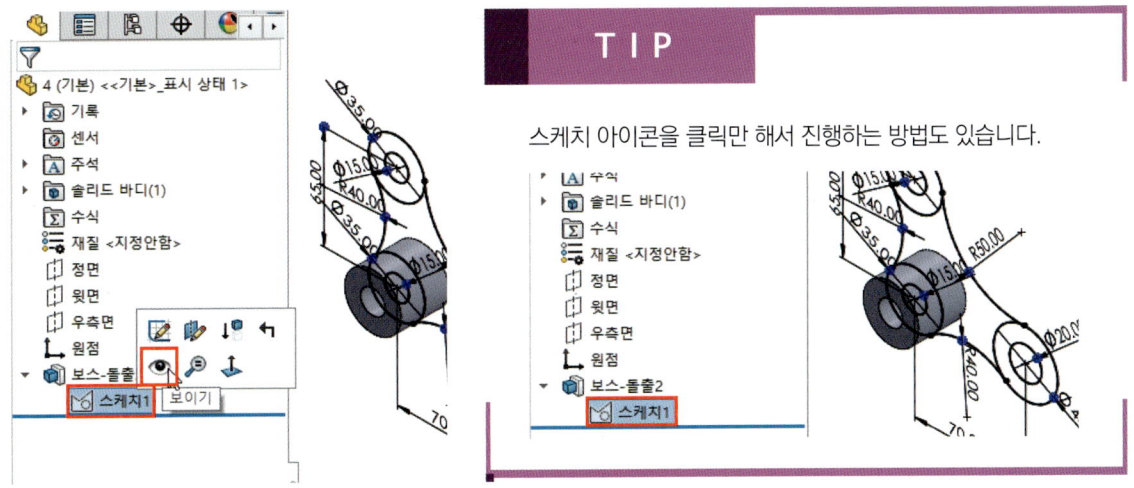

04 [돌출] 명령을 실행한 후 다음과 같이 옵션 및 거리를 입력하고 형상을 작성하여 모델링을 완료합니다.

· 방향 : 중간 평면 / · 거리 : 16mm / · 바디 합치기(M) : 체크

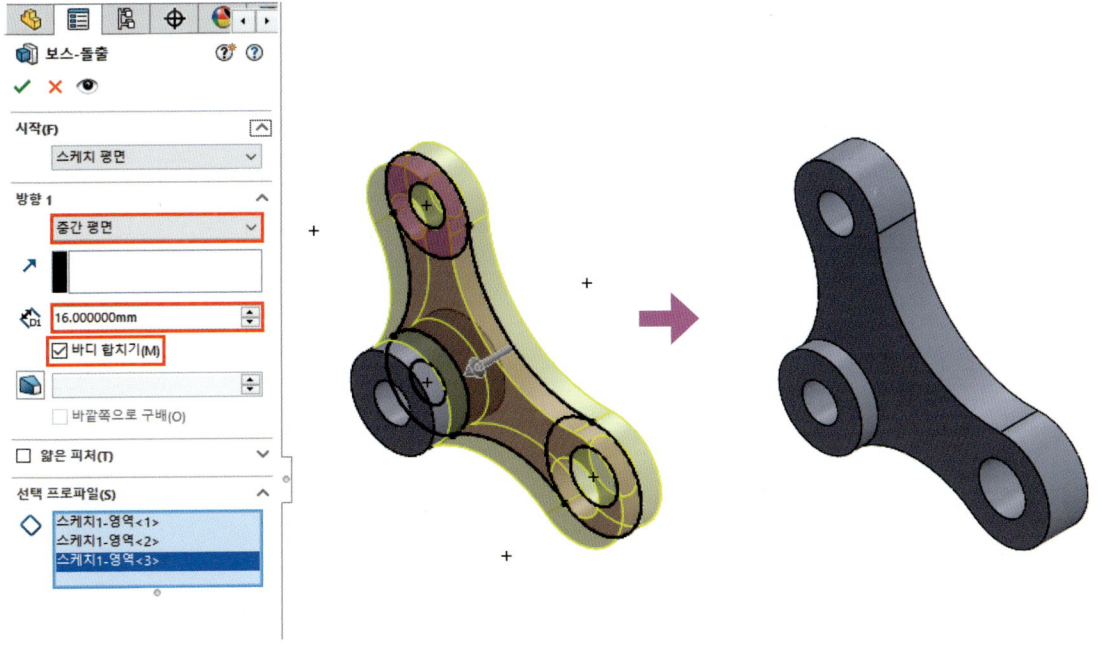

PART 4 기초 3D 형상 모델링   105

SECTION 05

기초 형상 모델링 5

01 예제 도면 및 학습 명령어

1 예제 도면

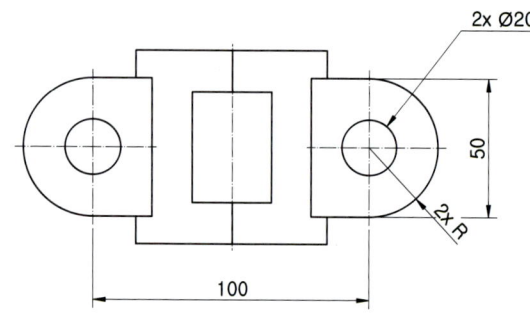
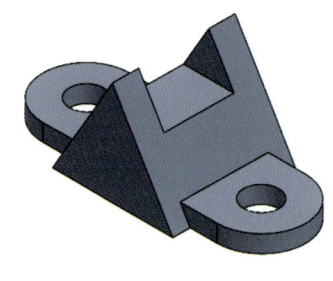
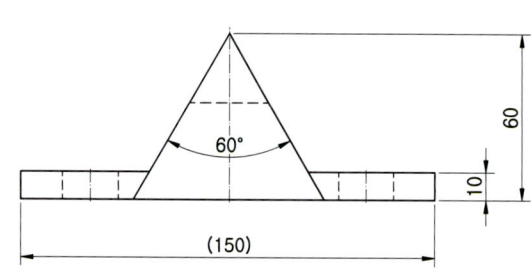
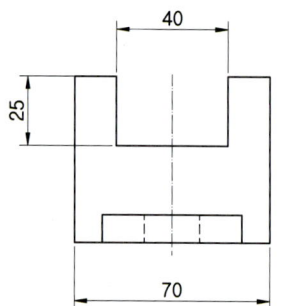

학습 명령어

- **스케치 :** 중심점 직선형 홈, 다각형, 중심 사각형, 중심점 원
- **솔리드 :** 돌출

2 모델링 순서

02 모델링 실습

01 평면도에 해당하는 평면에 다음과 같은 스케치를 작성합니다. (어느 평면에 작업하셔도 무방합니다.)

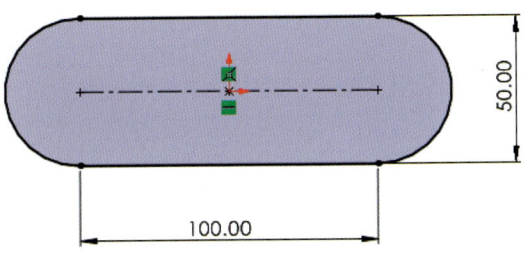

02 [돌출] 명령을 실행하고 다음과 같이 옵션 및 거리를 입력하여 형상을 작성합니다.

· 방향 : 블라인드 형태 / · 거리 : 10mm

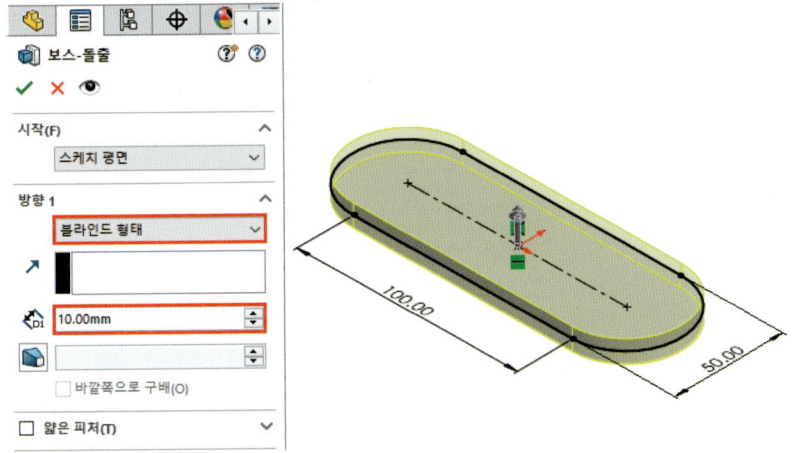

PART 4 기초 3D 형상 모델링 107

03 선택한 평면에 다음과 같이 스케치를 작성합니다.

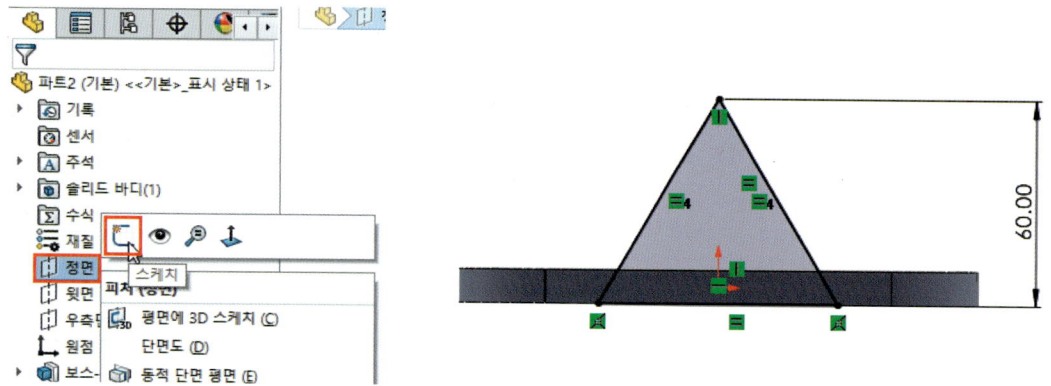

04 [돌출] 명령을 실행하고 다음과 같이 옵션 및 거리를 입력하여 형상을 작성합니다.

· 방향 : 대칭 / · 거리 : 70mm / · 바디 합치기(M) : 체크

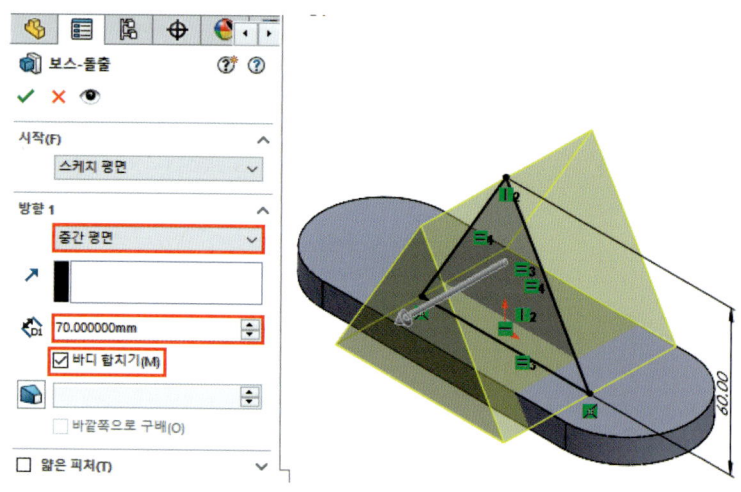

05 선택한 평면에 다음과 같이 스케치를 작성합니다.

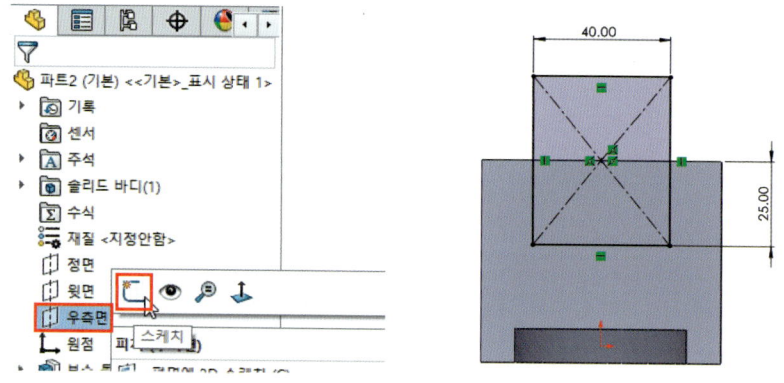

06 [돌출 컷] 명령을 실행하고 다음과 같이 옵션 및 거리를 입력하여 형상을 작성합니다.

· 방향 : 관통 – 양쪽

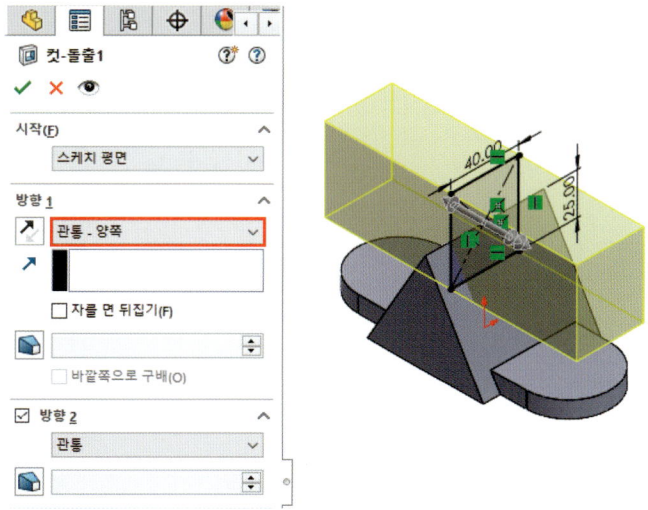

07 선택한 평면에 다음과 같이 스케치를 작성합니다.

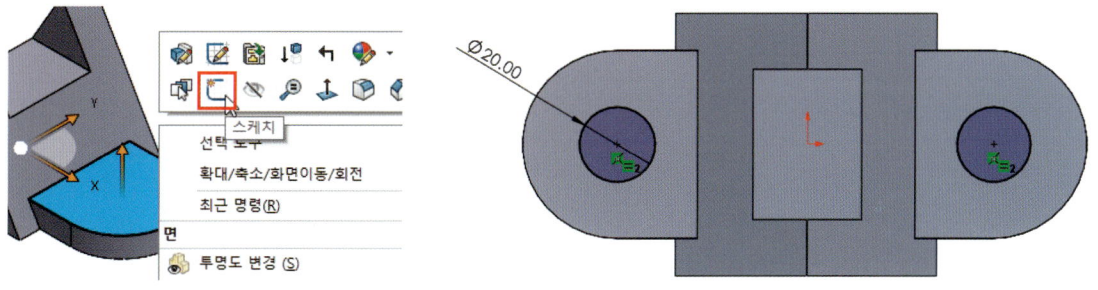

08 [돌출 컷] 명령을 실행한 후 다음과 같이 옵션 및 거리를 입력하고 형상을 작성하여 모델링을 완료합니다.

· 방향 : 관통

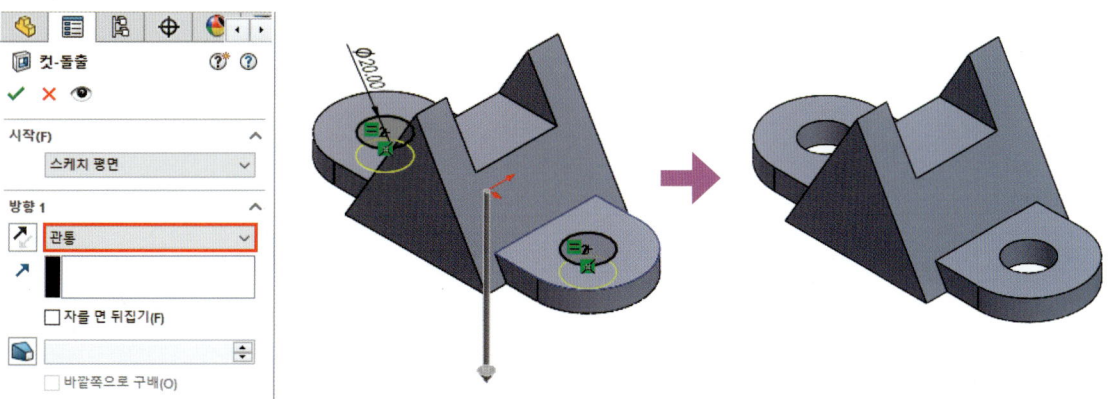

SECTION 06

기초 형상 모델링 6

01 예제 도면 및 학습 명령어

1 예제 도면

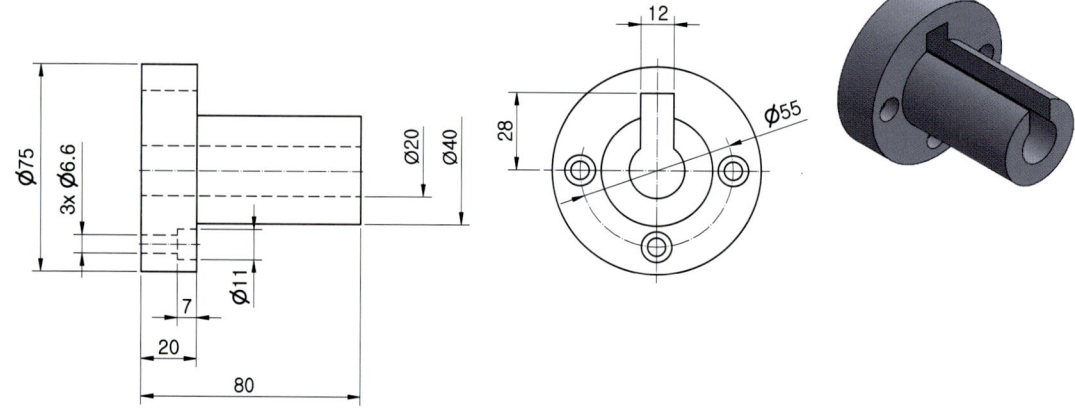

학습 명령어

- **스케치 :** 선, 코너 사각형, 중심점 원, 점
- **솔리드 :** 회전, 돌출, 구멍 가공 마법사, 원형 패턴

2 모델링 순서

02 모델링 실습

01 정면도에 해당하는 평면에 다음과 같은 스케치를 작성합니다. (어느 평면에 작업하셔도 무방합니다.)

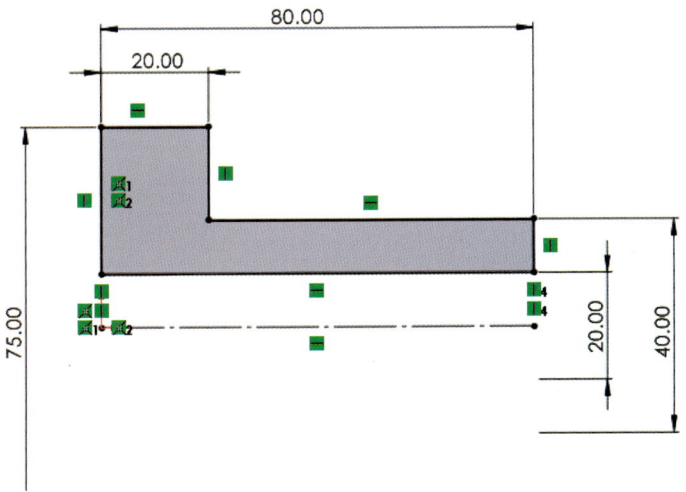

02 [회전] 명령을 실행하고 다음과 같이 옵션 및 거리를 입력하여 형상을 작성합니다.
· 방향 : 블라인드 형태 / · 각도 : 360도

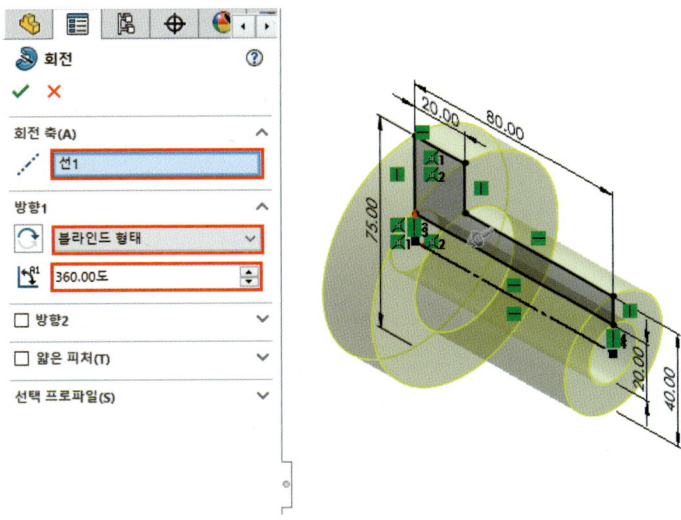

03 선택한 평면에 다음과 같이 스케치를 작성합니다.

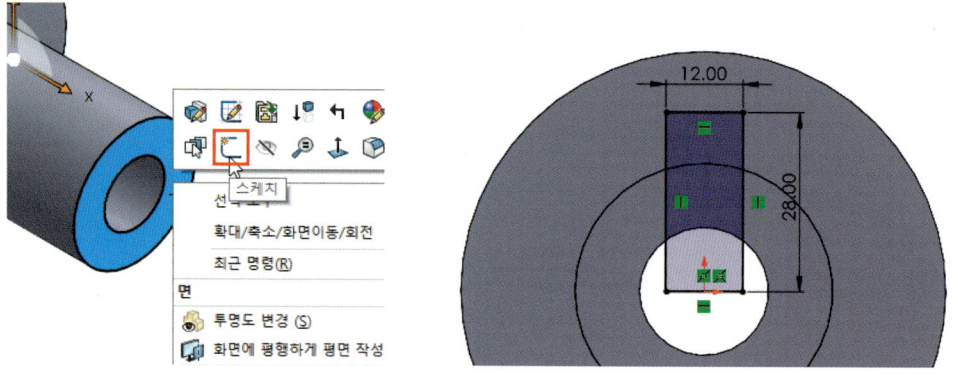

04 [돌출 컷] 명령을 실행하고 다음과 같이 옵션 및 거리를 입력하여 형상을 작성합니다.

· 방향 : 관통

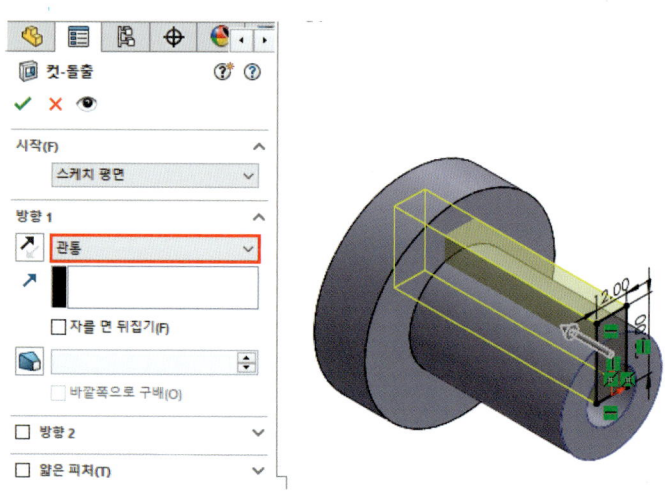

05 [구멍 가공 마법사] 명령을 실행하고 [위치] 탭에서 선택한 평면에 다음과 같이 스케치를 작성합니다.

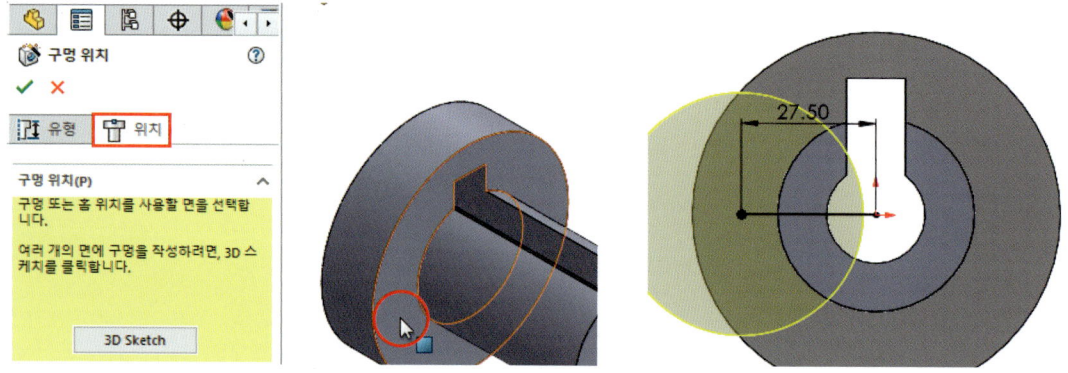

06 [유형] 탭에서 다음과 같이 옵션 및 크기를 입력하여 형상을 작성합니다.

· 구멍 유형 : 카운터보어 / · 표준 규격 : KS / · 유형 : 구멍붙이 볼트 KS B 1003 / · 사용자 정의 크기 표시(Z) : 체크
· 카운터보어 지름 : 11mm / · 카운터보어 깊이 : 7mm / · 구멍 지름 : 6.6mm / · 마침 조건 : 관통

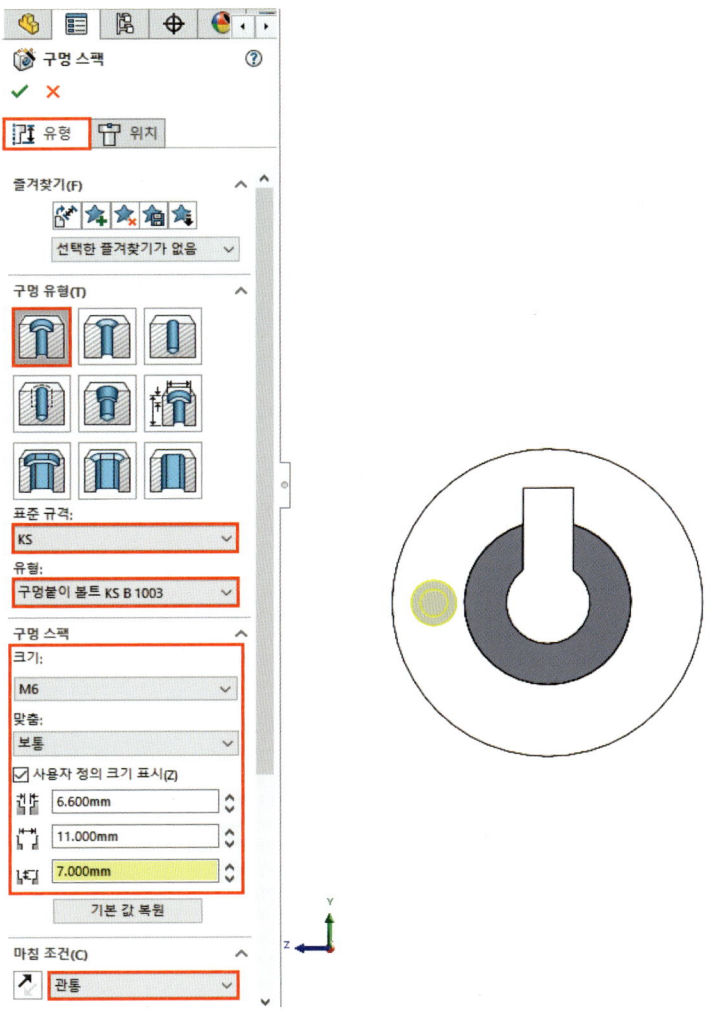

07 [원형 패턴] 명령을 실행하고 다음과 같이 옵션 및 거리를 입력하여 형상을 작성합니다.

· 피처 유형 : 피처 및 면 / · 회전축 방향 : 반대 방향 / · 간격 유형 : 동등 간격 / · 각도 : 180도 / · 수량 : 3개

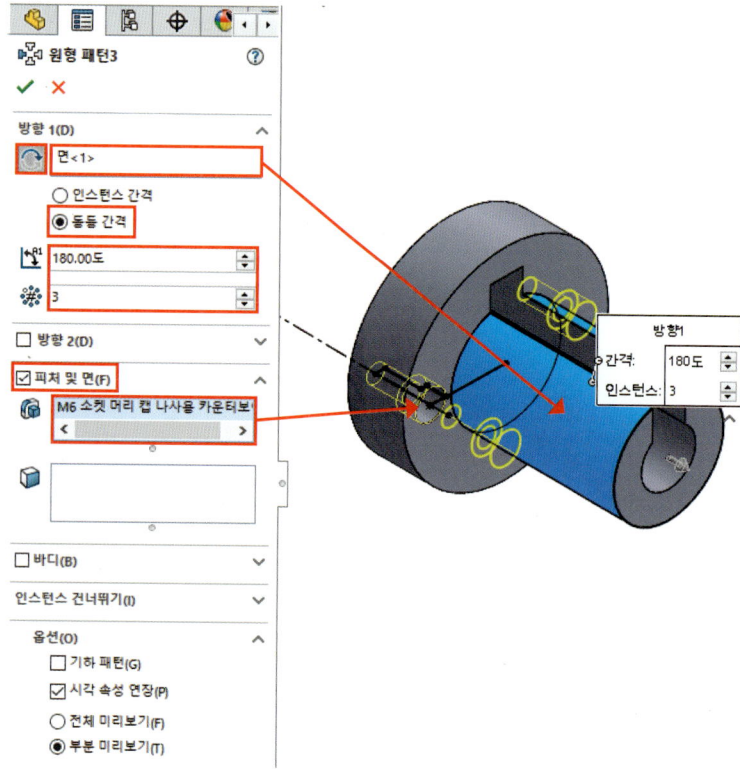

08 모델링이 완료되었습니다.

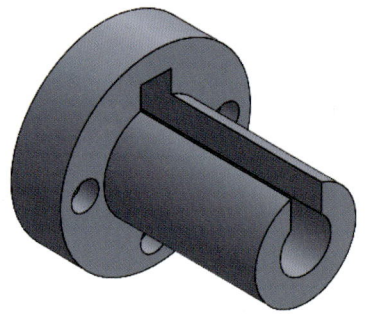

SECTION 07

기초 형상 모델링 7

01 예제 도면 및 학습 명령어

[1] 예제 도면

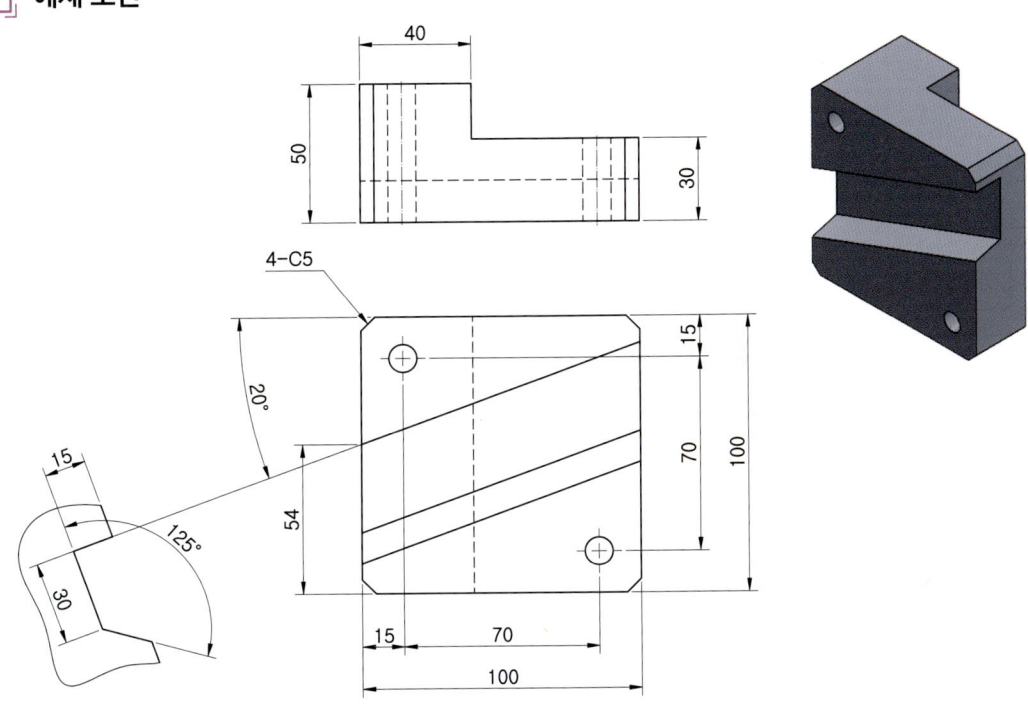

학습 명령어

* **스케치 :** / 선   □ 코너 사각형   ■ 점
* **솔리드 :** 🟦 돌출   🏠 구배주기   🪄 구멍 가공 마법사   🔷 모따기

2 모델링 순서

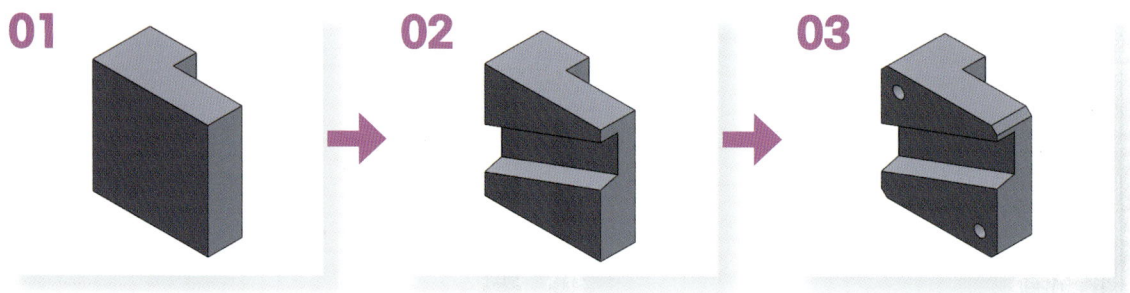

02 모델링 실습

01 평면도에 해당하는 평면에 다음과 같은 스케치를 작성합니다. (어느 평면에 작업하셔도 무방합니다.)

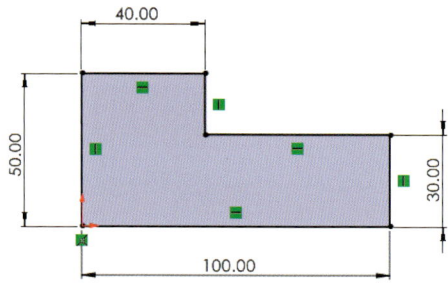

02 [돌출] 명령을 실행하고 다음과 같이 옵션 및 거리를 입력하여 형상을 작성합니다.

· 방향 : 중간 평면 / · 거리 : 100mm

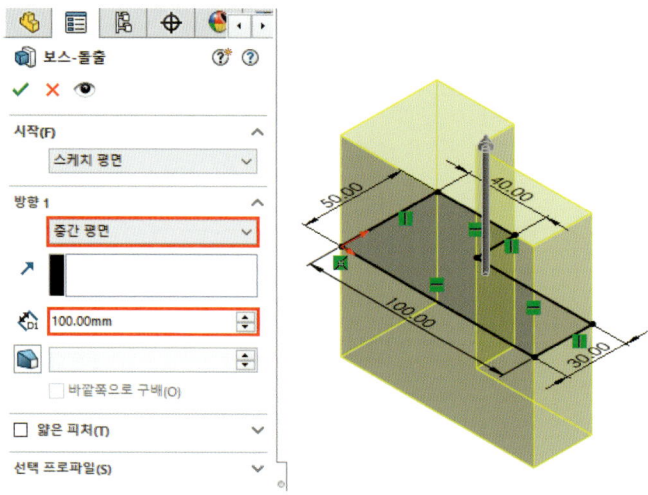

03 선택한 평면에 다음과 같이 스케치를 작성합니다.

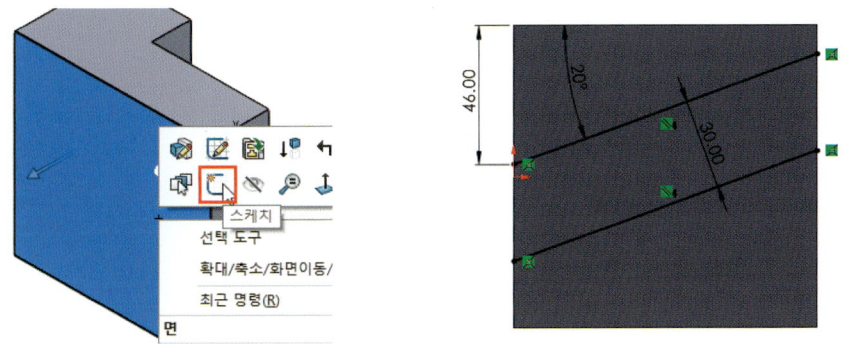

04 [돌출 컷] 명령을 실행하고 다음과 같이 옵션 및 거리를 입력하여 형상을 작성합니다.

· 방향 : 블라인드 형태 / · 거리 : 15mm

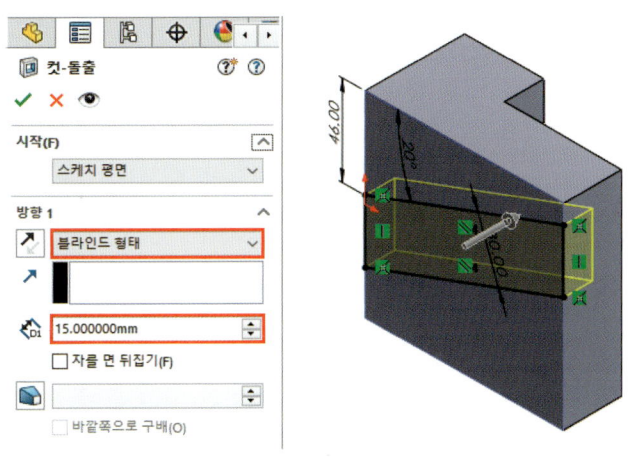

05 [구배주기] 명령을 실행하고 다음과 같이 옵션 및 기울기 각도를 입력하여 면 기울기를 작성합니다.

· 기울기 각도 : 15 deg

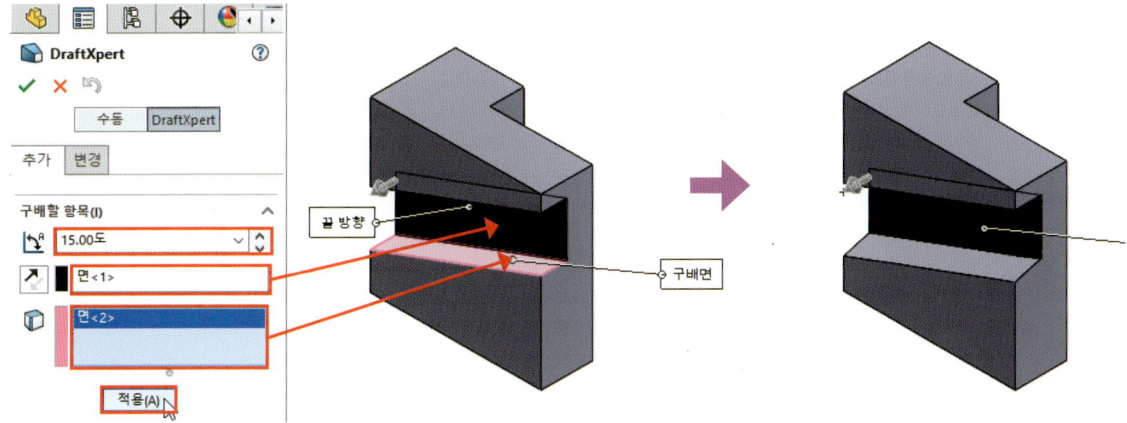

06 [구멍 가공 마법사] 명령을 실행하고 [위치] 탭에서 선택한 평면에 다음과 같이 스케치를 작성합니다.

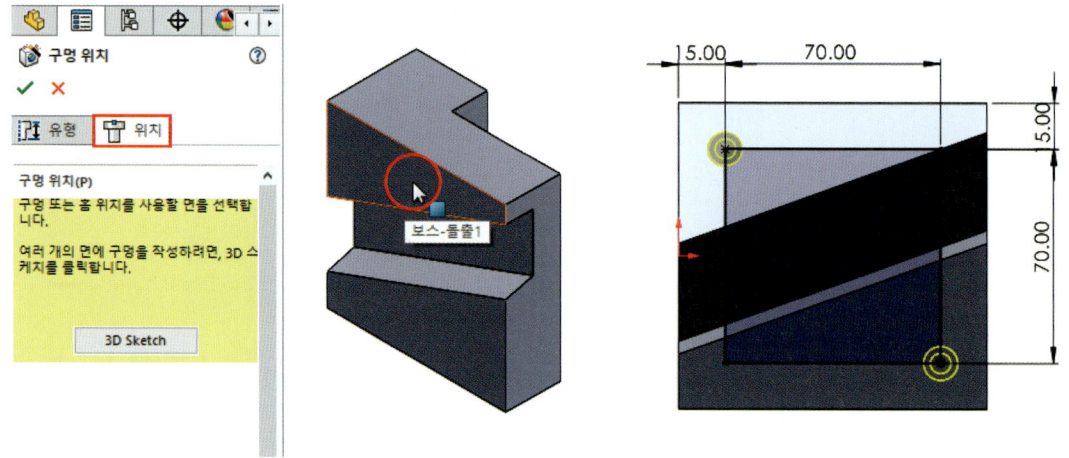

07 [유형] 탭에서 다음과 같이 옵션 및 크기를 입력하여 형상을 작성합니다.

· 구멍 유형 : 구멍 / · 표준 규격 : KS / · 유형 : 드릴 크기 / · 구멍 크기 : 10mm / · 마침 조건 : 관통

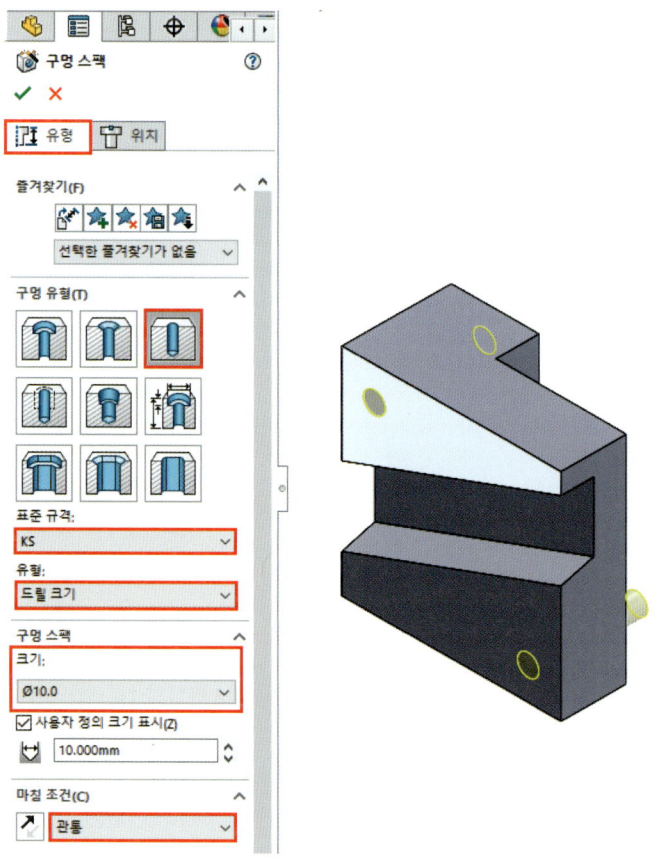

08 [모따기] 명령을 실행하고 선택한 모서리에 5mm의 모따기를 작성합니다.

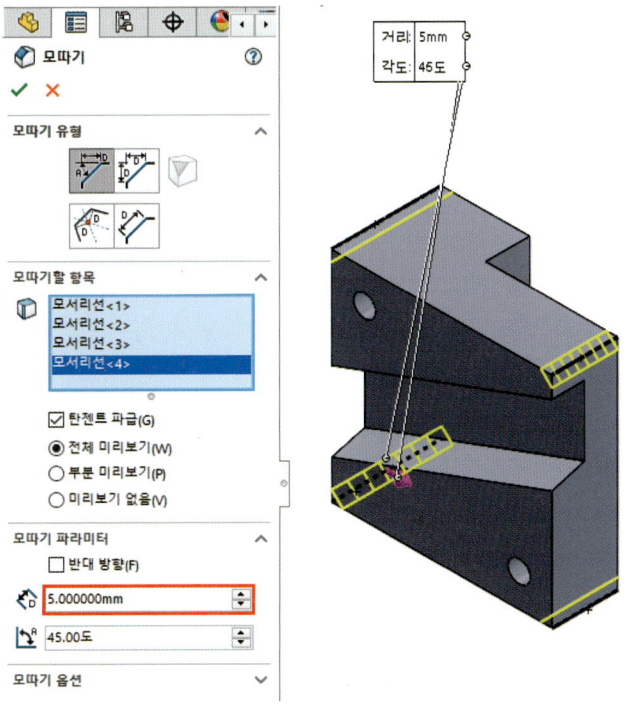

09 모델링이 완료되었습니다.

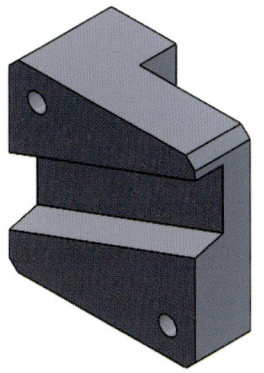

SECTION 08

기초 형상 모델링 8

01 예제 도면 및 학습 명령어

1 예제 도면

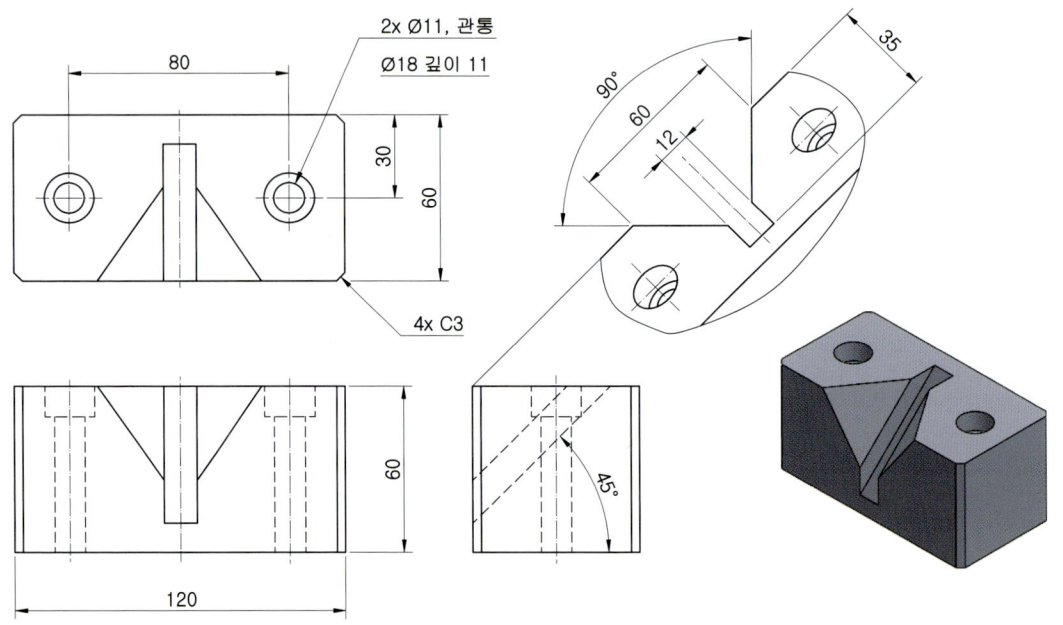

학습 명령어

- **스케치 :** 코너 사각형 / 선 / 점
- **솔리드 :** 돌출 / 기준면 / 구멍 가공 마법사 / 모따기

2 모델링 순서

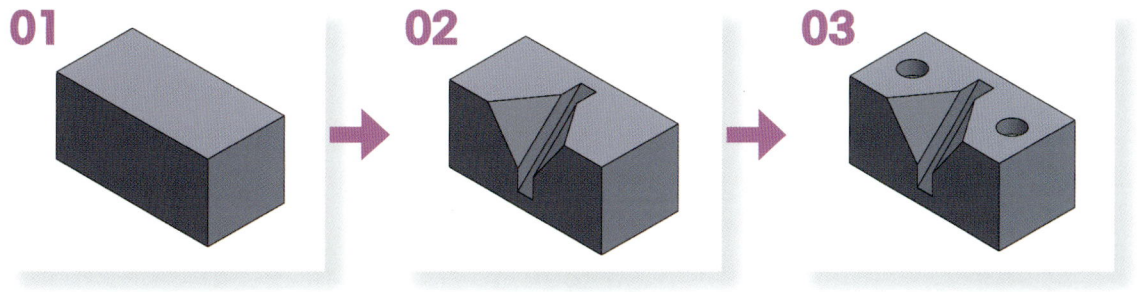

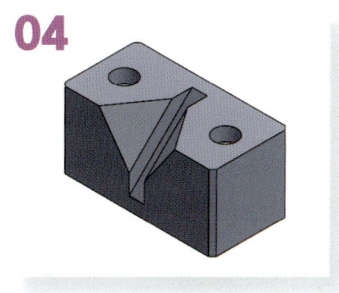

02 모델링 실습

01 정면도에 해당하는 평면에 다음과 같은 스케치를 작성합니다. (어느 평면에 작업하셔도 무방합니다.)

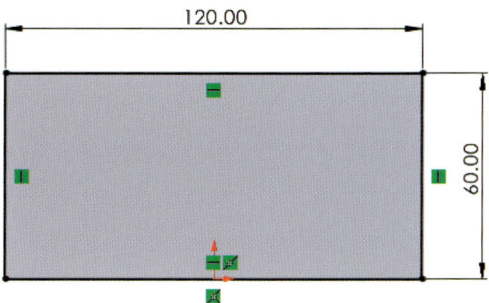

02 [돌출] 명령을 실행하고 다음과 같이 옵션 및 거리를 입력하여 형상을 작성합니다.

· 방향 : 중간 평면 / · 거리 : 60mm

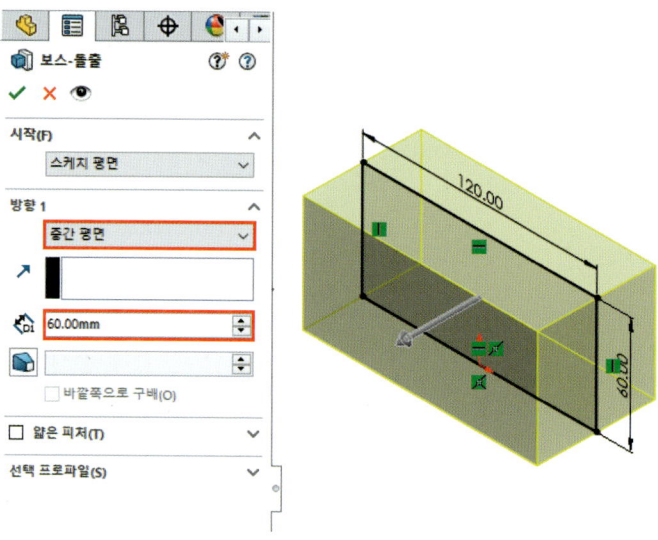

03 [기준면] 명령을 실행하고 다음과 같이 두 모서리를 선택하여 두 모서리를 지나는 평면을 작성합니다.

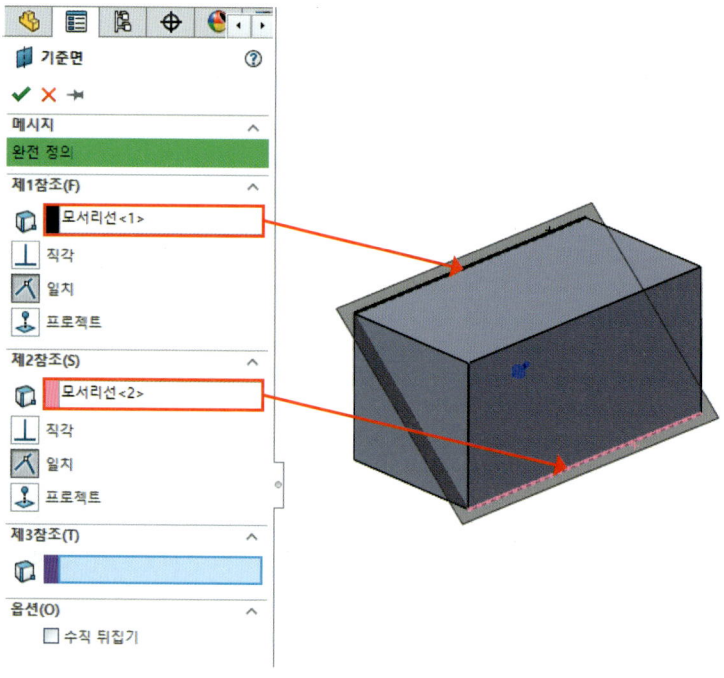

04 선택한 평면에 다음과 같이 스케치를 작성합니다.

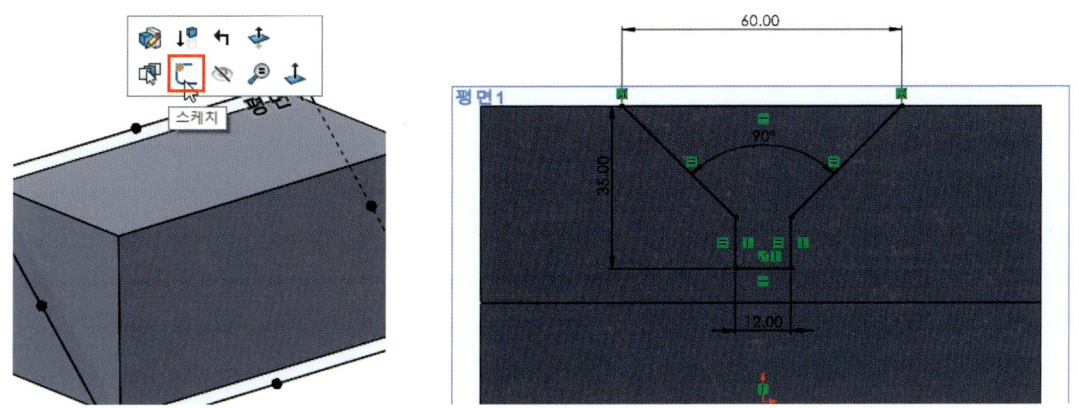

05 [돌출 컷] 명령을 실행하고 다음과 같이 옵션 및 거리를 입력하여 형상을 작성합니다.

· 방향 : 관통 – 양쪽

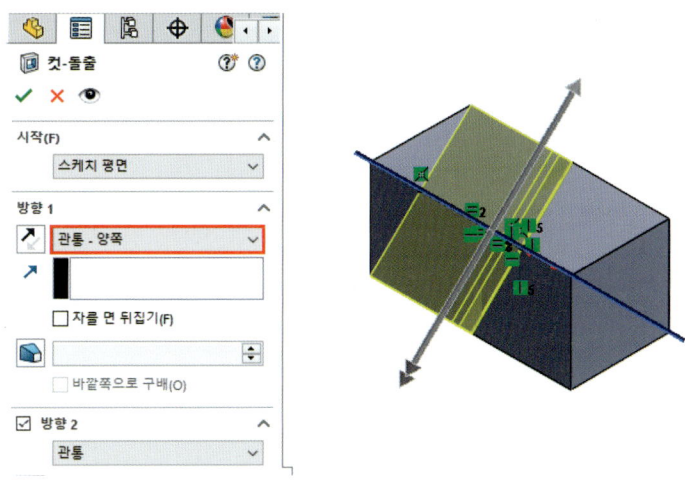

06 [구멍 가공 마법사] 명령을 실행하고 [위치] 탭에서 선택한 평면에 다음과 같이 스케치를 작성합니다.

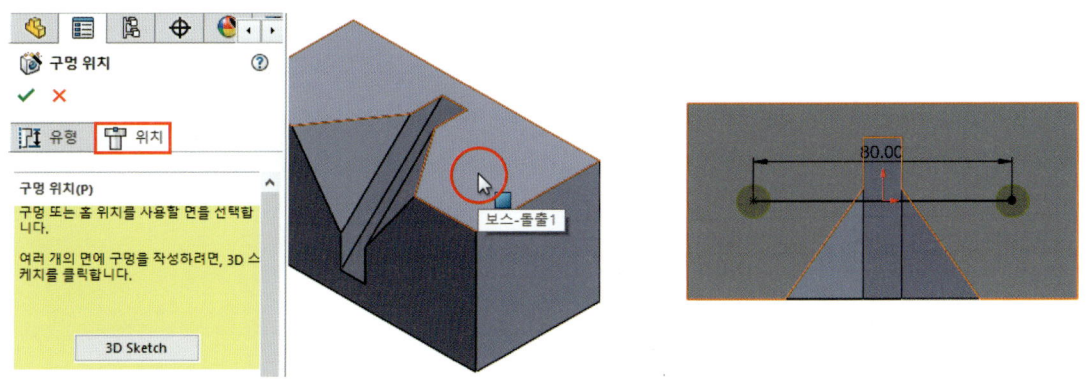

07 [유형] 탭에서 다음과 같이 옵션 및 크기를 입력하여 형상을 작성합니다.

· 구멍 유형 : 카운터보어 / · 표준 규격 : KS / · 유형 : 구멍붙이 볼트 KS B 1003 / · 사용자 정의 크기 표시(Z) : 체크

· 카운터보어 지름 : 18mm / · 카운터보어 깊이 : 11mm / · 구멍 지름 : 11mm / · 마침 조건 : 관통

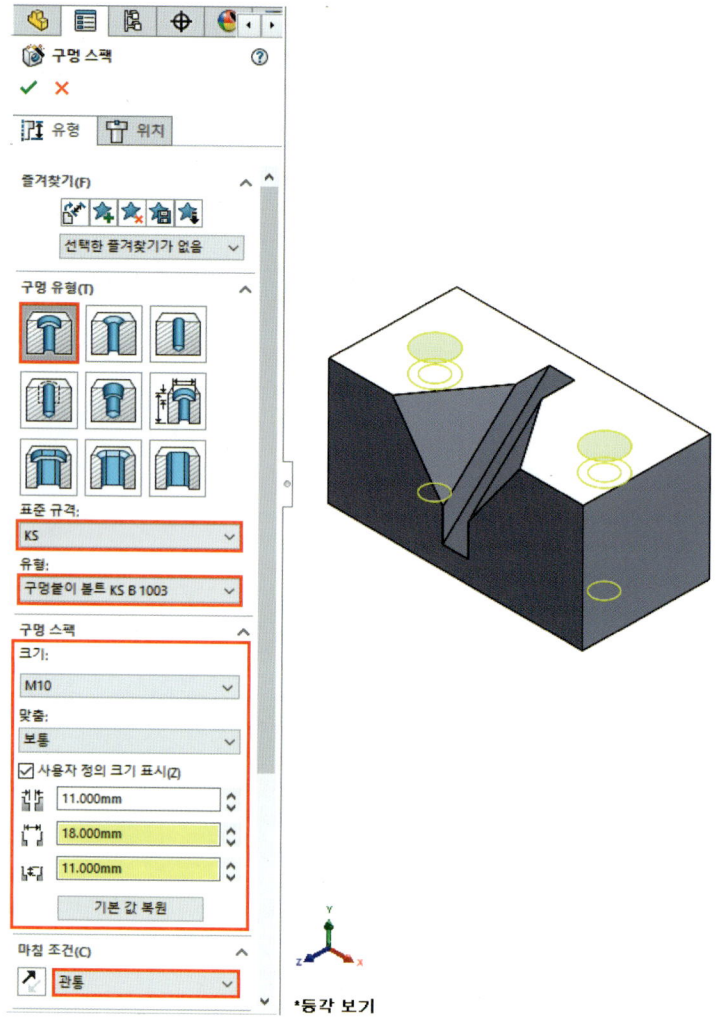

08 [모따기] 명령을 실행하고 선택한 모서리에 3mm의 모따기를 작성합니다.

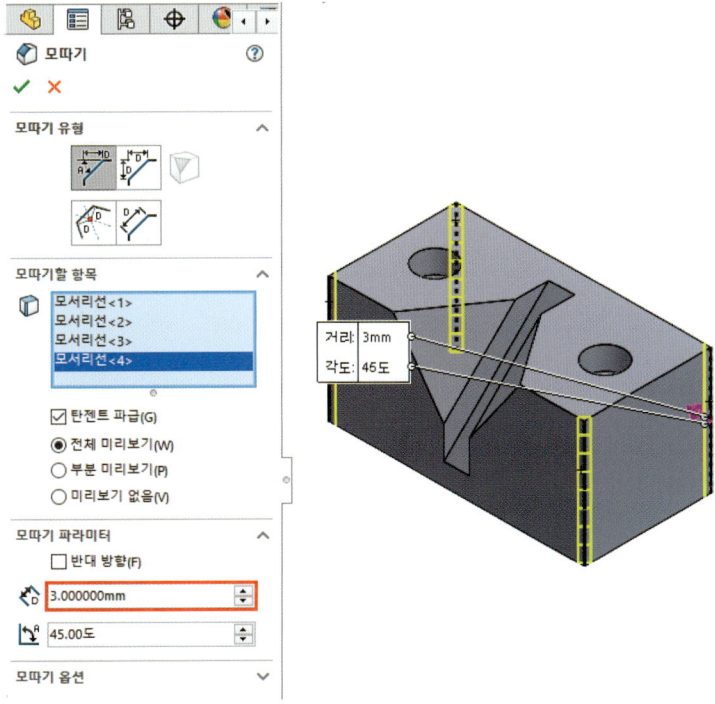

09 모델링이 완료되었습니다.

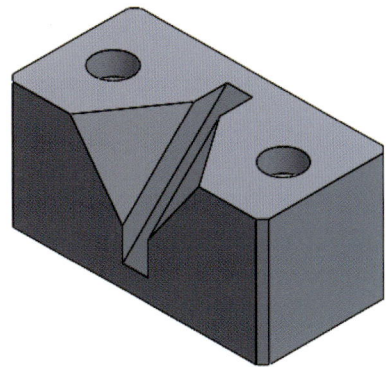

SECTION 09

기초 형상 모델링 9

01 예제 도면 및 학습 명령어

1 예제 도면

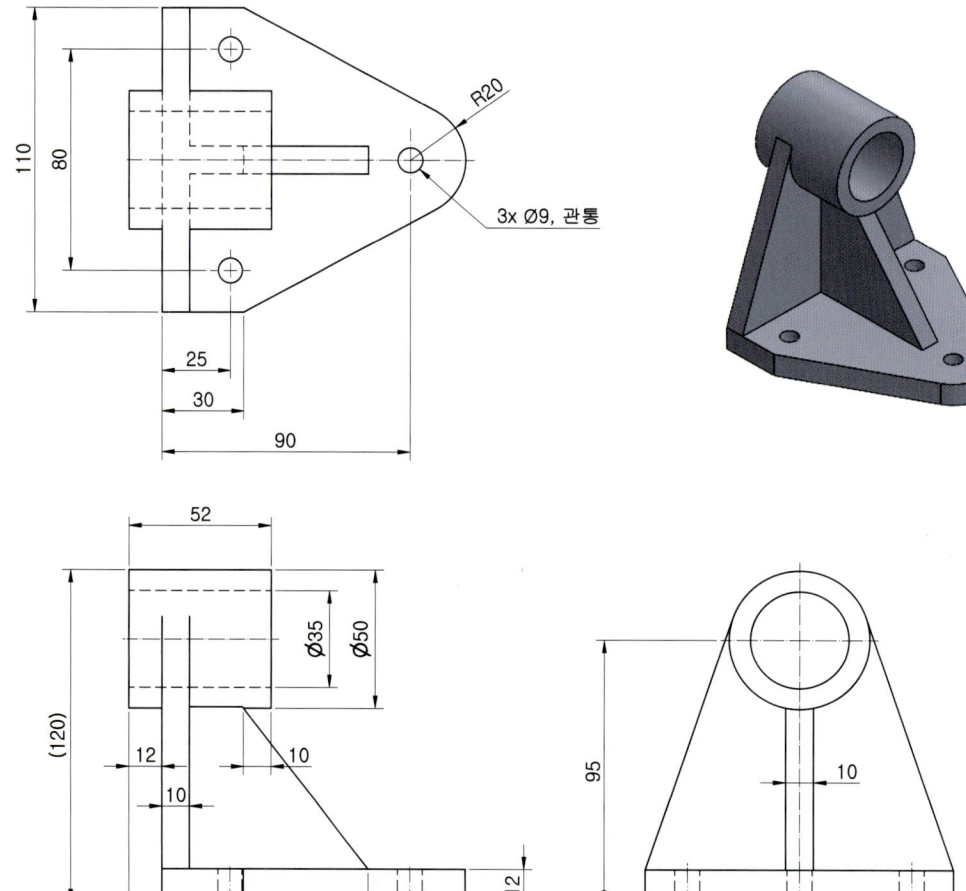

학습 명령어

* **스케치 :** 코너 사각형   선   중심점 원
* **솔리드 :** 돌출   보강대   구멍 가공 마법사

2 모델링 순서

02 모델링 실습

01 평면도에 해당하는 평면에 다음과 같은 스케치를 작성합니다. (어느 평면에 작업하셔도 무방합니다.)

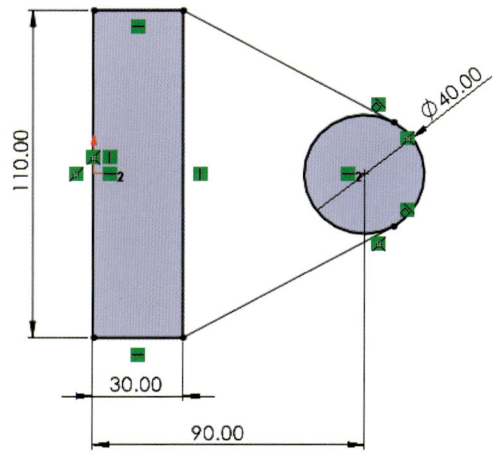

02 [돌출] 명령을 실행하고 다음과 같이 옵션 및 거리를 입력하여 형상을 작성합니다.

· 방향 : 블라인드 형태 / · 거리 : 12mm

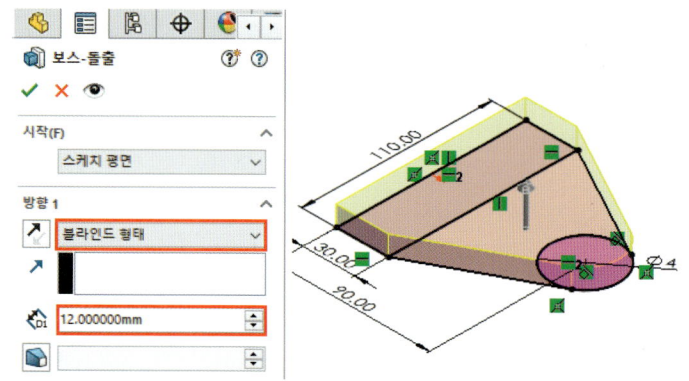

03 선택한 평면에 다음과 같이 스케치를 작성합니다.

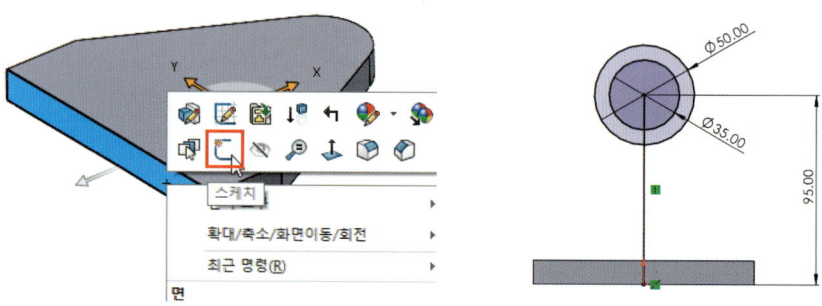

04 [돌출] 명령을 실행하고 다음과 같이 옵션 및 거리를 입력하여 형상을 작성합니다.

· 방향 : 블라인드 형태 / · 거리 D1 : 12mm / · 방향 2 : 블라인드 형태 / · 거리 D2 : 40mm

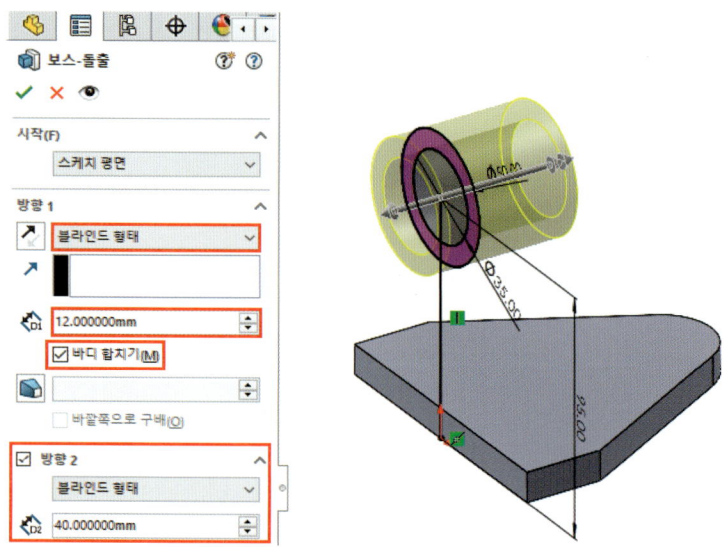

05 선택한 평면에 다음과 같이 스케치를 작성합니다.

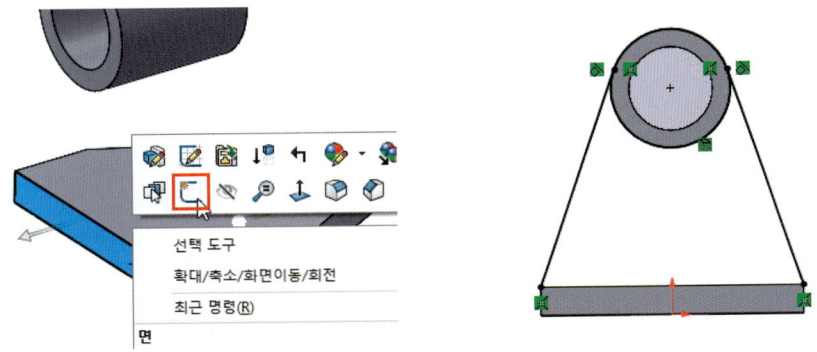

06 [돌출] 명령을 실행하고 다음과 같이 옵션 및 거리를 입력하여 형상을 작성합니다.

· 방향 : 반대 방향 / · 방향 : 블라인드 형태 / · 거리 : 10mm / · 바디 합치기(M) : 체크

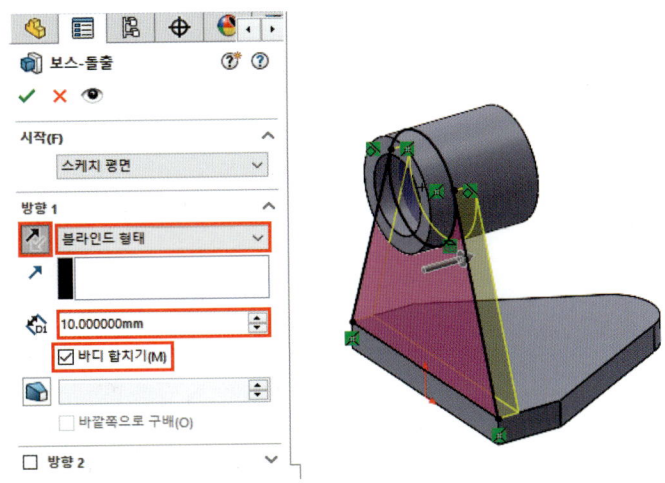

07 선택한 평면에 다음과 같이 스케치를 작성합니다.

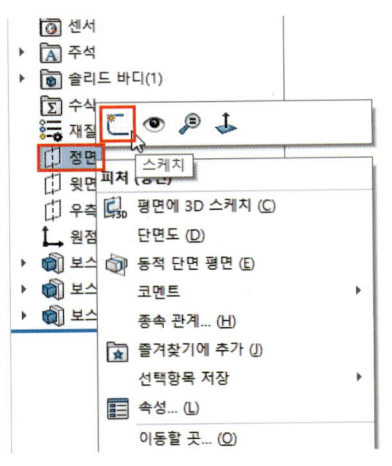
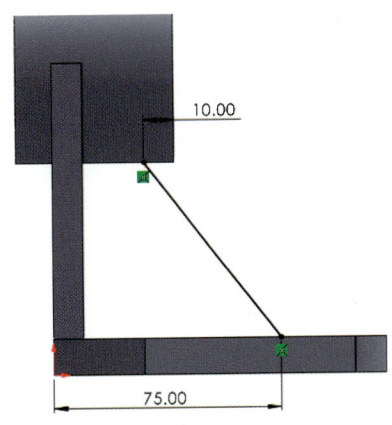

PART 4 **기초 3D 형상 모델링**　129

08 [보강대] 명령을 실행하고 다음과 같이 옵션 및 거리를 입력하여 형상을 작성합니다.

· 두께 : 양면 / · 거리 : 10mm / · 돌출 방향 : 스케치에 평행

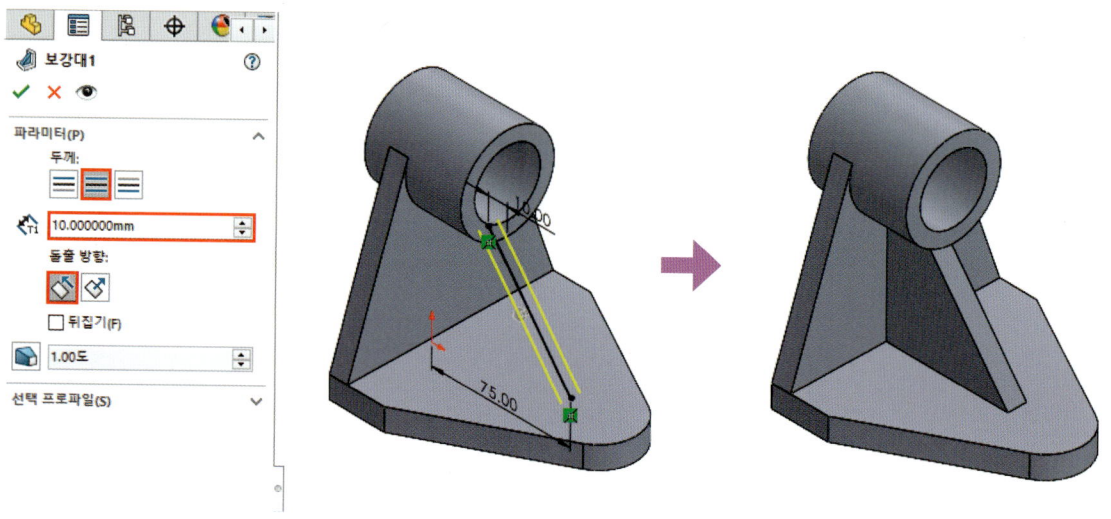

09 [구멍 가공 마법사] 명령을 실행하고 [위치] 탭에서 선택한 평면에 다음과 같이 스케치를 작성합니다.

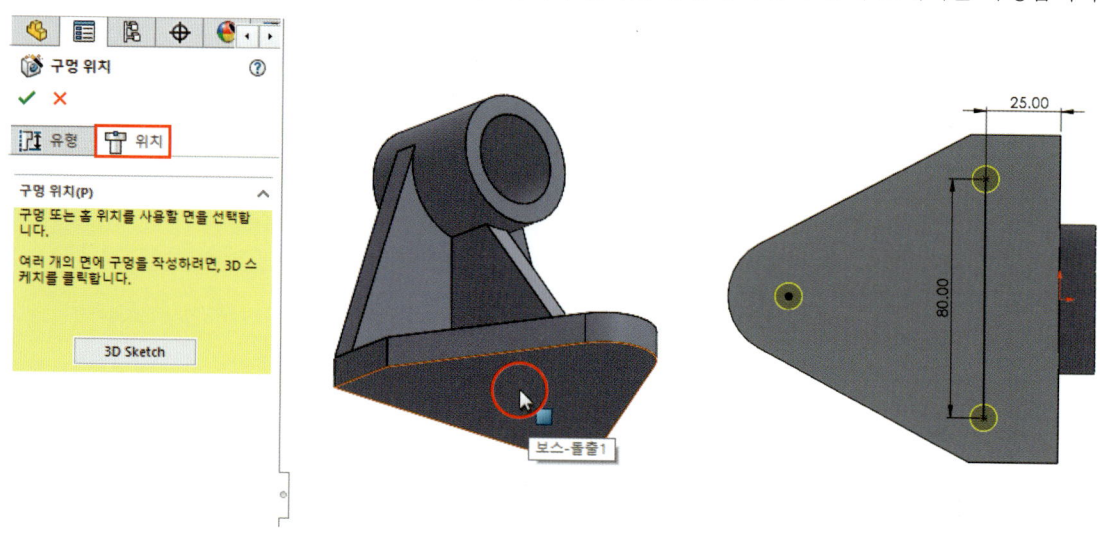

10 [유형] 탭에서 다음과 같이 옵션 및 크기를 입력하여 형상을 작성합니다.

· 구멍 유형 : 구멍 / · 표준 규격 : KS / · 유형 : 드릴 크기 / · 구멍 크기 : 9mm / · 마침 조건 : 관통

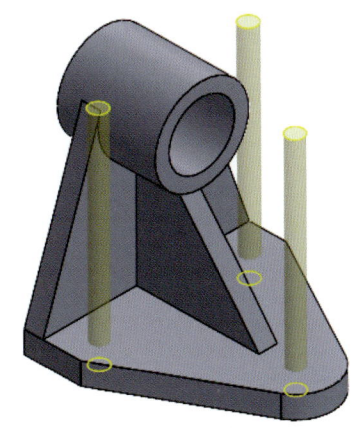

11 모델링이 완료되었습니다.

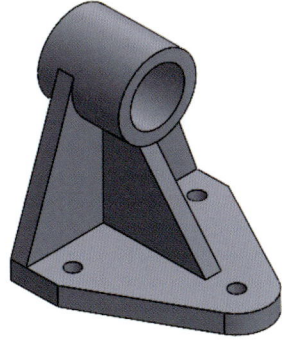

SECTION 10

기초 형상 모델링 10

01 예제 도면 및 학습 명령어

1 예제 도면

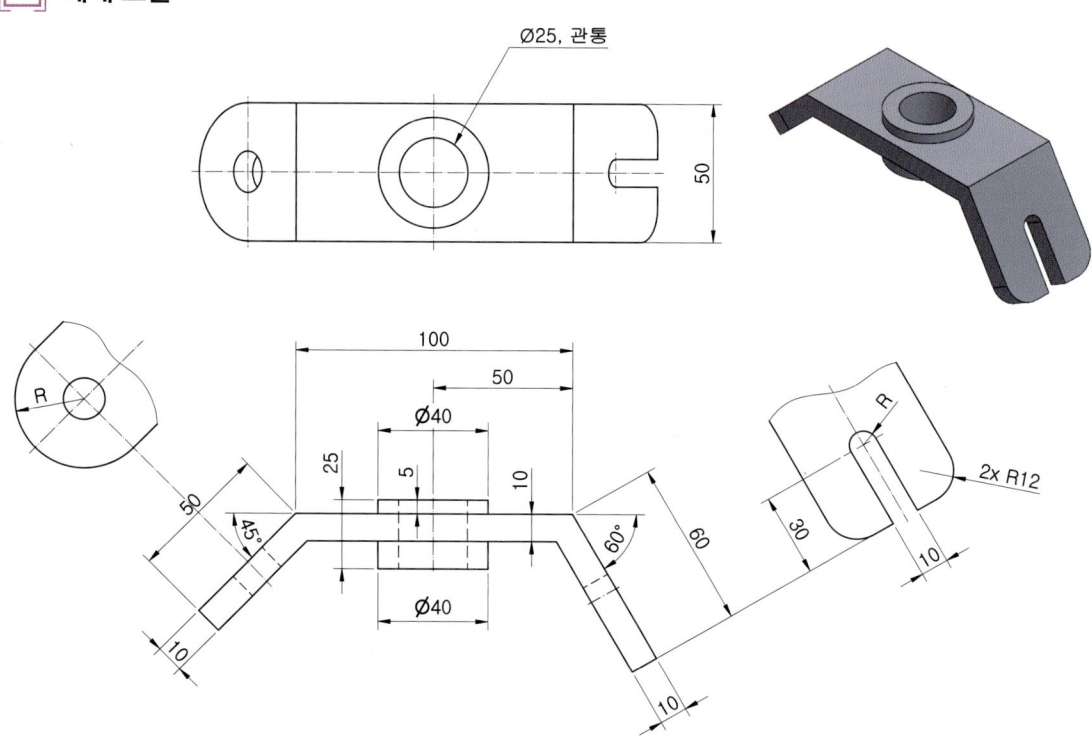

학습 명령어

* 스케치 : 선, 요소 오프셋, 중심점 원, 직선형 홈
* 솔리드 : 돌출, 구멍 가공 마법사, 필렛

2 모델링 순서

02 모델링 실습

01 정면도에 해당하는 평면에 다음과 같은 스케치를 작성합니다. (어느 평면에 작업하셔도 무방합니다.)

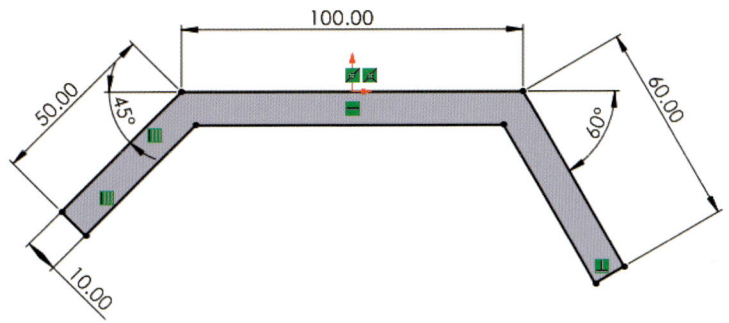

02 [돌출] 명령을 실행하고 다음과 같이 옵션 및 거리를 입력하여 형상을 작성합니다.

· 방향 : 중간 평면 / · 거리 : 50mm

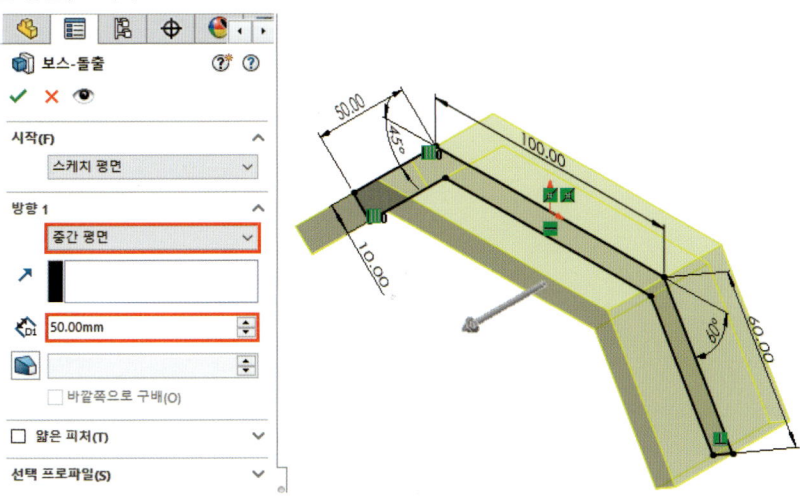

PART 4 기초 3D 형상 모델링   133

03 선택한 평면에 다음과 같이 스케치를 작성합니다.

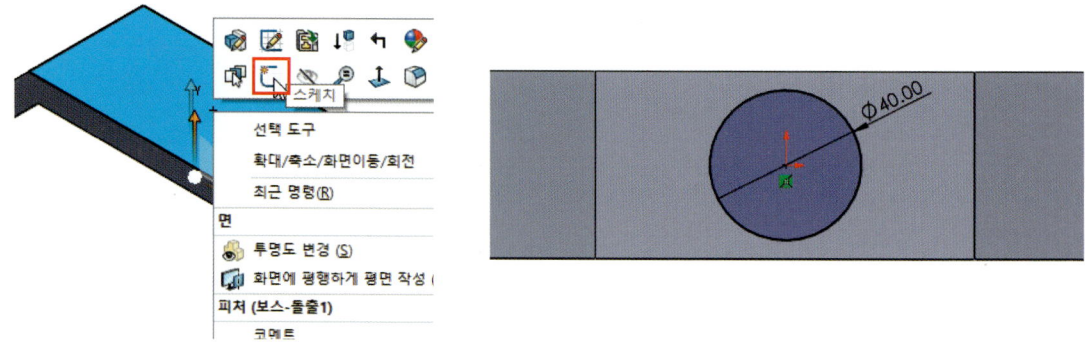

04 [돌출] 명령을 실행하고 다음과 같이 옵션 및 거리를 입력하여 형상을 작성합니다.

· 방향 : 블라인드 형태 / · 거리 D1 : 5mm / · 방향 2 : 블라인드 형태 / · 거리 D2 : 20mm

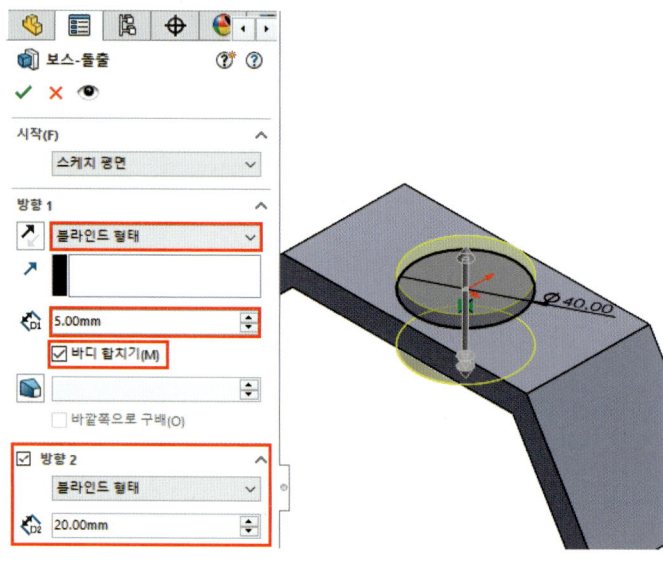

05 [구멍 가공 마법사] 명령을 실행하고 [위치] 탭에서 선택한 평면에 다음과 같이 스케치를 작성합니다.

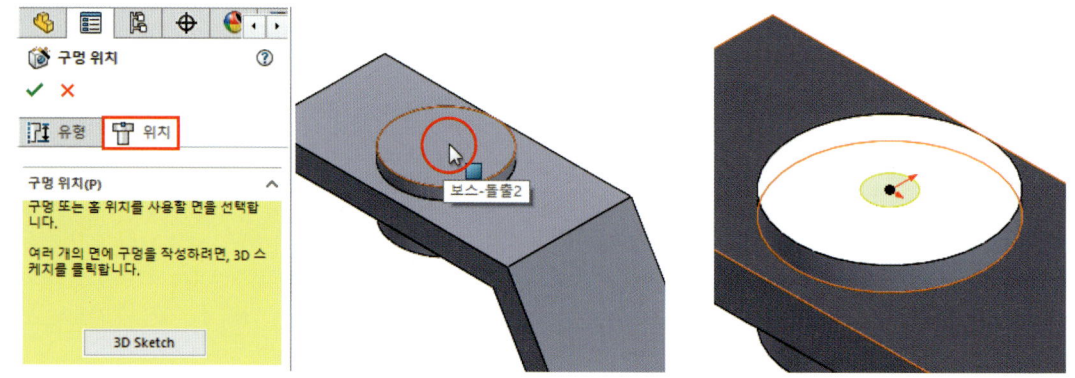

06 [유형] 탭에서 다음과 같이 옵션 및 크기를 입력하여 형상을 작성합니다.

· 구멍 유형 : 구멍 / · 표준 규격 : KS / · 유형 : 드릴 크기 / · 구멍 크기 : 25mm / · 마침 조건 : 관통

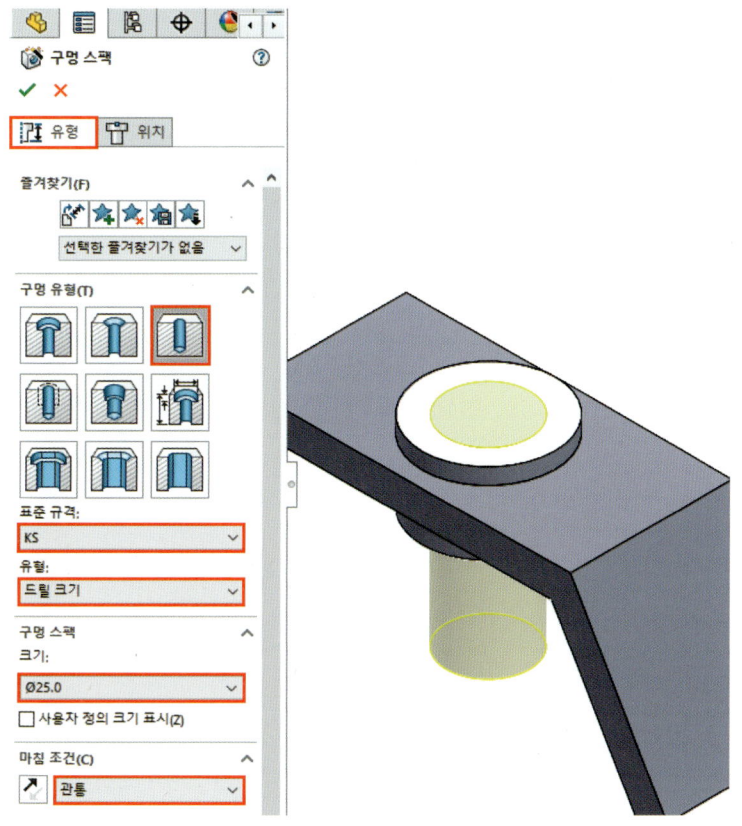

07 선택한 평면에 다음과 같이 스케치를 작성합니다.

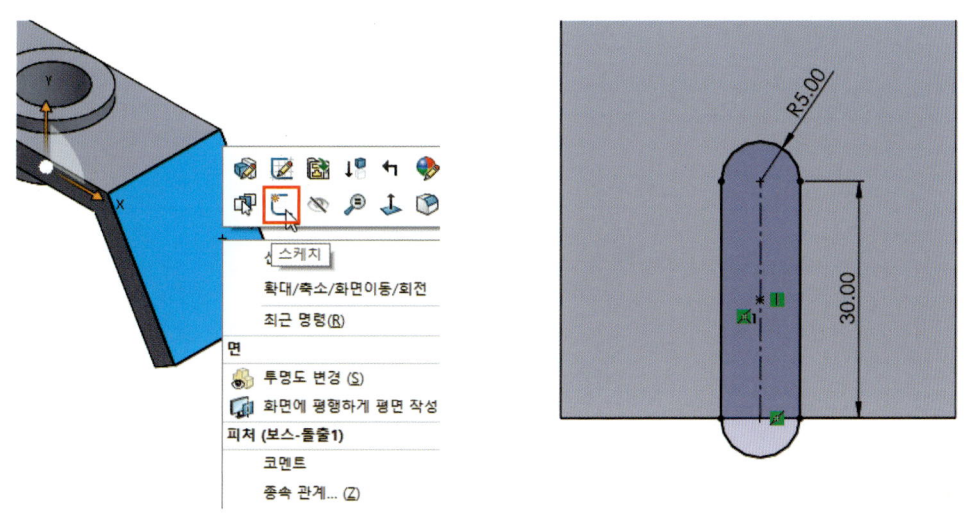

08 [돌출 컷] 명령을 실행하고 다음과 같이 옵션 및 거리를 입력하여 형상을 작성합니다.

· 방향 : 관통

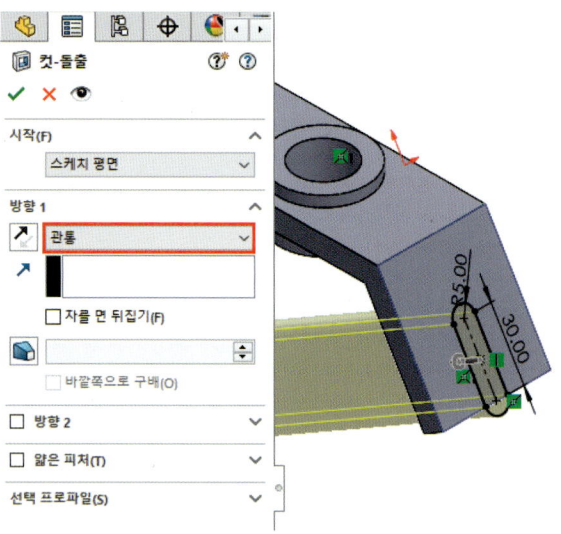

09 [필렛] 명령을 실행하고 다음과 같이 선택한 모서리에 25mm의 필렛을 작성합니다.

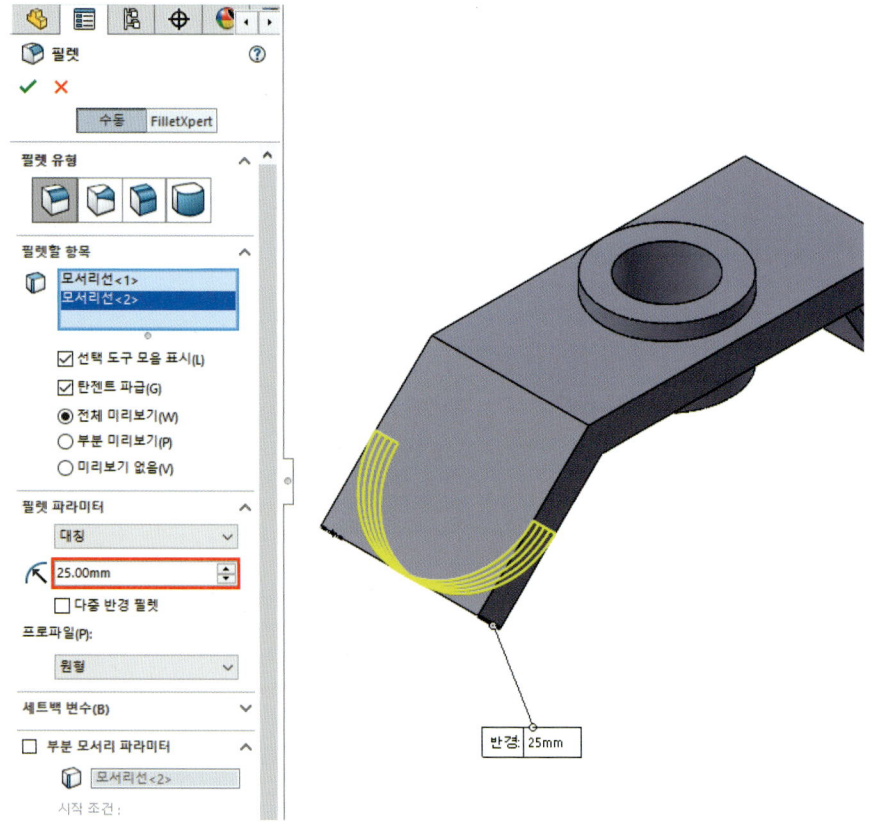

10 [구멍 가공 마법사] 명령을 실행하고 [위치] 탭에서 선택한 평면에 다음과 같이 스케치를 작성합니다.

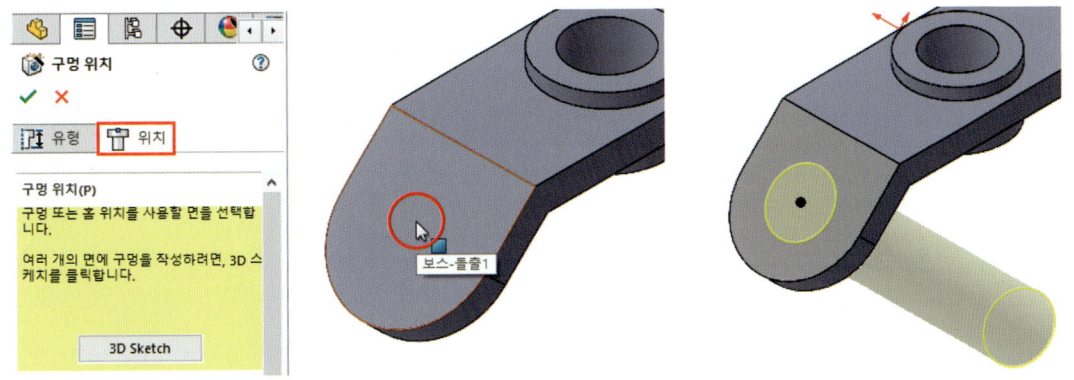

11 [유형] 탭에서 다음과 같이 옵션 및 크기를 입력하여 형상을 작성합니다.

· 구멍 유형 : 구멍 / · 표준 규격 : KS / · 유형 : 드릴 크기 / · 구멍 크기 : 15mm / · 마침 조건 : 관통

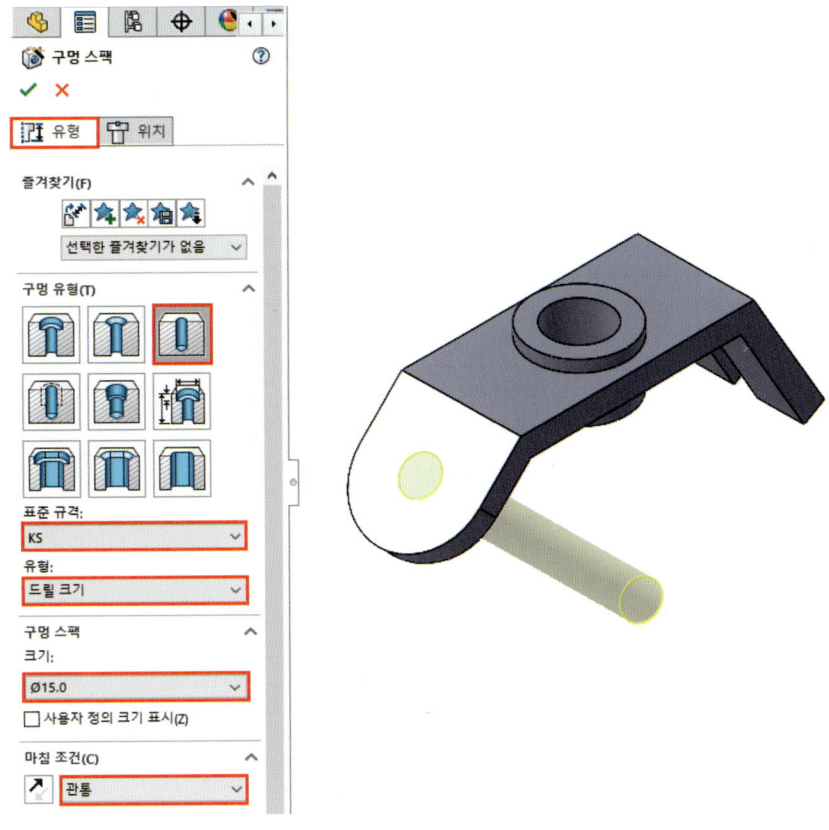

12 [필렛] 명령을 실행하고 다음과 같이 선택한 모서리에 12mm의 필렛을 작성합니다.

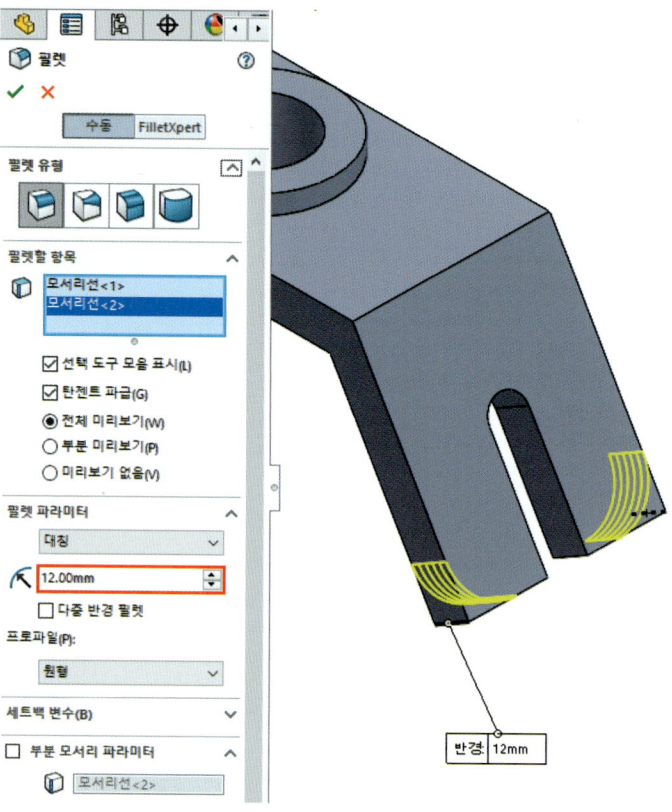

13 모델링이 완료되었습니다.

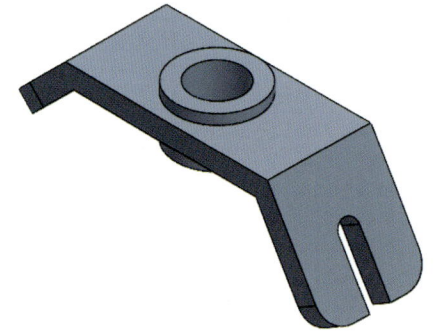

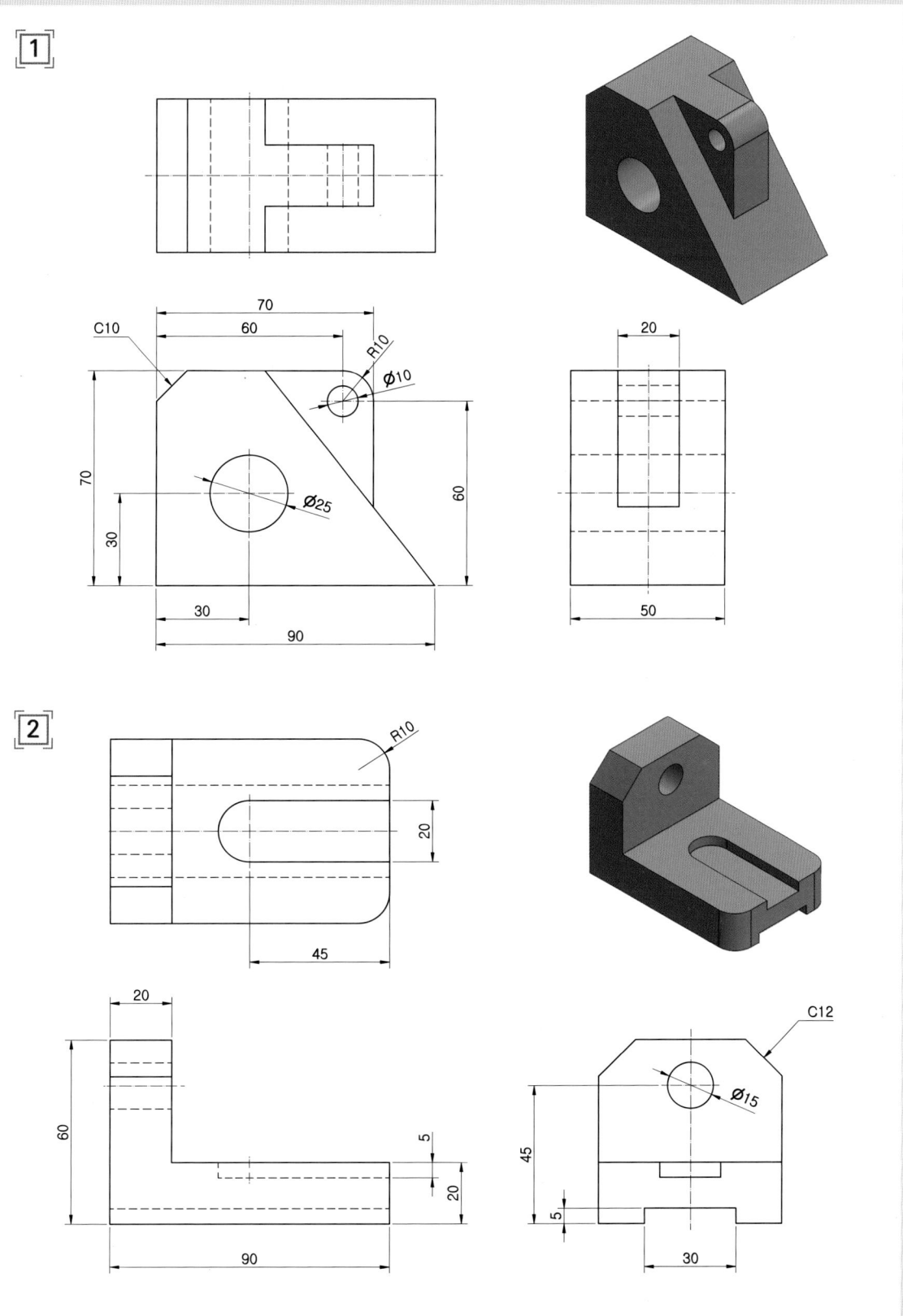

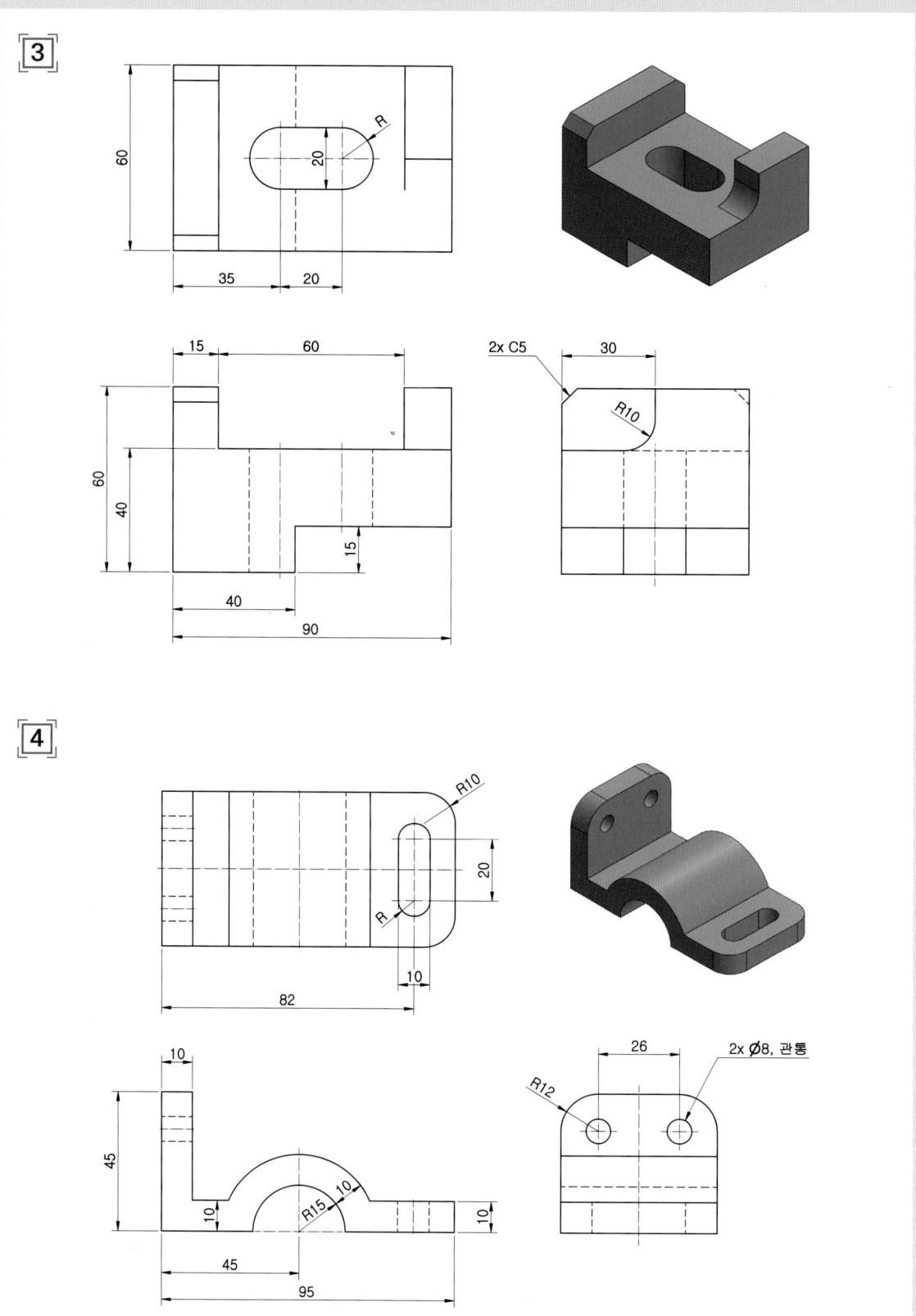

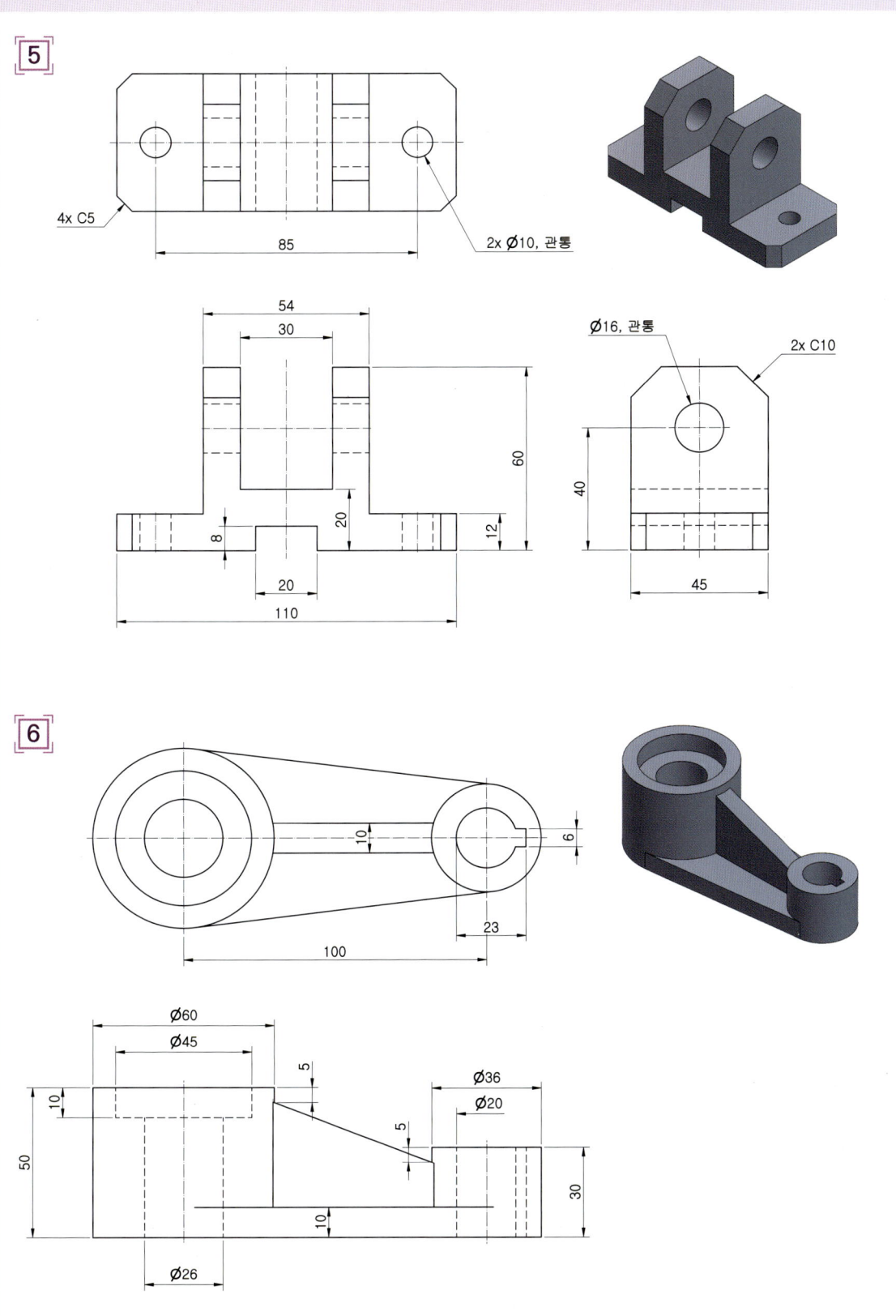

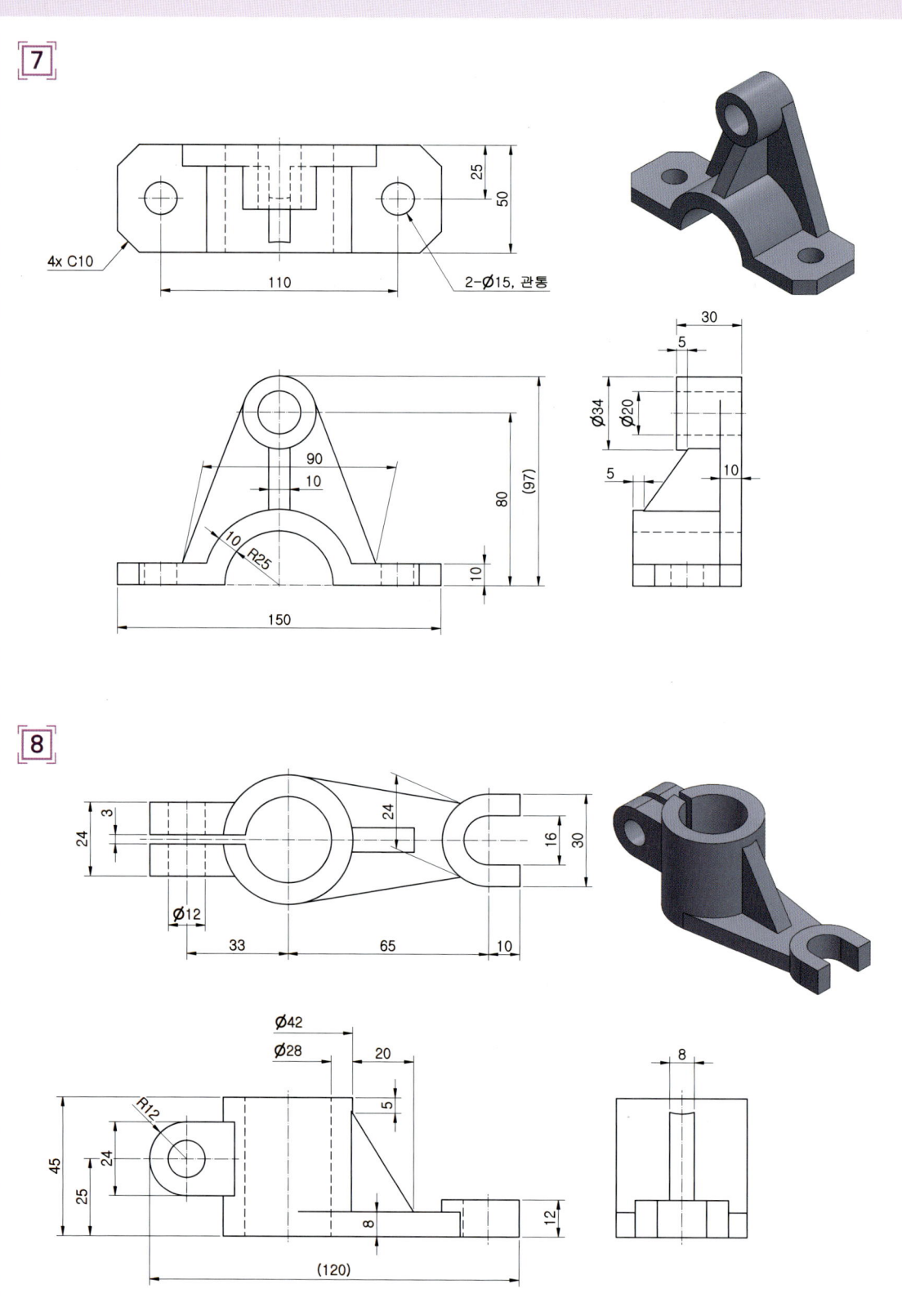

9

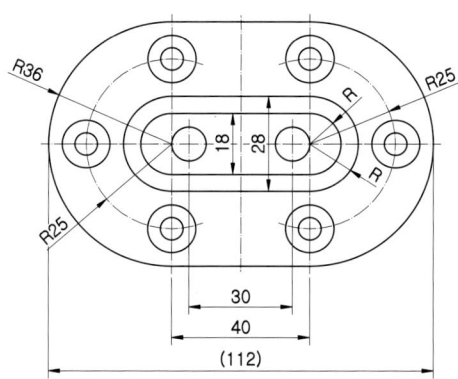
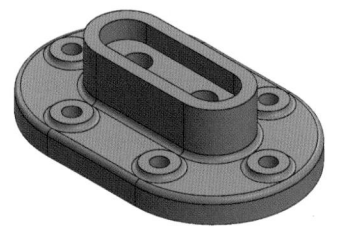
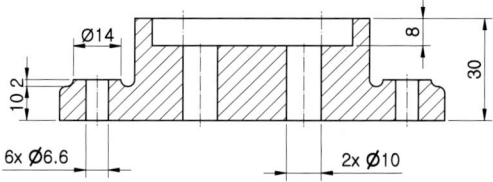

주서
도시되고 지시없는 필렛 및 라운드 R2

10

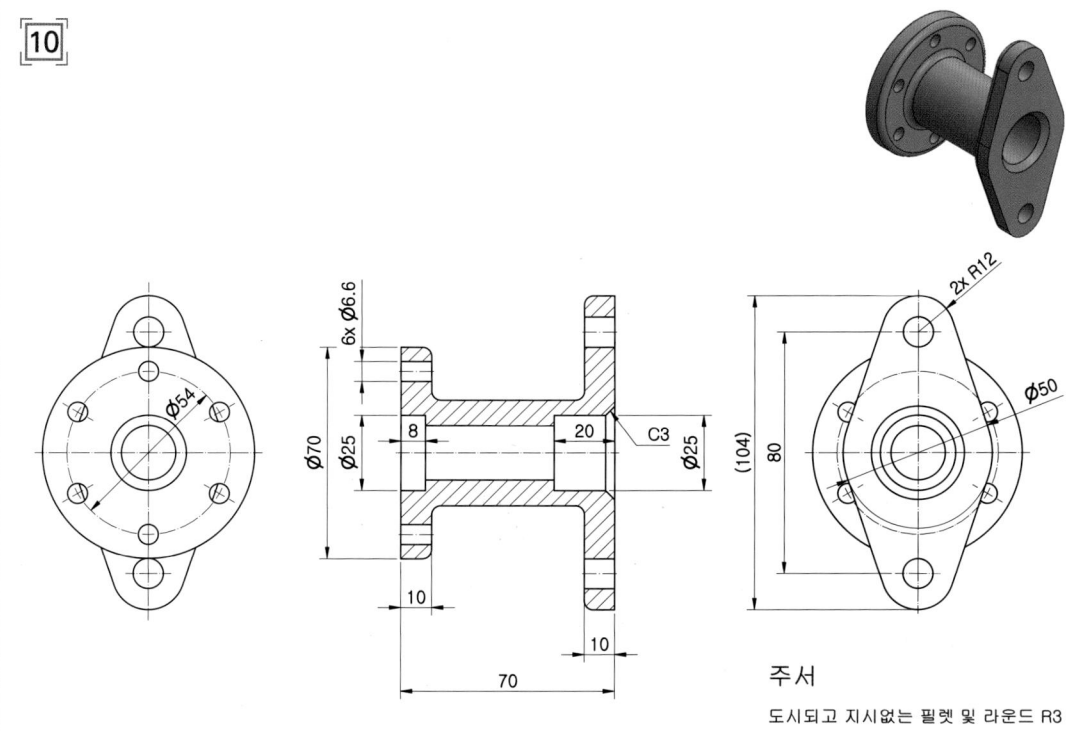

주서
도시되고 지시없는 필렛 및 라운드 R3

Section 1	스프링	----------	146
Section 2	육각머리볼트	----------	151
Section 3	샤프트	----------	156
Section 4	커버	----------	162
Section 5	브라켓	----------	169
Section 6	파이프 브라켓	----------	177
Section 7	커버	----------	184
Section 8	하우징	----------	194
Section 9	예제 도면	----------	212

CHAPTER. 05

응용 3D 형상 모델링

SECTION 01 스프링

01 예제 도면 및 학습 명령어

1 예제 도면

외경(D) : Ø22
선경(d) : Ø2.5
피치(p) : 5
길이(L) : 70

학습 명령어

- **스케치** : ╱ 선   ⊙ 중심점 원   ▭ 코너 사각형
- **솔리드** : 🌀 나선형 곡선   ▯ 기준면   🎵 스윕   📦 돌출   🔲 돌출 컷

2 모델링 순서

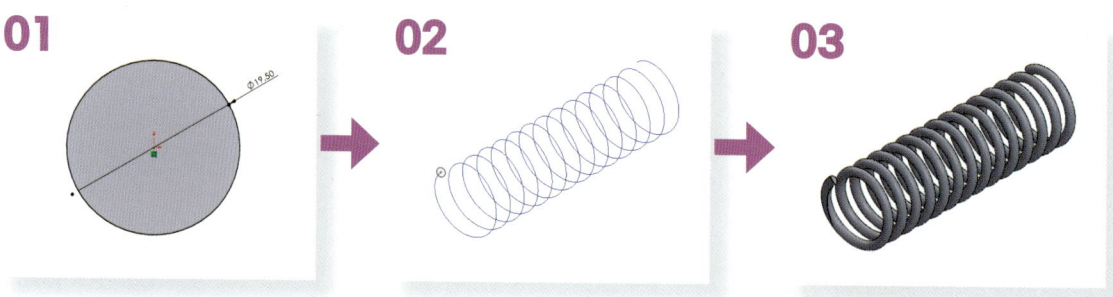

02 모델링 실습

01 정면도에 해당하는 평면에 다음과 같은 스케치를 작성합니다. (어느 평면에 작업하셔도 무방합니다.)

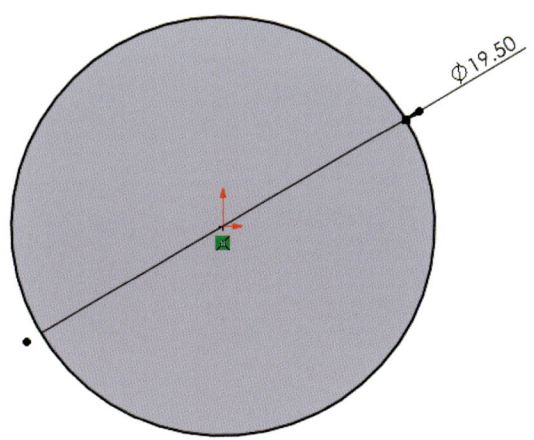

02 [나선형 곡선] 명령을 실행하고 다음과 같이 옵션 및 높이를 입력하여 형상을 작성합니다.

· 정의 기준 : 높이와 피치 / · 파라미터 : 일정 피치 / · 높이 : 70mm / · 피치 : 5mm

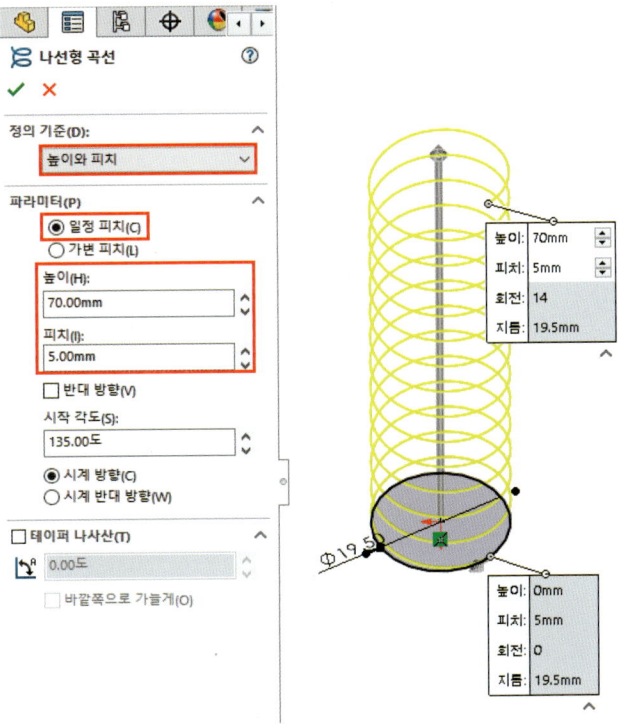

PART 5 응용 3D 형상 모델링 147

03 [기준면] 명령을 실행하고 다음과 같이 모서리와 점을 선택하여 점을 통과하고 모서리에 수직한 평면을 작성합니다.

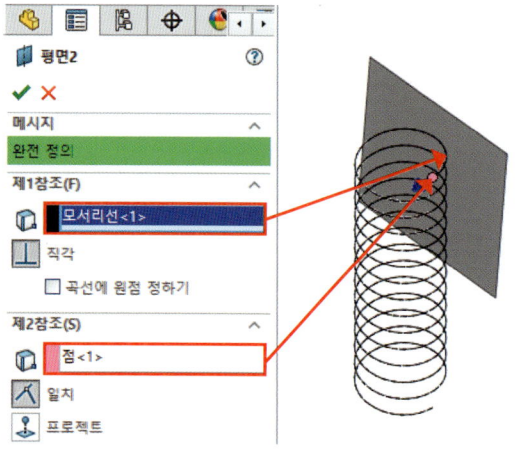

04 선택한 평면에 다음과 같이 스케치를 작성합니다. 이때, 나선형 곡선의 끝점은 스냅이 되지 않기 때문에, 원의 중심점과 곡선의 끝점에 가까운 선을 선택하여 [관통] 구속조건으로 설정합니다.

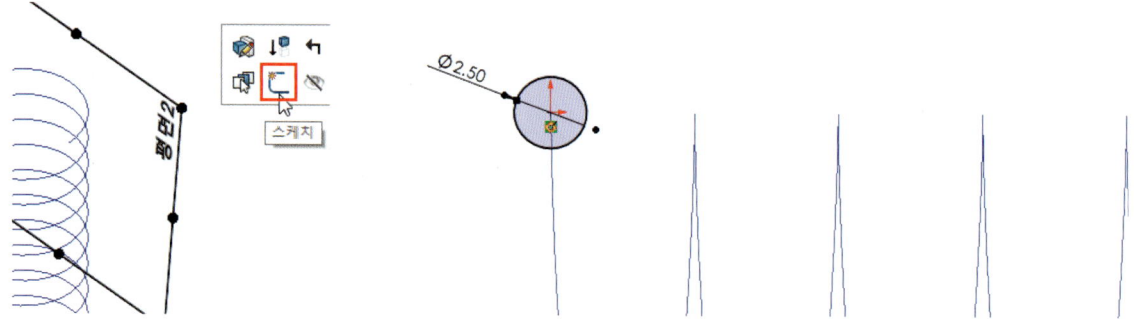

05 [스윕] 명령을 실행하고 다음과 같이 프로파일과 경로를 입력하여 형상을 작성합니다.

· 프로파일 유형 : 스케치 프로파일

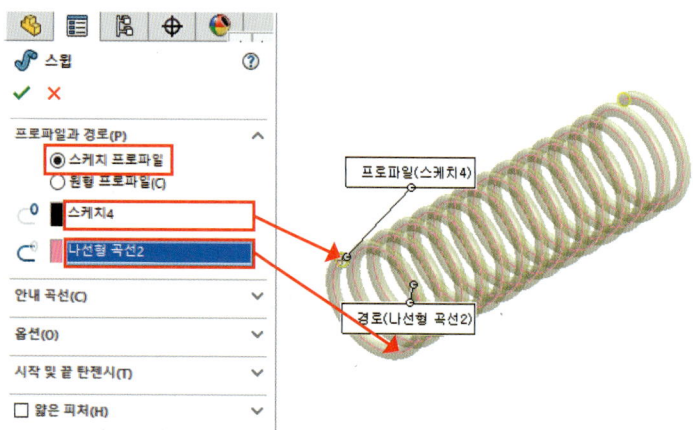

TIP

프로파일 유형을 [원형 프로파일]로 선택하면 스윕시 프로파일을 작성하지 않고도 원형 프로파일로 형상 작성이 가능합니다.

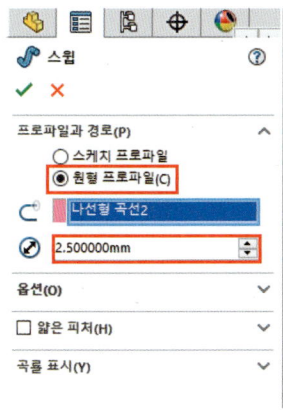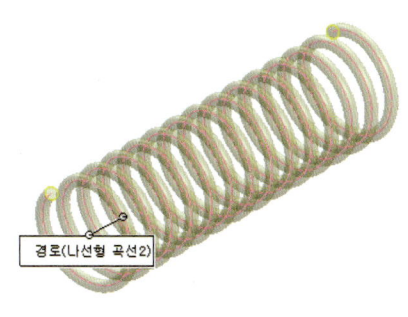

06 선택한 평면에 다음과 같이 스케치를 작성합니다.

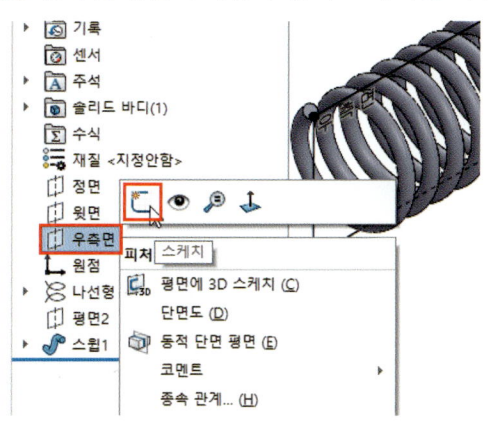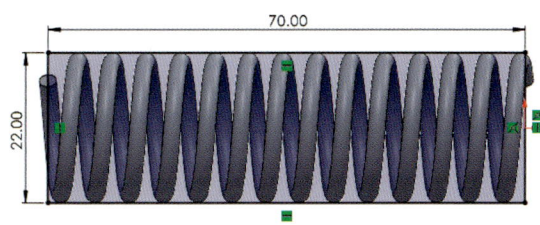

07 [돌출 컷] 명령을 실행하고 다음과 같이 옵션 및 거리를 입력하여 형상을 작성합니다.

· 방향 : 관통 – 양쪽 / · 자를 면 뒤집기(F) : 체크

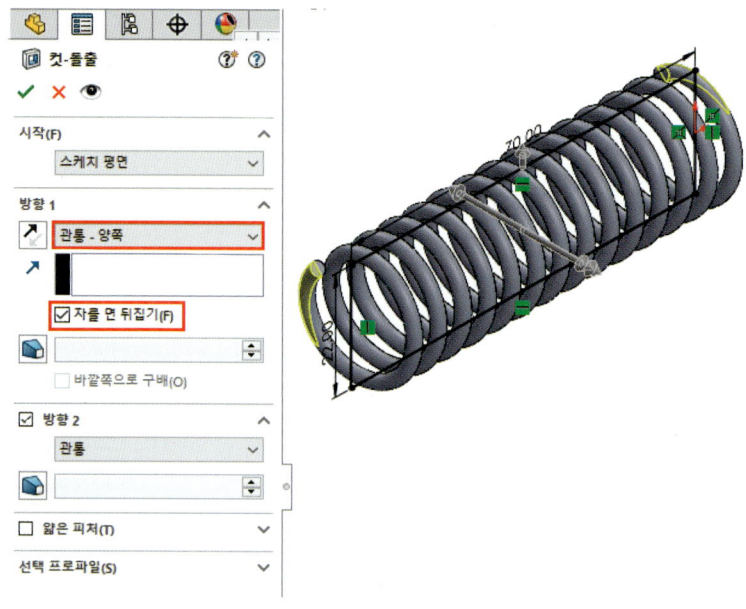

08 스프링 모델링이 완료되었습니다.

SECTION 02

육각머리볼트

01 예제 도면 및 학습 명령어

1 예제 도면

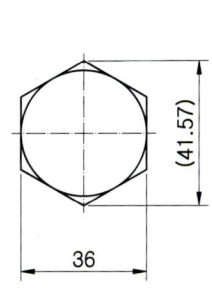
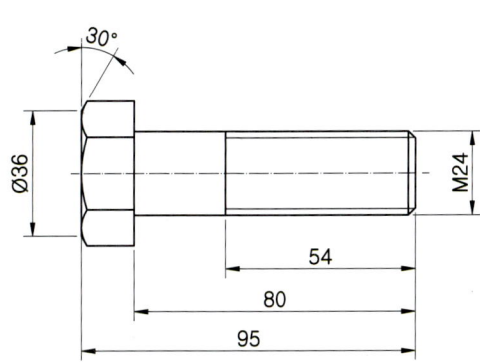

학습 명령어

* **스케치 :** ⬡ 다각형   ╱ 선   ▭ 코너 사각형
* **솔리드 :** 🗎 돌출   🔖 회전 컷   📍 나사산 표시   🔷 모따기

2 모델링 순서

PART 5 응용 3D 형상 모델링   151

02 모델링 실습

01 정면도에 해당하는 평면에 다음과 같은 스케치를 작성합니다. (어느 평면에 작업하셔도 무방합니다.)

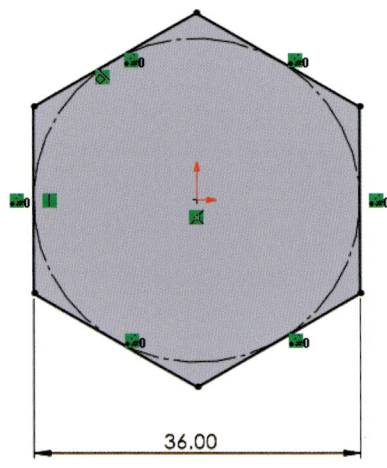

02 [돌출] 명령을 실행하고 다음과 같이 옵션 및 거리를 입력하여 형상을 작성합니다.

· 방향 : 블라인드 형태 / · 거리 : 15mm

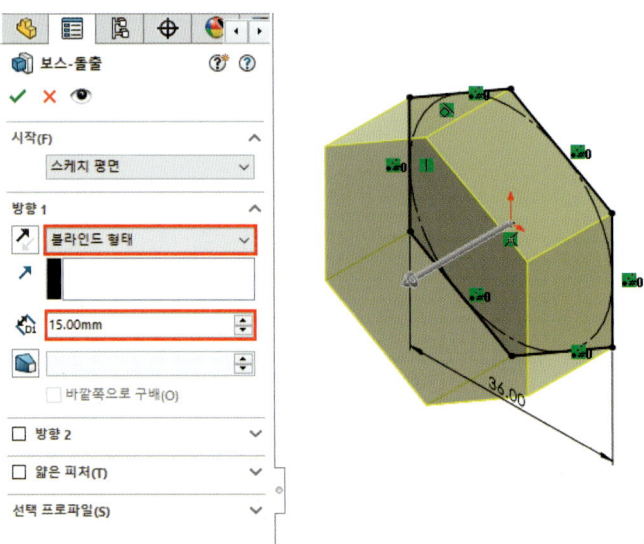

03 선택한 평면에 다음과 같이 스케치를 작성합니다.

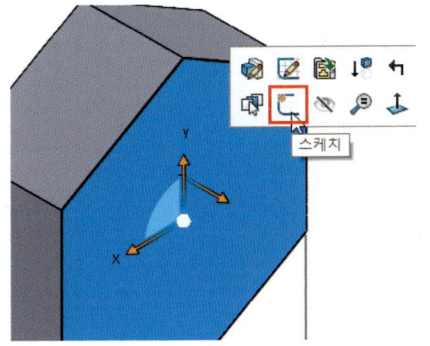
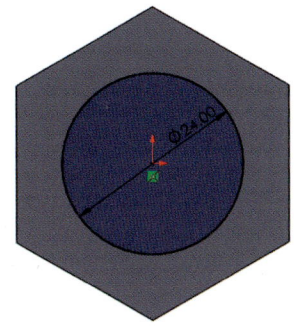

04 [돌출] 명령을 실행하고 다음과 같이 옵션 및 거리를 입력하여 형상을 작성합니다.

· 방향 : 블라인드 형태 / · 거리 : 80mm / · 바디 합치기(M) : 체크

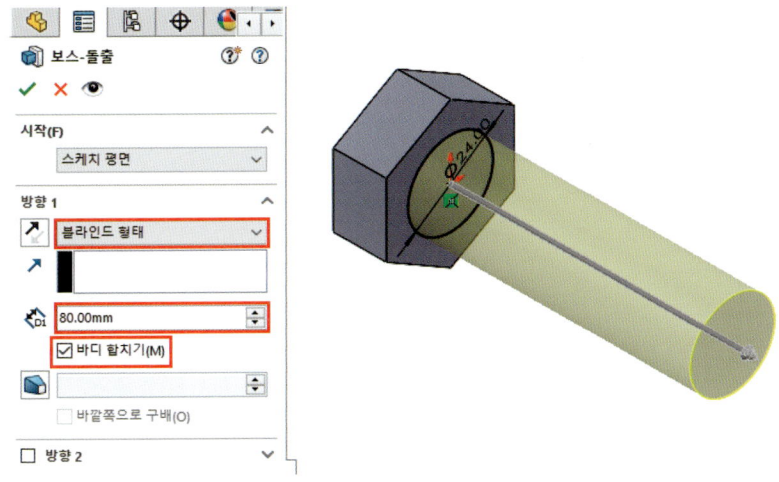

05 선택한 평면에 다음과 같이 스케치를 작성합니다.

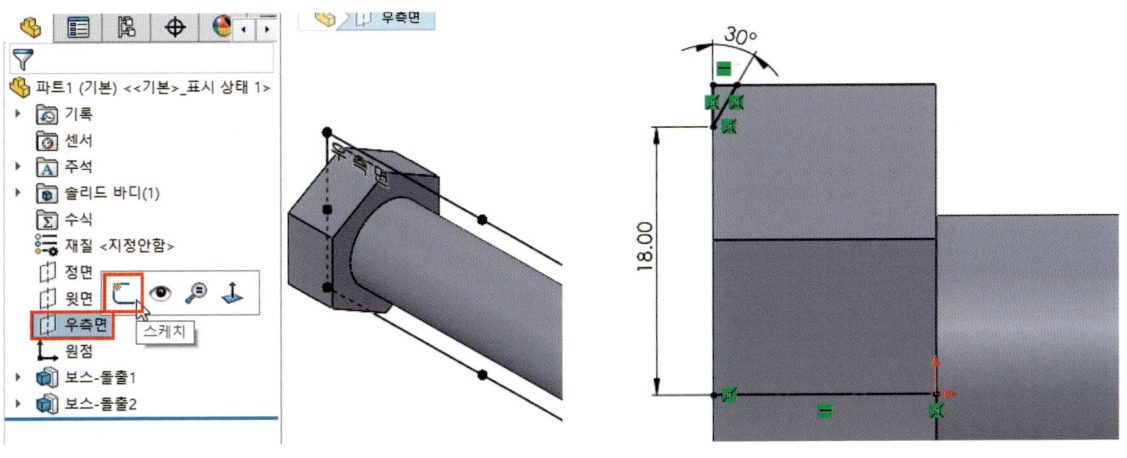

06 [회전 컷] 명령을 실행하고 다음과 같이 옵션 및 거리를 입력하여 형상을 작성합니다.

· 방향 : 블라인드 형태 / · 각도 : 360도

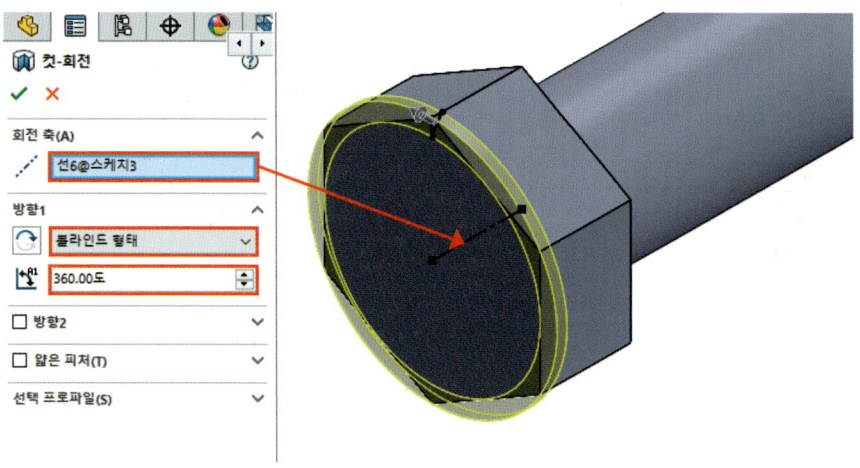

07 [나사산 표시] 명령을 실행하고 다음과 같이 옵션 및 거리를 입력하여 형상을 작성합니다.

· 표준 규격 : KS / · 유형 : 기계 나사산 / · 크기 : M24 / · 마침 조건 : 블라인드 / · 깊이 : 54mm

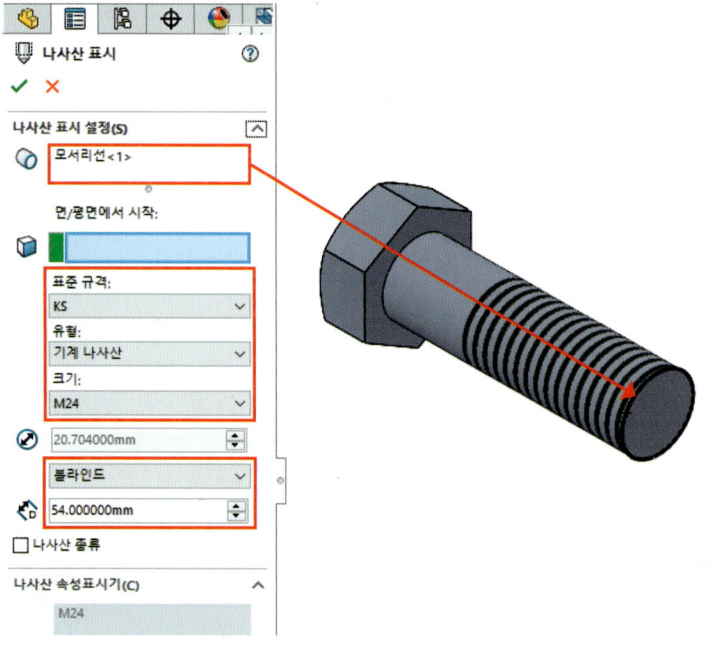

TIP

[주석] – [세부 사항]에서 [나사산 표시]를 체크 해제하고 [음영 나사산]에 체크하게 되면 다음과 같이 나사산의 음영을 표시할 수 있습니다.

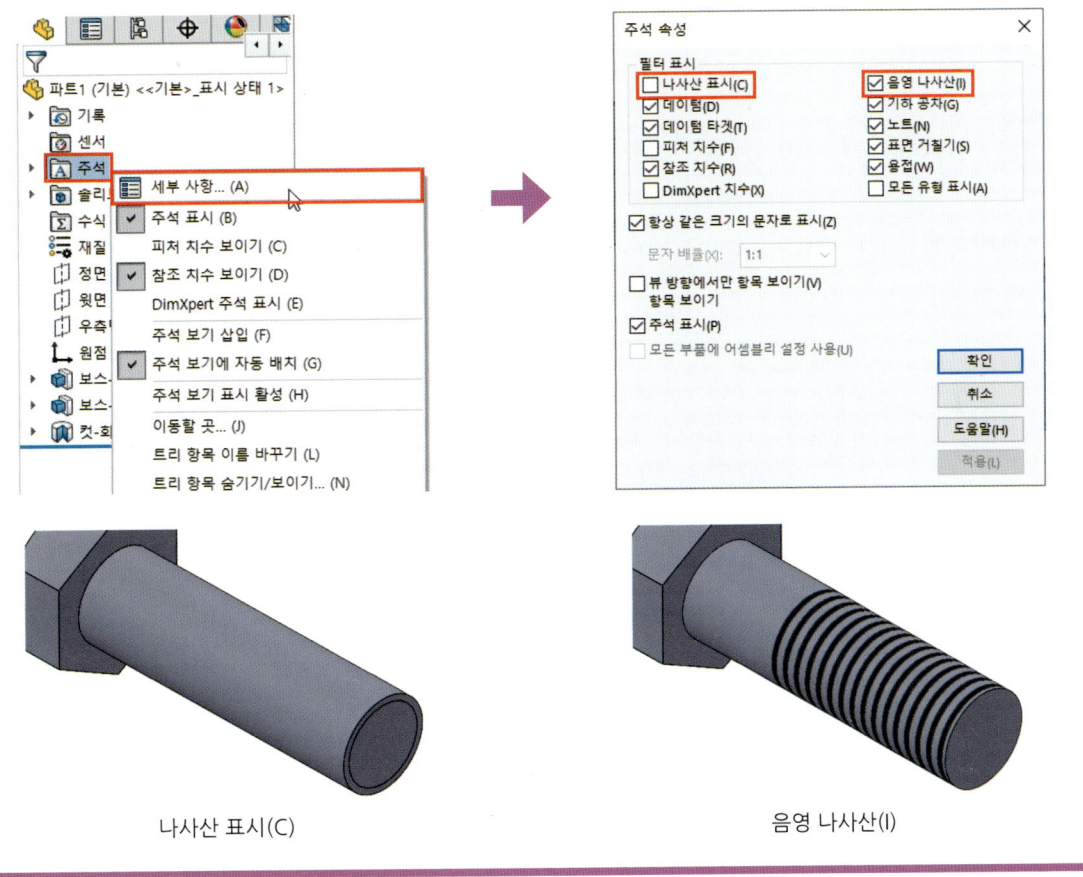

나사산 표시(C)   음영 나사산(I)

08 [모따기] 명령을 실행한 후 선택한 모서리에 2mm의 모따기를 작성하여 육각머리볼트 모델링을 완료합니다.

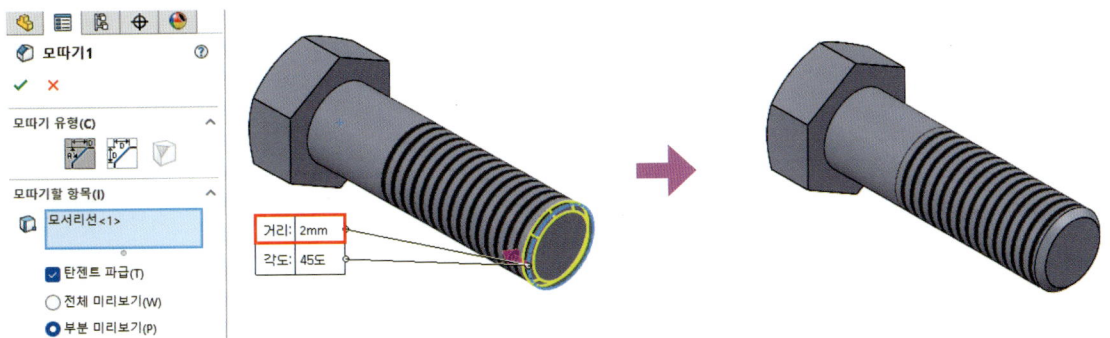

SECTION 03 샤프트

01 예제 도면 및 학습 명령어

1 예제 도면

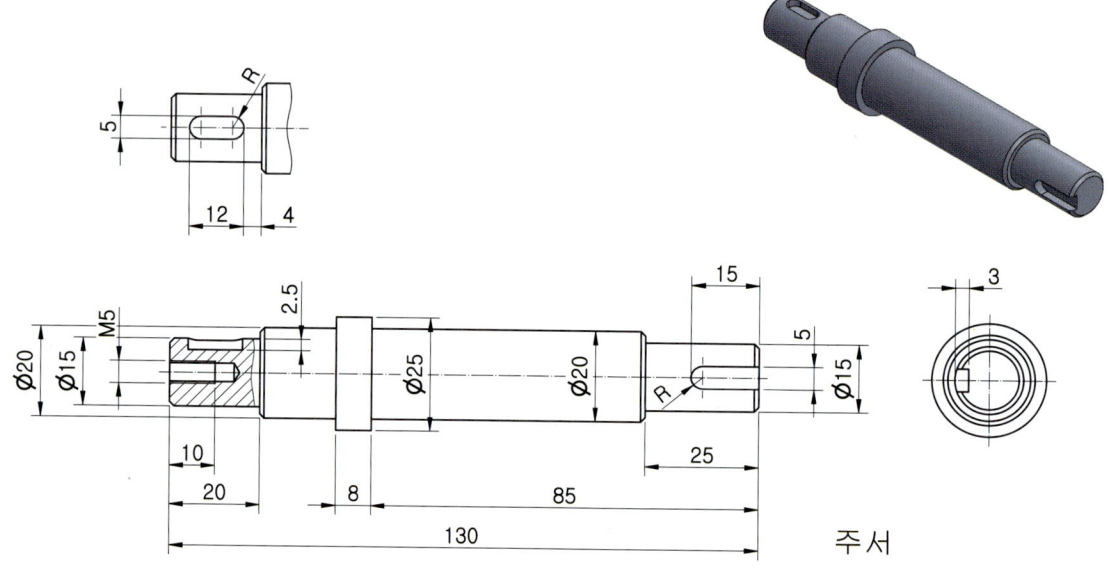

주서
도시되고 지시없는 모따기 C1

학습 명령어

- **스케치 :** 선, 직선형 홈, 코너 사각형
- **솔리드 :** 회전, 돌출 컷, 모따기, 구멍 가공 마법사

2 모델링 순서

02 모델링 실습

01 정면도에 해당하는 평면에 다음과 같은 스케치를 작성합니다. (어느 평면에 작업하셔도 무방합니다.)

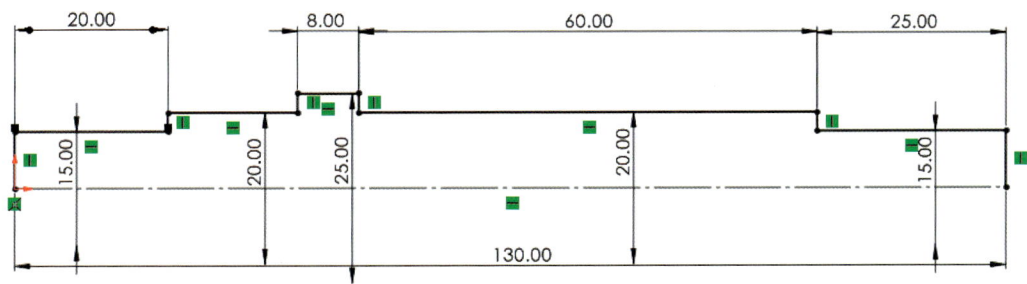

TIP

[코너 사각형] 명령을 이용하여 스케치를 작성하는 방법도 있습니다.

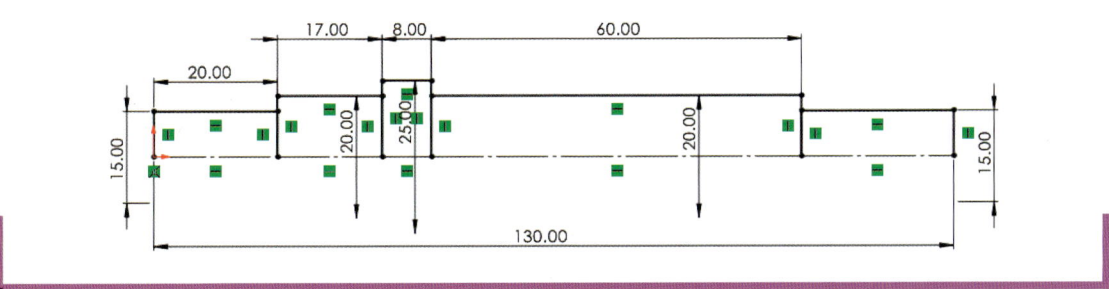

02 [회전] 명령을 실행하고 다음과 같이 옵션 및 거리를 입력하여 형상을 작성합니다.

· 방향 : 블라인드 형태 / · 각도 : 360도

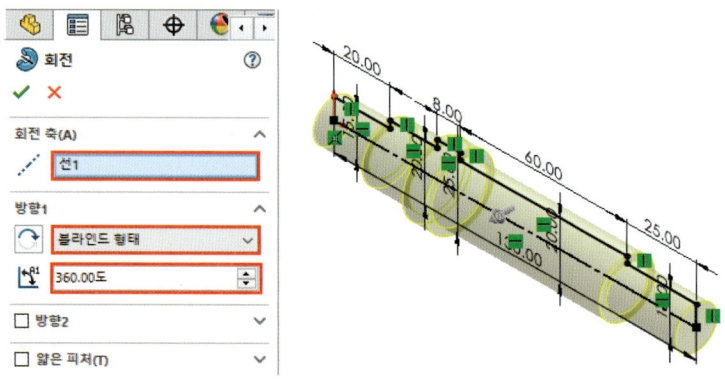

03 [기준면] 명령을 실행하고 다음과 같이 곡면과 정면을 클릭하여 곡면에 접하고 평면에 평행한 작업 평면을 작성합니다.

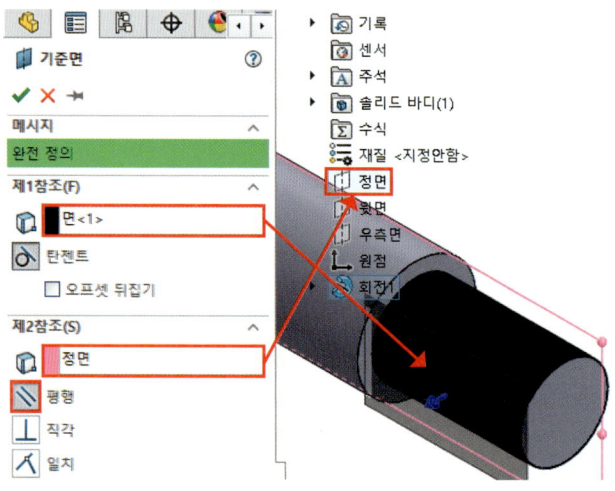

04 선택한 평면에 다음과 같이 스케치를 작성합니다. SHIFT 키를 누른 상태에서 호를 선택하면 호의 바깥선을 선택할 수 있습니다.

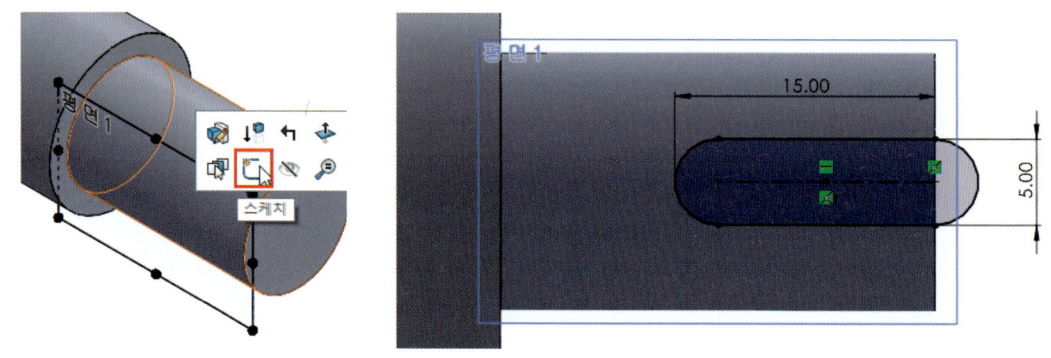

05 [돌출 컷] 명령을 실행하고 다음과 같이 옵션 및 거리를 입력하여 형상을 작성합니다.

· 방향 : 블라인드 형태 / · 거리 : 3mm

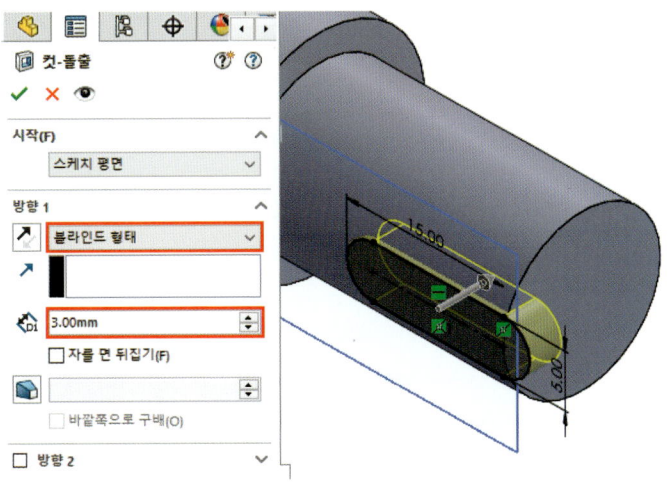

06 선택한 평면에 다음과 같이 스케치를 작성합니다.

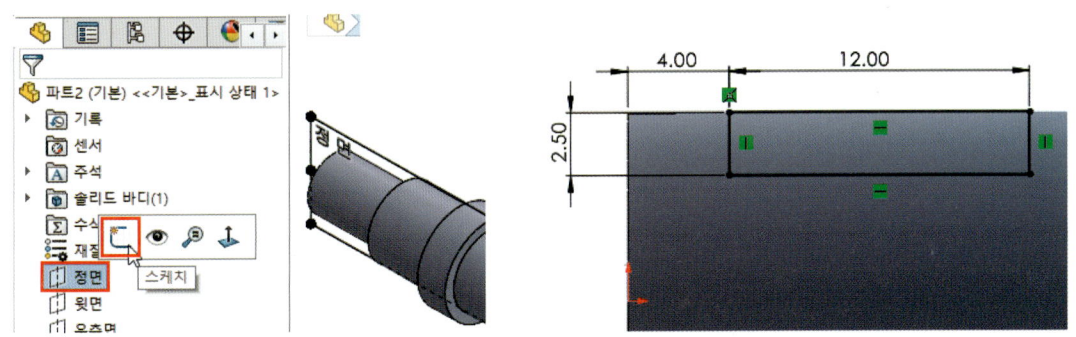

07 [돌출 컷] 명령을 실행하고 다음과 같이 옵션 및 거리를 입력하여 형상을 작성합니다.

· 방향 : 중간 평면 / · 거리 : 5mm

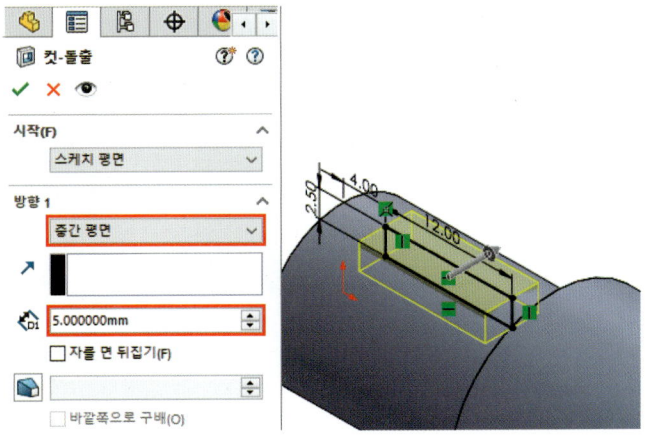

08 [필렛] 명령을 실행하고 다음과 같이 선택한 모서리에 2.5mm의 필렛을 작성합니다.

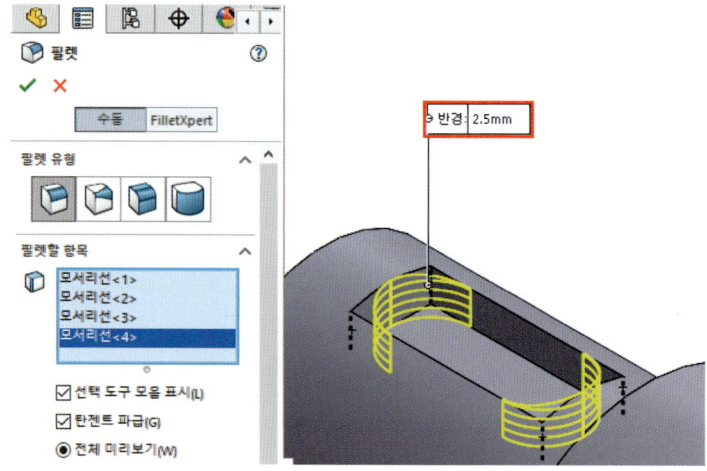

09 [모따기] 명령을 실행하고 선택한 모서리에 1mm의 모따기를 작성합니다.

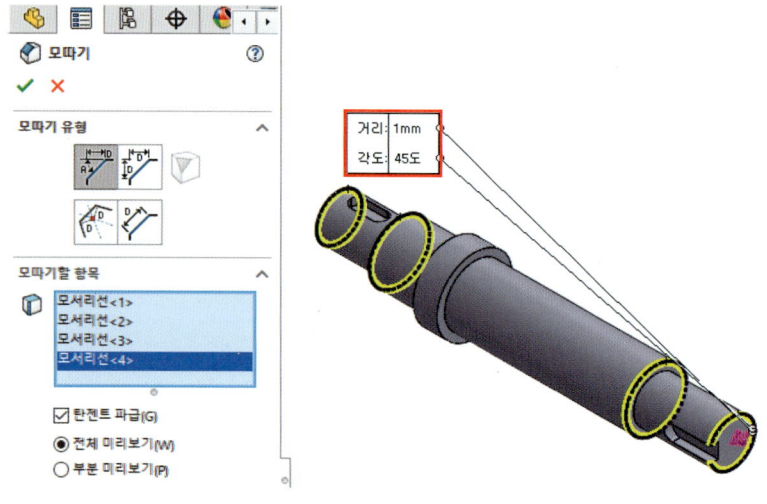

10 [구멍 가공 마법사] 명령을 실행하고 [위치] 탭에서 선택한 평면에 다음과 같이 스케치를 작성합니다.

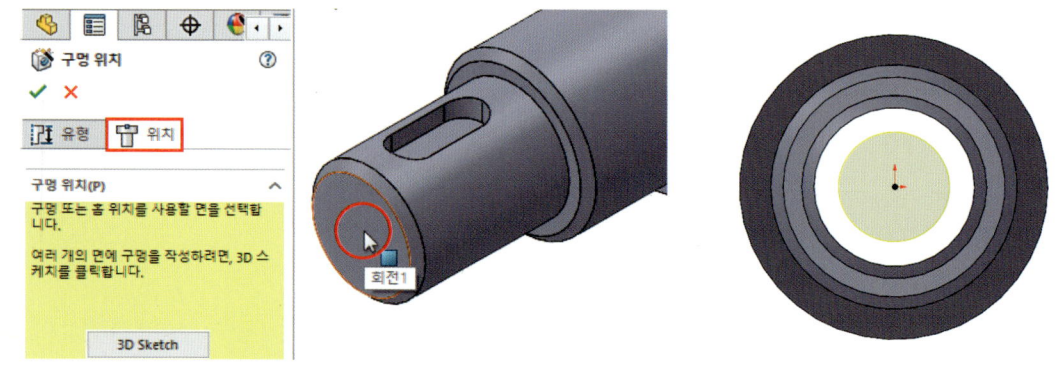

11 [유형] 탭에서 다음과 같이 옵션 및 크기를 입력하여 형상을 작성합니다.

· 구멍 유형 : 직선 탭 / · 표준 규격 : KS / · 유형 : 탭 구멍 / · 크기 : M5 / · 마침 조건 : 블라인드 형태

· 구멍 깊이 : 14.2mm / · 나사산 깊이 : 10mm

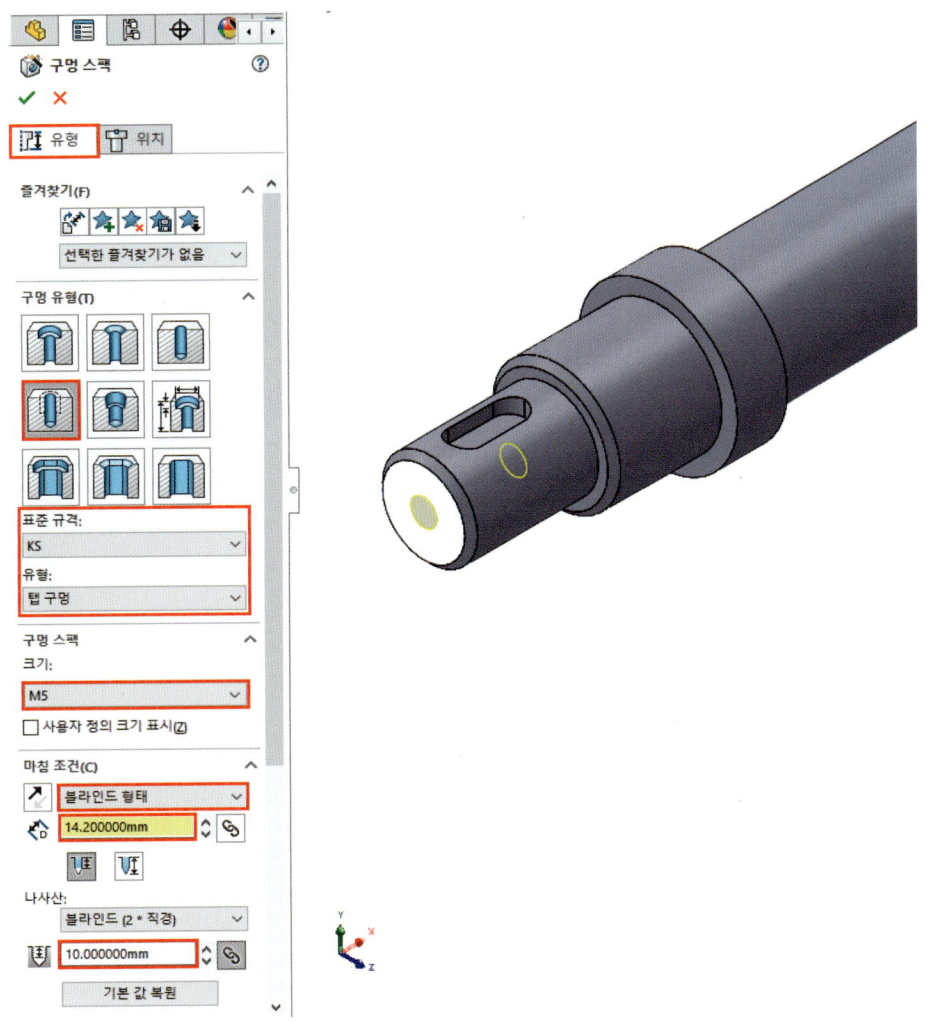

12 샤프트 모델링이 완료되었습니다.

PART 5 응용 3D 형상 모델링   161

SECTION 04 커버

01 예제 도면 및 학습 명령어

1 예제 도면

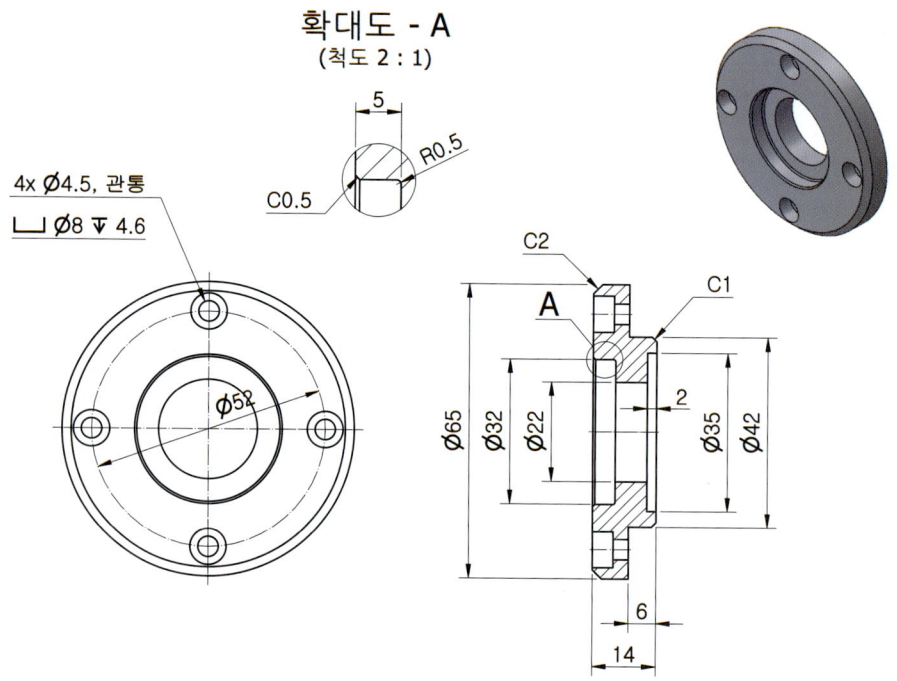

학습 명령어

- **스케치 :** 선, 코너 사각형
- **솔리드 :** 회전, 구멍 가공 마법사, 원형 패턴, 모따기

2 모델링 순서

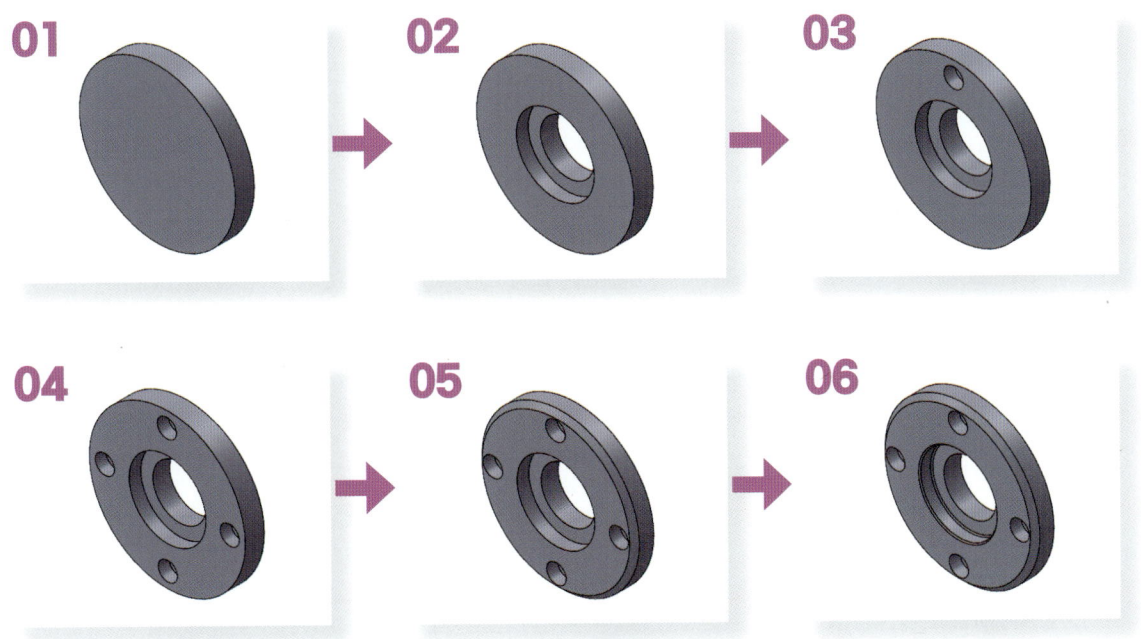

02 모델링 실습

01 정면도에 해당하는 평면에 다음과 같은 스케치를 작성합니다. (어느 평면에 작업하셔도 무방합니다.)

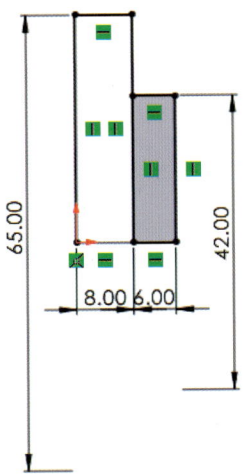

02 [회전] 명령을 실행하고 다음과 같이 옵션 및 거리를 입력하여 형상을 작성합니다.

· 방향 : 블라인드 형태 / · 각도 : 360도

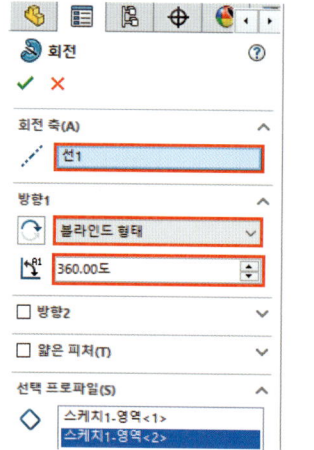
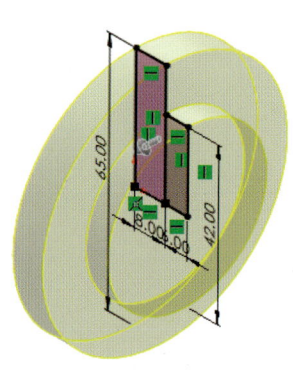

03 선택한 평면에 다음과 같이 스케치를 작성합니다.

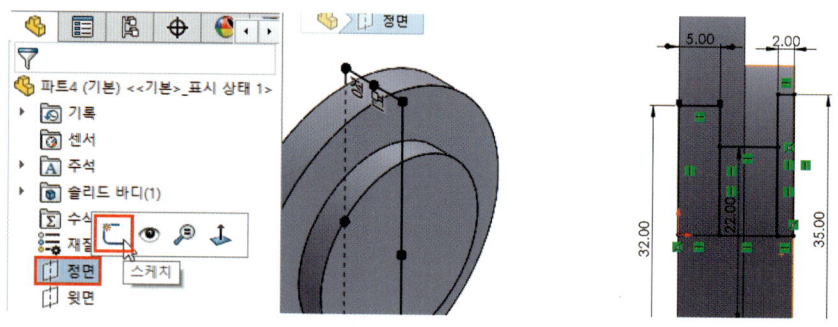

04 [회전 컷] 명령을 실행하고 다음과 같이 옵션 및 거리를 입력하여 형상을 작성합니다.

· 방향 : 블라인드 형태 / · 각도 : 360도

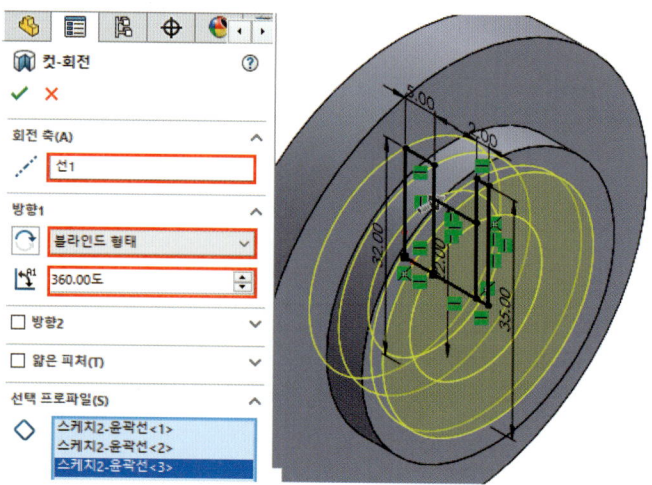

05 [구멍 가공 마법사] 명령을 실행하고 [위치] 탭에서 선택한 평면에 다음과 같이 스케치를 작성합니다.

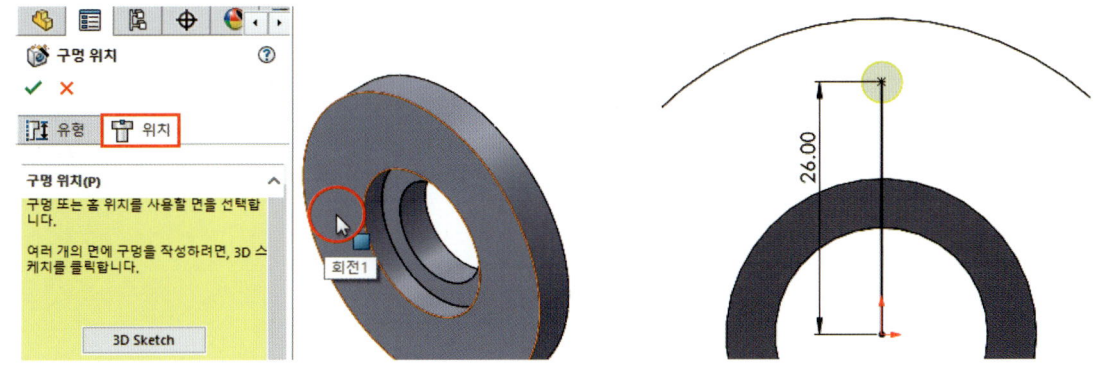

06 [유형] 탭에서 다음과 같이 옵션 및 크기를 입력하여 형상을 작성합니다.
- 구멍 유형 : 카운터보어 / · 표준 규격 : KS / · 유형 : 구멍붙이 볼트 KS B 1003 / · 사용자 정의 크기 표시(Z) : 체크
- 카운터보어 지름 : 8mm / · 카운터보어 깊이 : 4.6mm / · 구멍 지름 : 4.5mm / · 마침 조건 : 관통

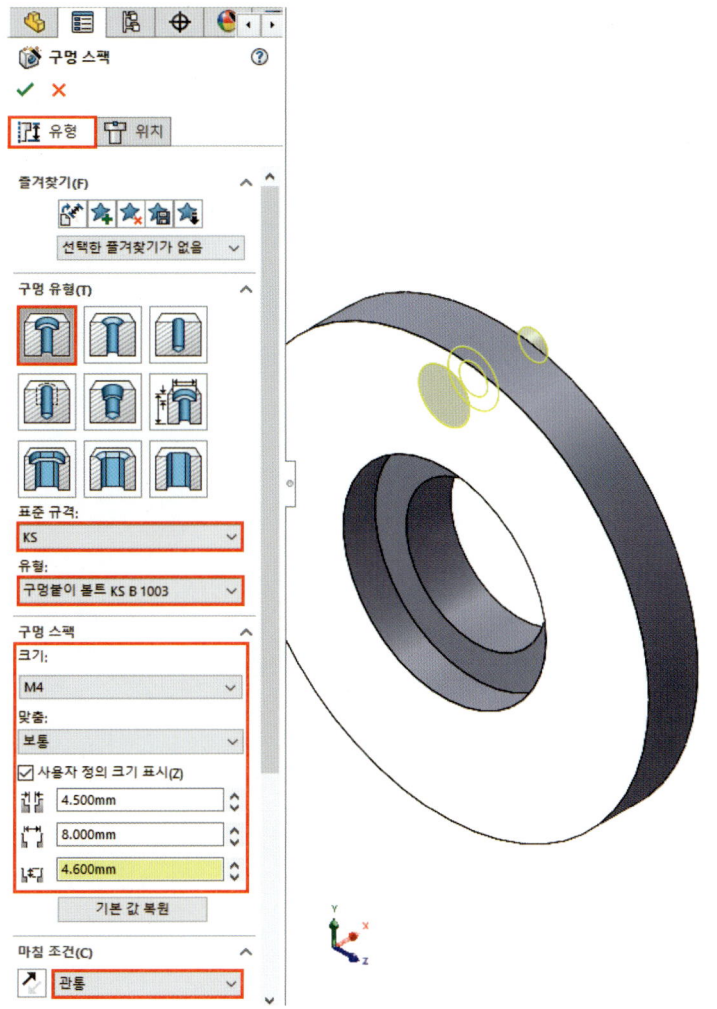

PART 5 **응용 3D 형상 모델링** 165

07 [원형 패턴] 명령을 실행하고 다음과 같이 옵션 및 거리를 입력하여 형상을 작성합니다.

· 피처 유형 : 피처 및 면 / · 간격 유형 : 동등 간격 / · 각도 : 360도 / · 수량 : 4개

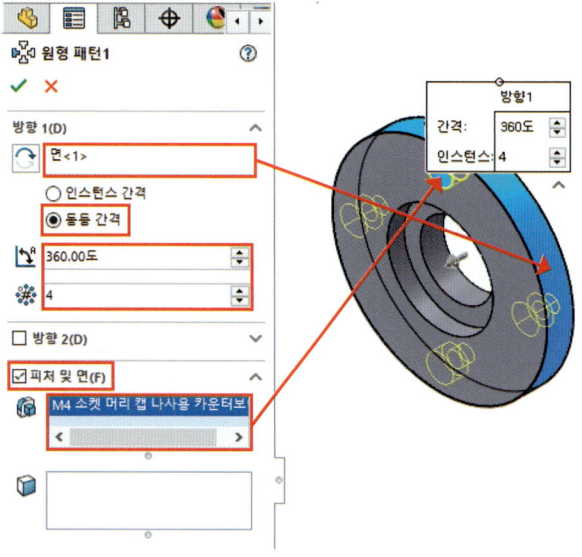

08 [모따기] 명령을 실행하고 선택한 모서리에 2mm의 모따기를 작성합니다.

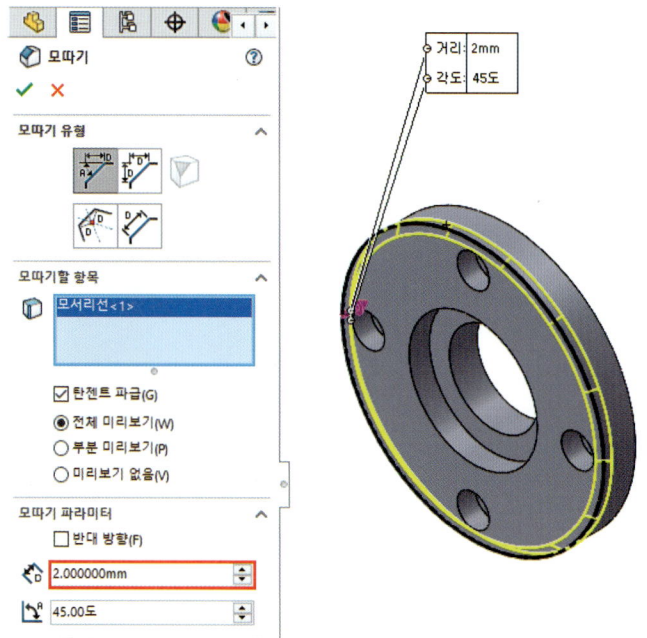

09 [모따기] 명령을 실행하고 선택한 모서리에 1mm의 모따기를 작성합니다.

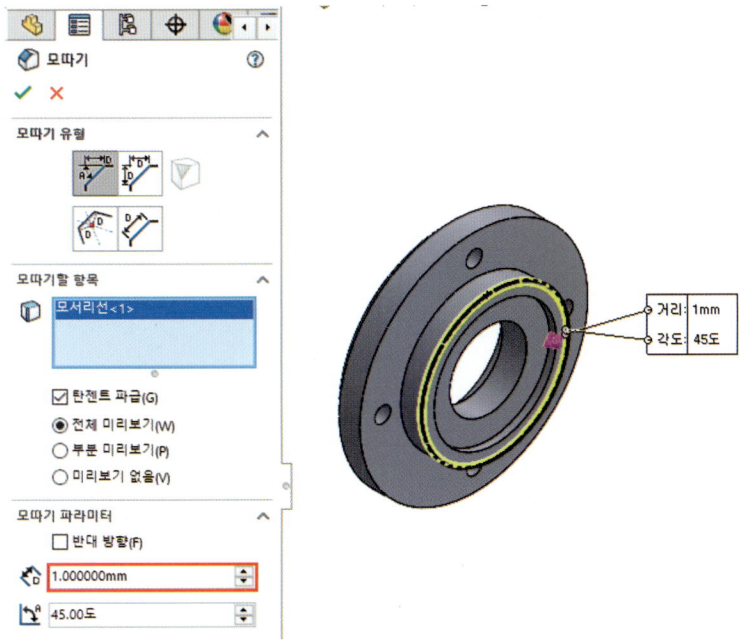

10 [모따기] 명령을 실행하고 선택한 모서리에 0.5mm의 모따기를 작성합니다.

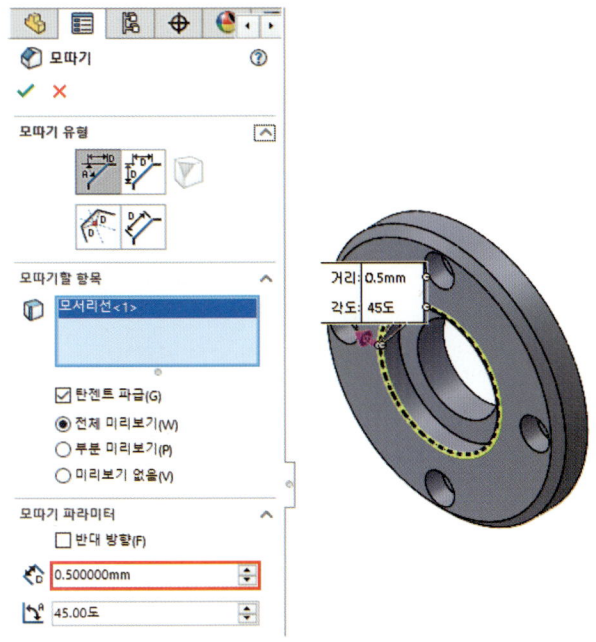

11 [필렛] 명령을 실행하고 다음과 같이 선택한 모서리에 0.5mm의 필렛을 작성합니다.

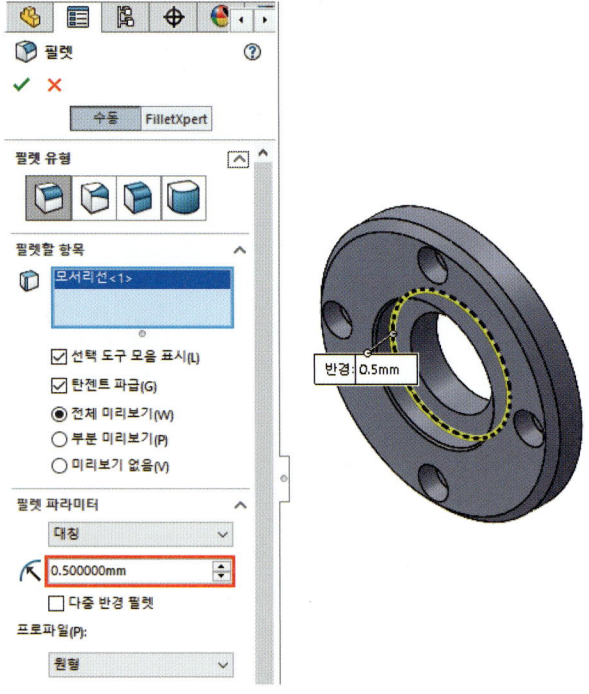

12 커버 모델링이 완료되었습니다.

SECTION 05

브라켓

01 예제 도면 및 학습 명령어

1 예제 도면

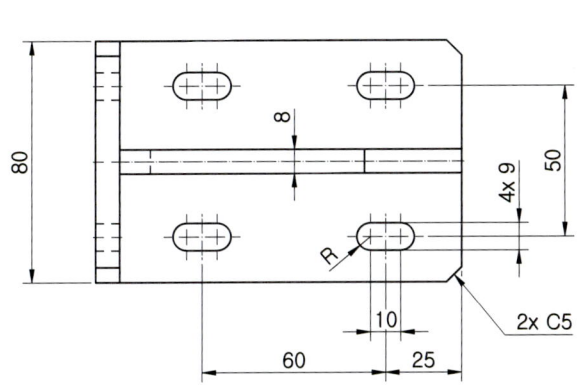
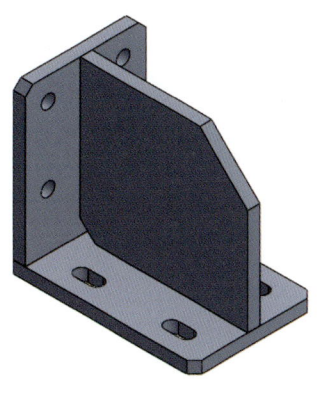
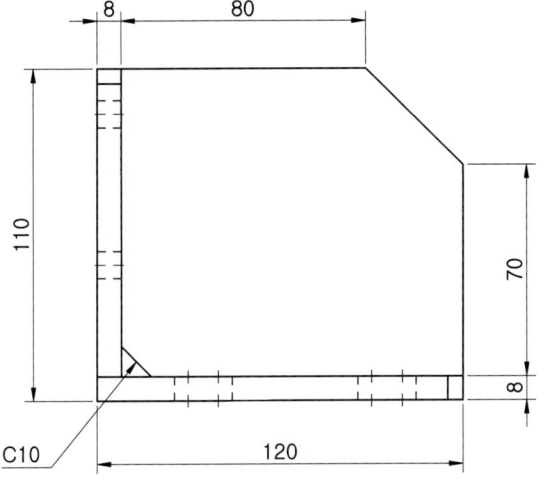
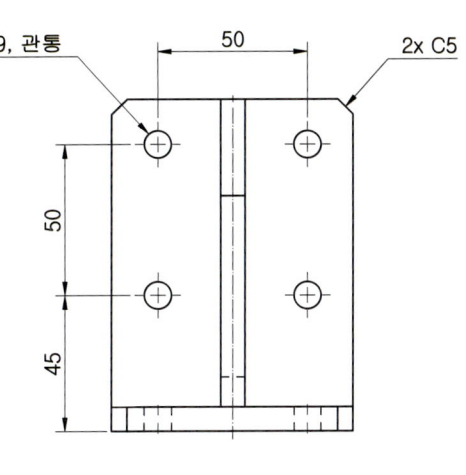

> **학습 명령어**

* **스케치 :** ／ 선   ☐ 코너 사각형   ◉ 중심점 직선형 홈   ■ 점
* **솔리드 :** 🗐 돌출   🔷 모따기   🔠 선형 패턴   🔍 구멍 가공 마법사

2. 모델링 순서

01 → **02** → **03**

04 → **05** → **06**

02 모델링 실습

01 정면도에 해당하는 평면에 다음과 같은 스케치를 작성합니다. (어느 평면에 작업하셔도 무방합니다.)

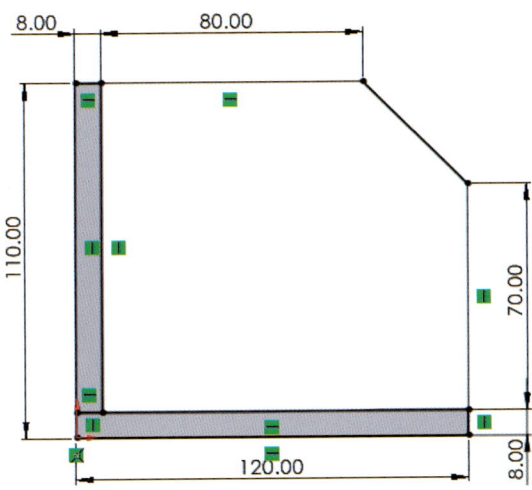

02 [돌출] 명령을 실행하고 다음과 같이 옵션 및 거리를 입력하여 형상을 작성합니다.

· 방향 : 중간 평면 / · 거리 : 80mm

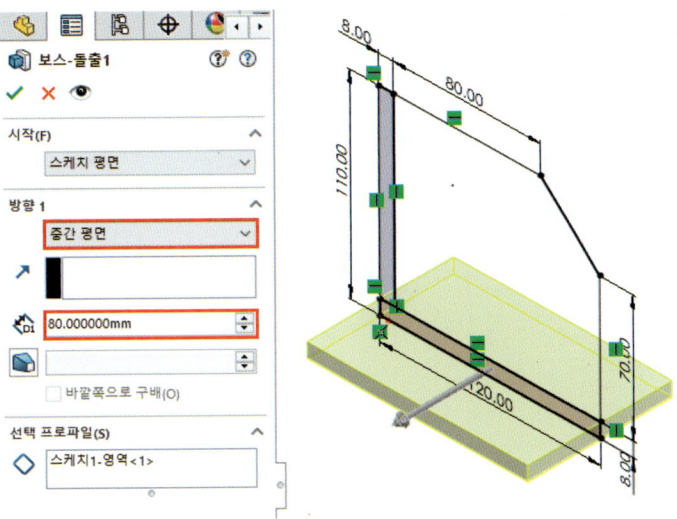

03 작성한 스케치를 다시 이용하기 위해 스케치1을 선택하여 [보이기]를 클릭합니다.

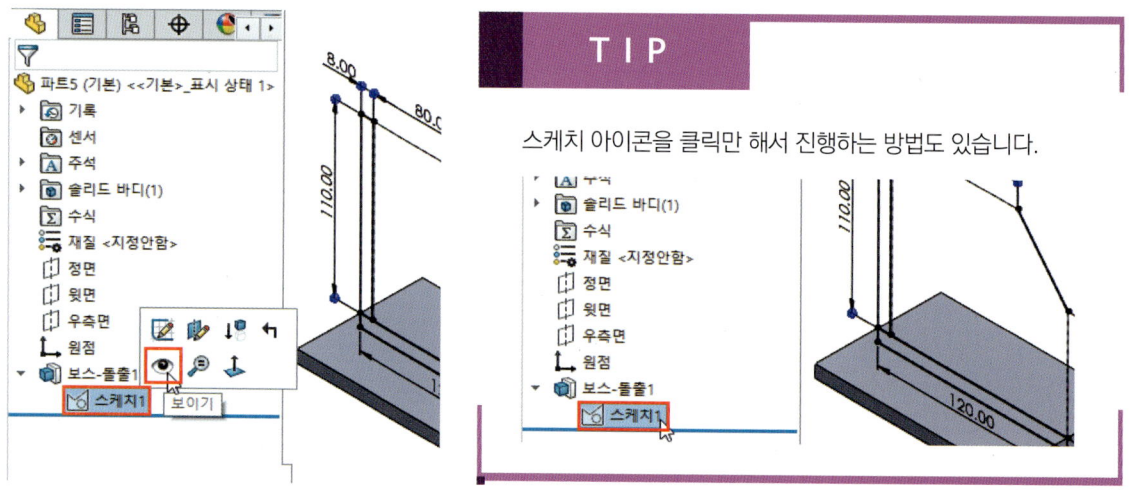

04 [돌출] 명령을 실행하고 다음과 같이 옵션 및 거리를 입력하여 형상을 작성합니다.

· 방향 : 중간 평면 / · 거리 : 80mm / · 바디 합치기(M) : 체크 해제

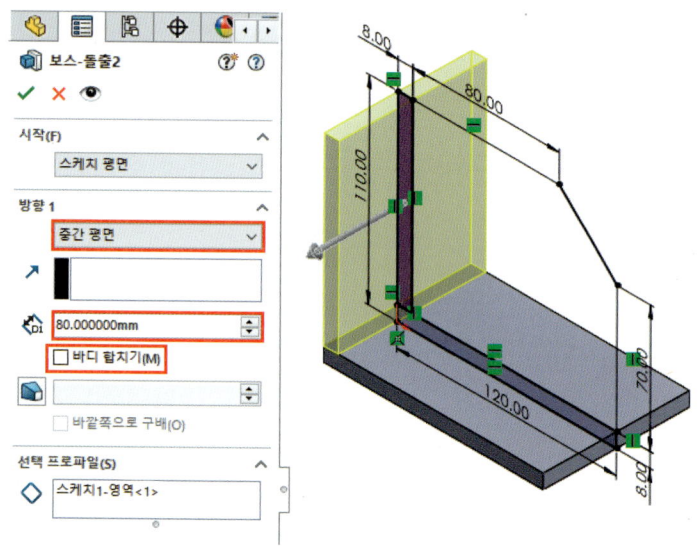

05 [돌출] 명령을 실행하고 다음과 같이 옵션 및 거리를 입력하여 형상을 작성합니다.

· 방향 : 중간 평면 / · 거리 : 8mm / · 바디 합치기(M) : 체크 해제

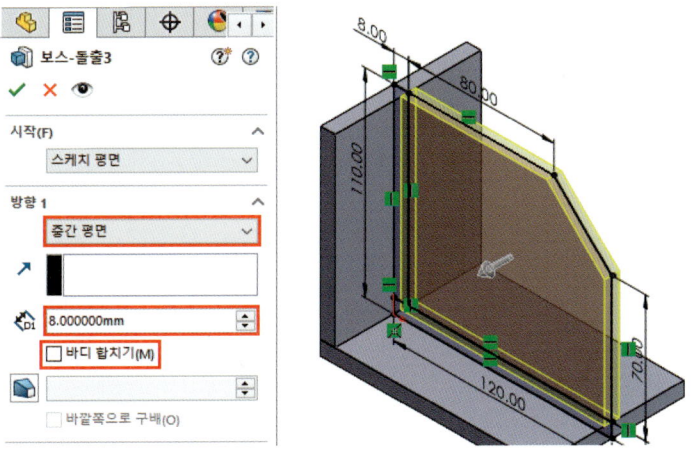

06 [모따기] 명령을 실행하고 선택한 모서리에 5mm의 모따기를 작성합니다.

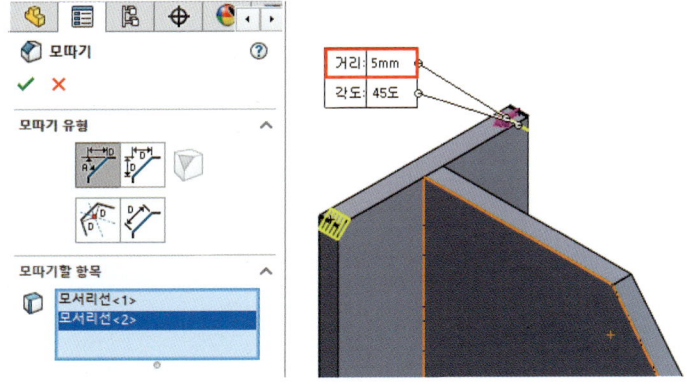

07 [모따기] 명령을 실행하고 선택한 모서리에 5mm의 모따기를 작성합니다.

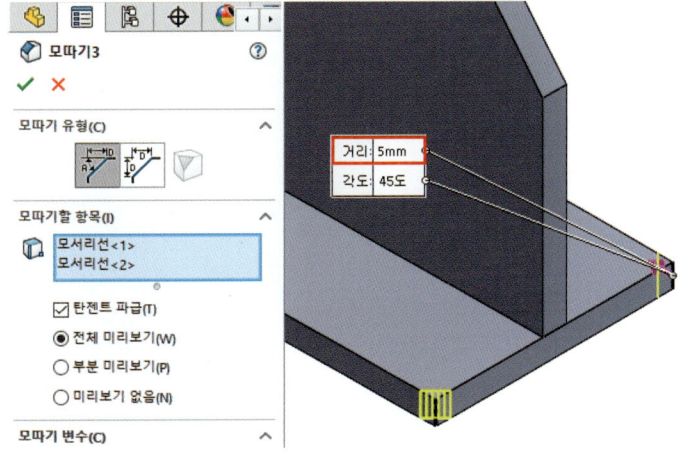

08 [모따기] 명령을 실행하고 선택한 모서리에 10mm의 모따기를 작성합니다.

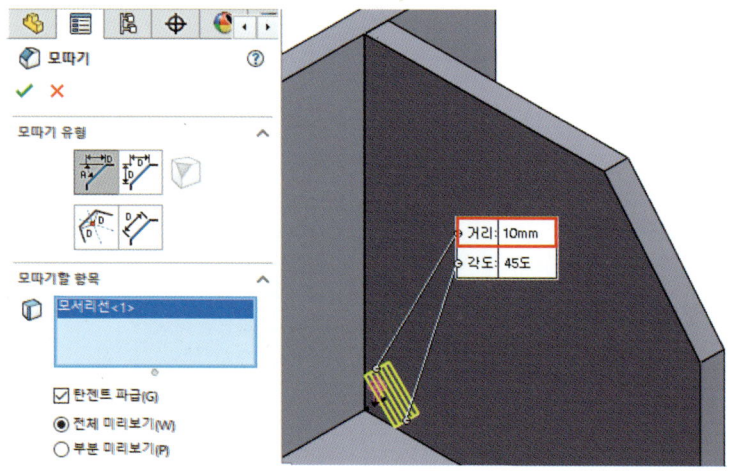

09 선택한 평면에 다음과 같이 스케치를 작성합니다.

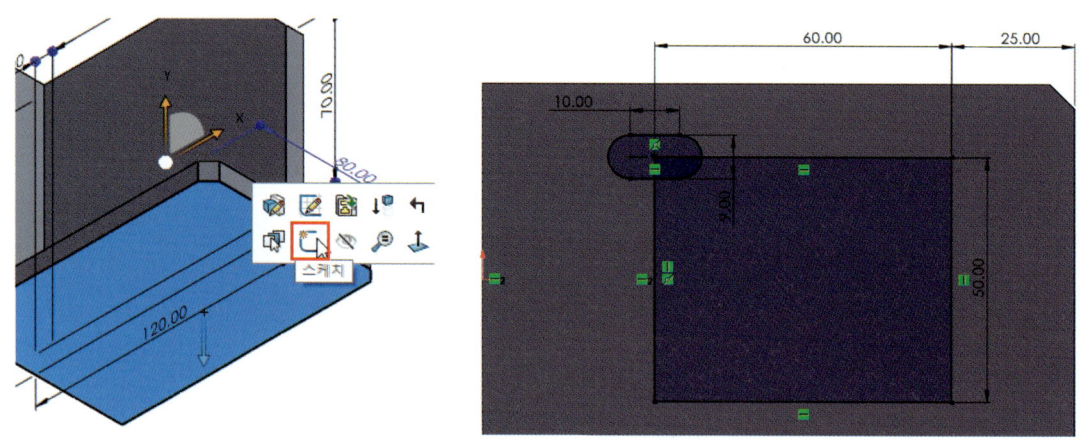

10 [돌출 컷] 명령을 실행하고 다음과 같이 옵션 및 거리를 입력하여 형상을 작성합니다.
· 방향 : 관통

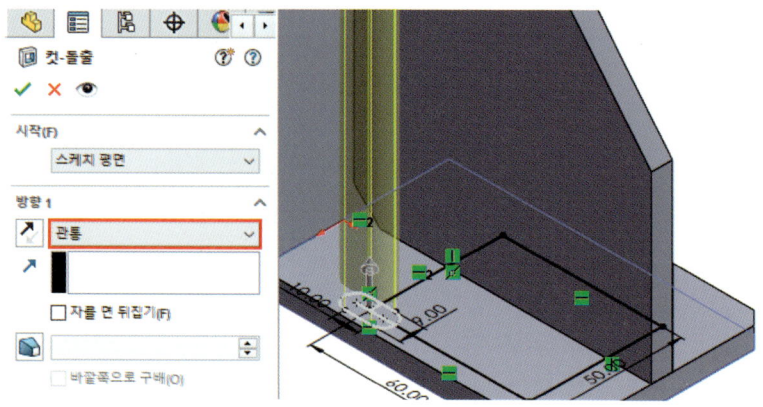

174　개념탑재 솔리드웍스

11 [선형 패턴] 명령을 실행하고 다음과 같이 옵션 및 거리를 입력하여 형상을 작성합니다.

· 방향 1 거리 : 60mm / · 방향 1 수량 : 2개 / · 방향 2 거리 : 50mm / · 방향 2 수량 : 2개

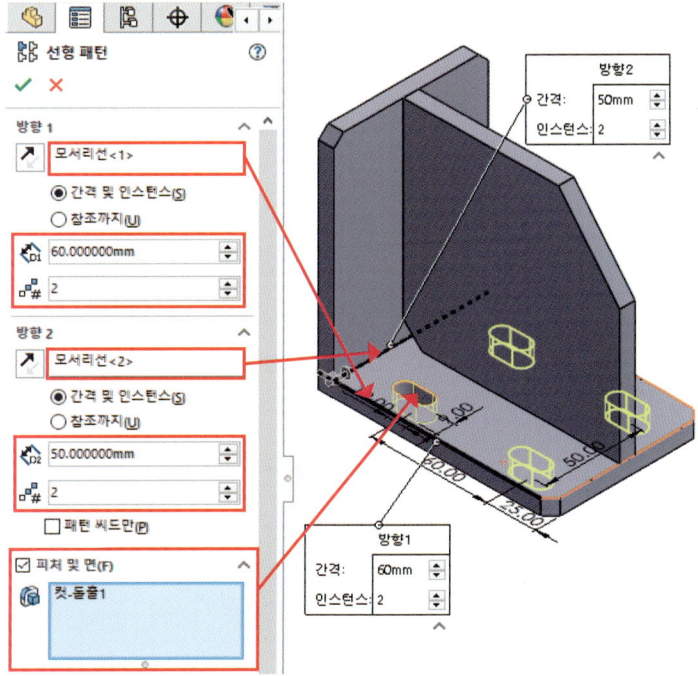

12 [구멍 가공 마법사] 명령을 실행하고 [위치] 탭에서 선택한 평면에 다음과 같이 스케치를 작성합니다.

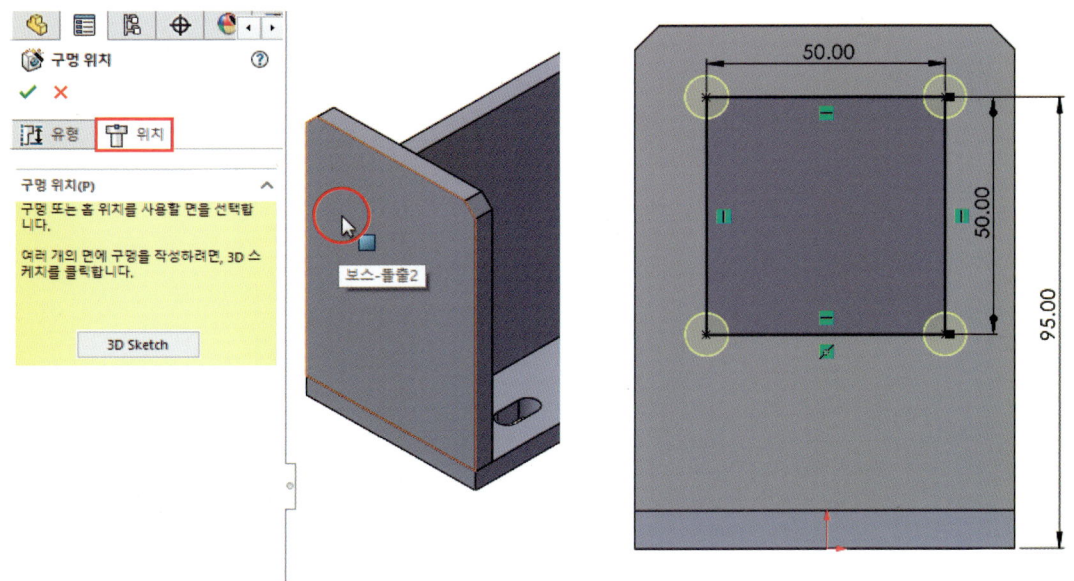

PART 5 응용 3D 형상 모델링　175

13 [유형] 탭에서 다음과 같이 옵션 및 크기를 입력하여 형상을 작성합니다.

· 구멍 유형 : 구멍 / · 표준 규격 : KS / · 유형 : 드릴 크기 / · 구멍 크기 : 9mm / · 마침 조건 : 관통

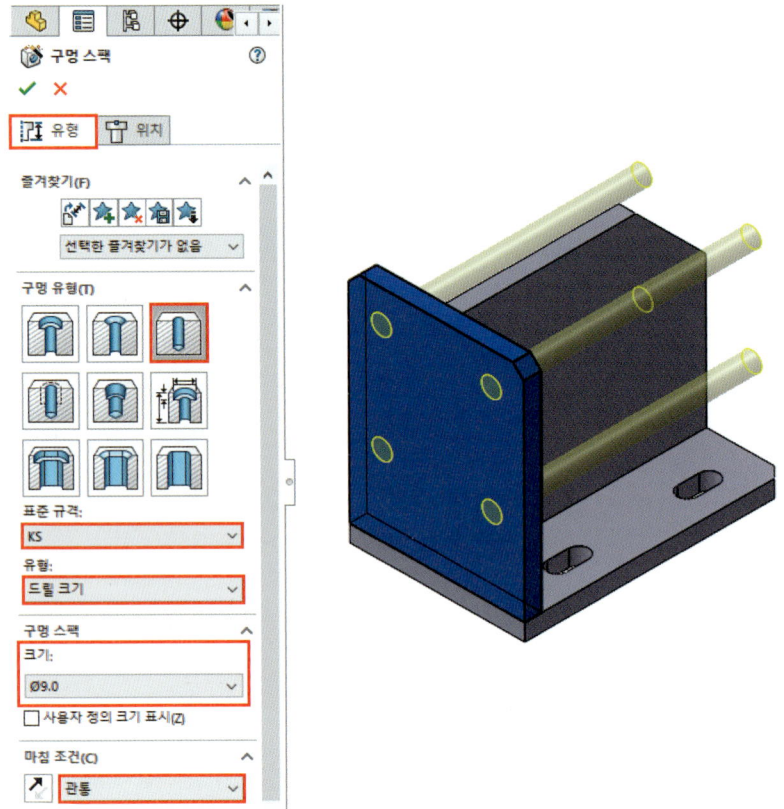

14 브라켓 모델링이 완료되었습니다.

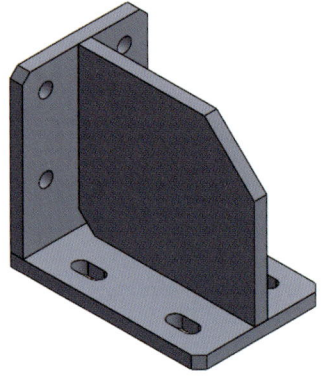

SECTION 06

파이프 브라켓

01 예제 도면 및 학습 명령어

1 예제 도면

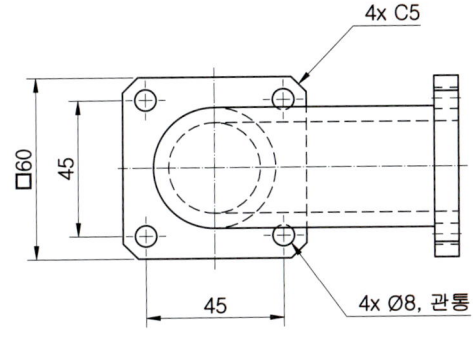
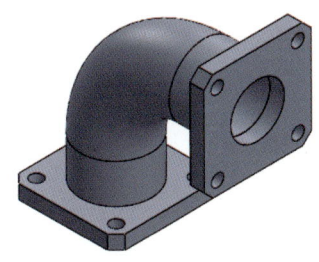
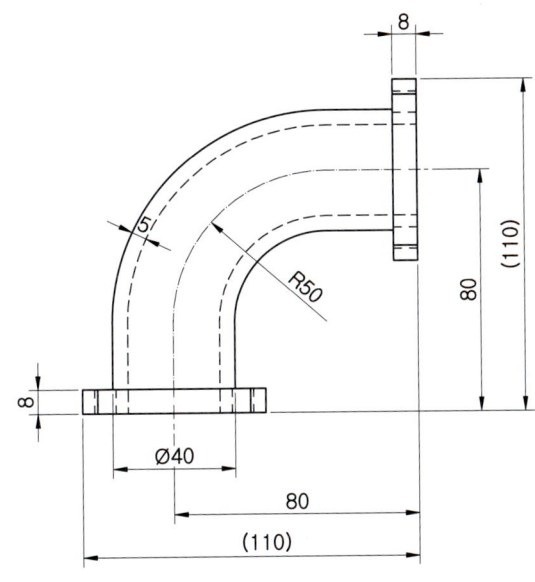
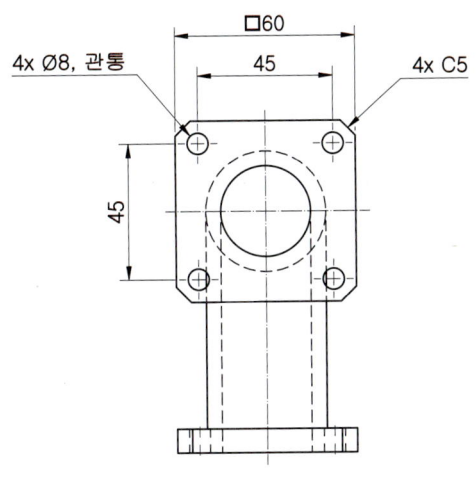

학습 명령어

* **스케치** : ╱ 선   ⌒ 접원호   ⊙ 중심점 원   ▭ 중심 사각형
* **솔리드** : 🌀 스윕   🗔 돌출   🪄 구멍 가공 마법사   ▌▐ 대칭 복사

② 모델링 순서

01 → **02** → **03**

04 → **05**

02 모델링 실습

01 평면도에 해당하는 평면에 다음과 같은 스케치를 작성합니다. (어느 평면에 작업하셔도 무방합니다.)

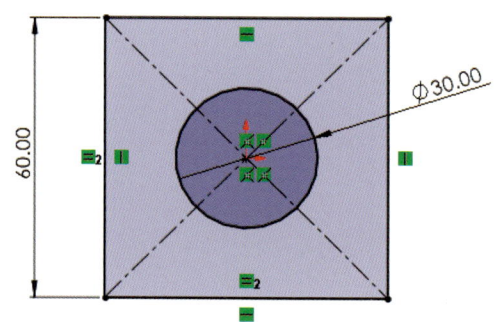

178 개념탑재 솔리드웍스

02 [돌출] 명령을 실행하고 다음과 같이 옵션 및 거리를 입력하여 형상을 작성합니다.

· 방향 : 블라인드 형태 / · 거리 : 8mm

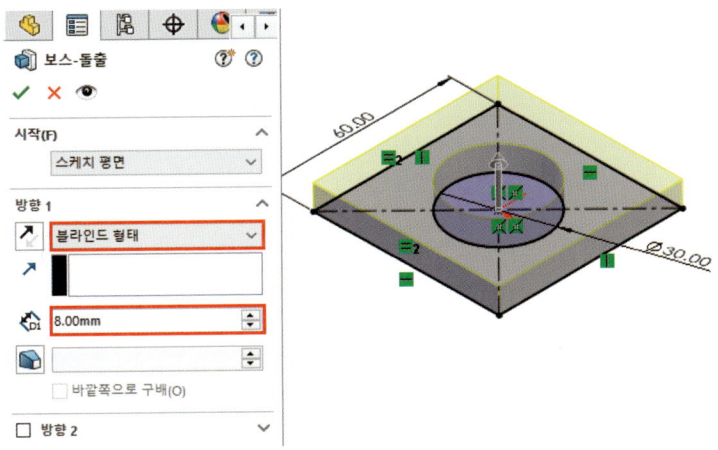

03 [구멍 가공 마법사] 명령을 실행하고 [위치] 탭에서 선택한 평면에 다음과 같이 스케치를 작성합니다.

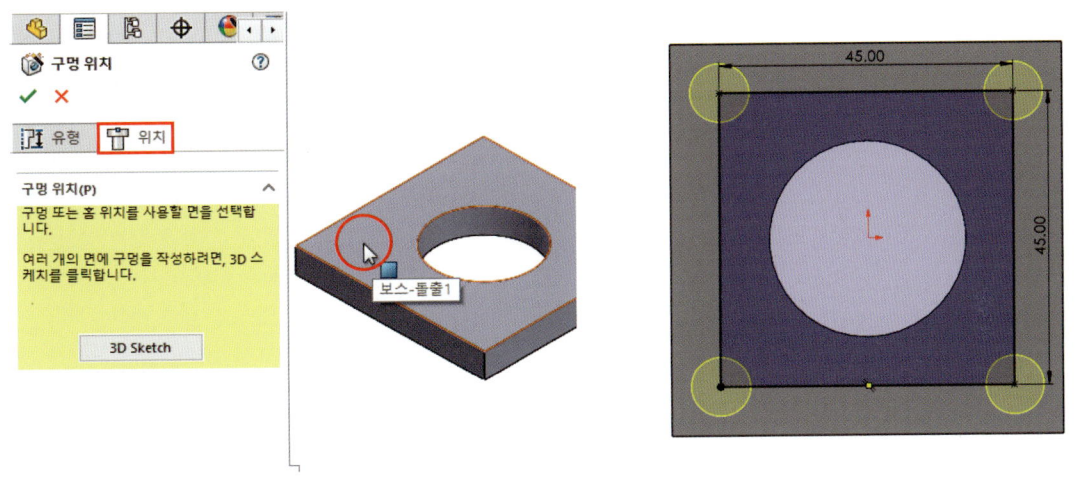

PART 5 응용 3D 형상 모델링　179

04 [유형] 탭에서 다음과 같이 옵션 및 크기를 입력하여 형상을 작성합니다.

· 구멍 유형 : 구멍 / · 표준 규격 : KS / · 유형 : 드릴 크기 / · 구멍 크기 : 8mm / · 마침 조건 : 관통

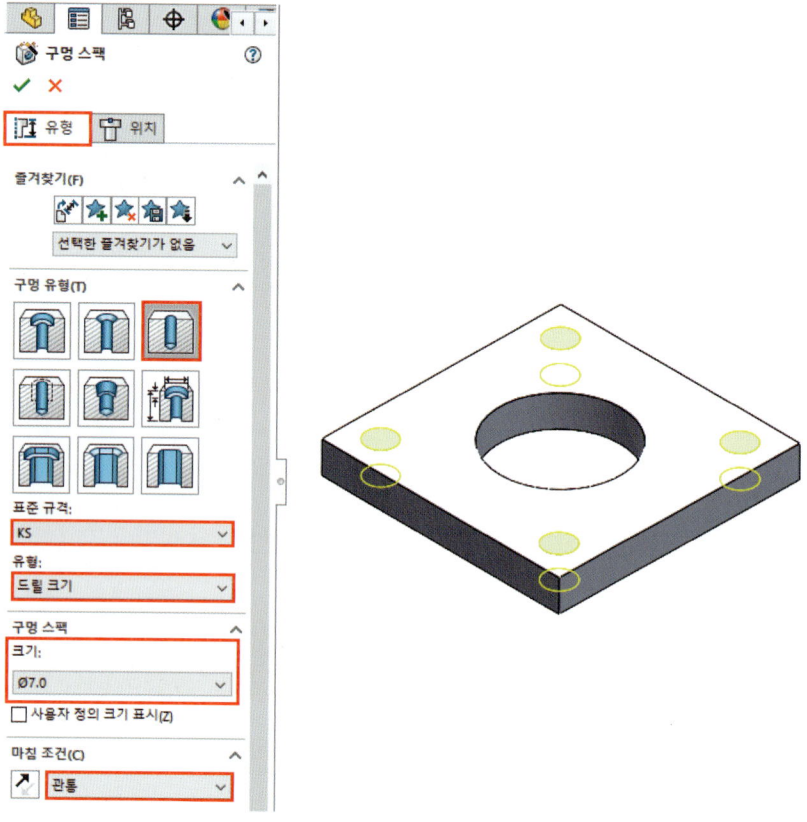

05 [모따기] 명령을 실행하고 선택한 모서리에 5mm의 모따기를 작성합니다.

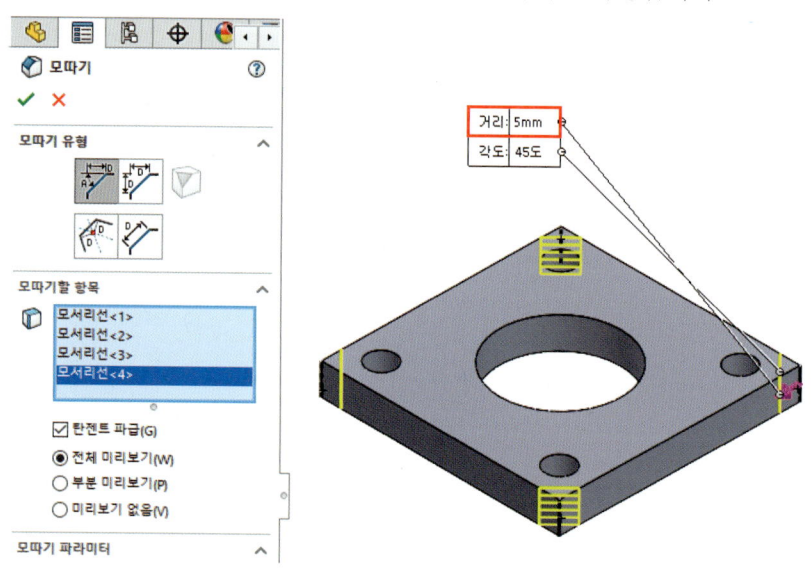

06 선택한 평면에 다음과 같이 경로 스케치를 작성합니다.

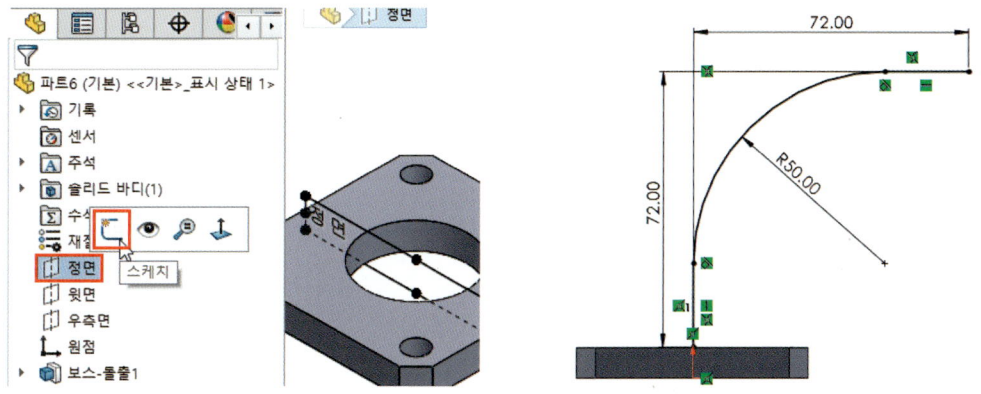

07 선택한 평면에 다음과 같이 단면 스케치를 작성합니다.

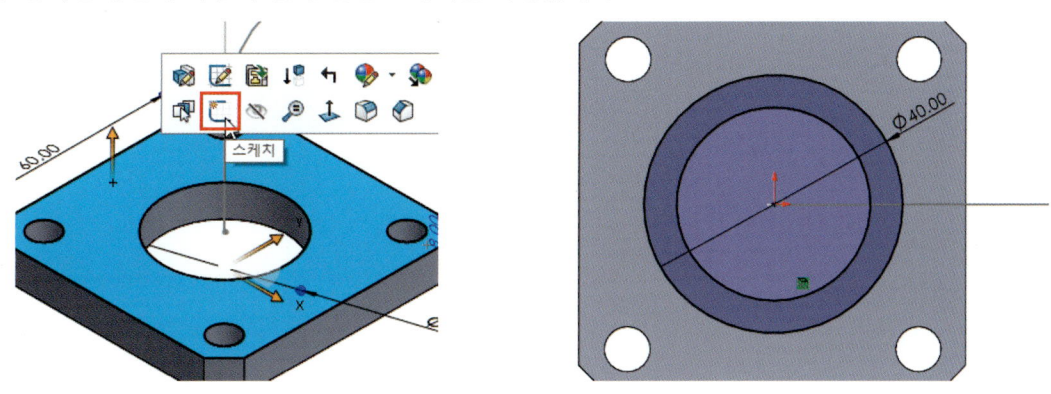

08 [스윕] 명령을 실행하고 다음과 같이 프로파일과 경로를 입력하여 형상을 작성합니다.

· 프로파일 유형 : 스케치 프로파일 / · 결과 병합(R) : 체크 해제

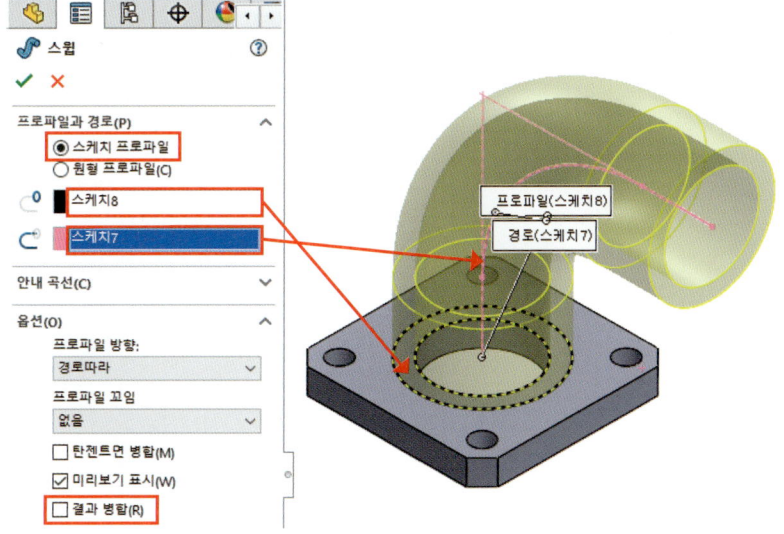

PART 5 응용 3D 형상 모델링 181

09 [두 평면 사이의 중간평면] 명령을 실행하고 다음과 같이 두 개의 기준 평면을 선택하여 중간 평면을 작성합니다.

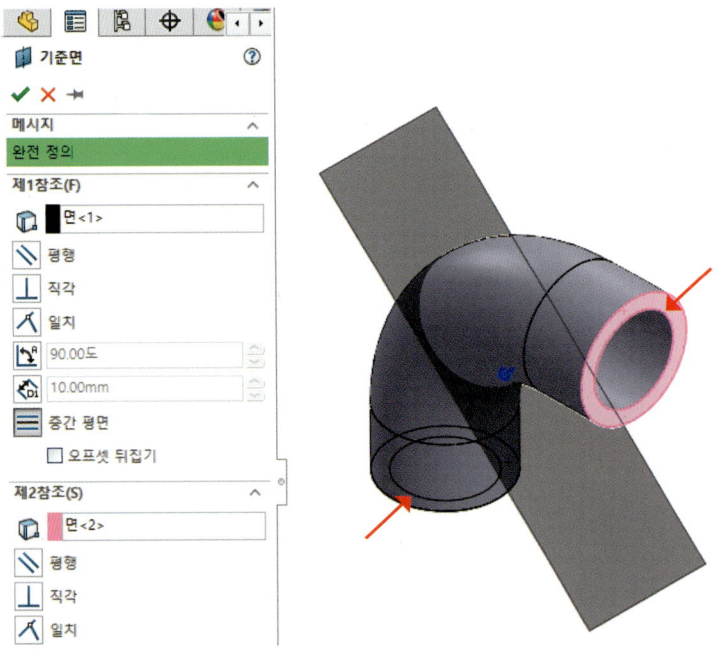

> **TIP**
>
> 모따기 바디를 숨기고 작업하면 훨씬 더 쉽게 면 선택이 가능합니다.
>
>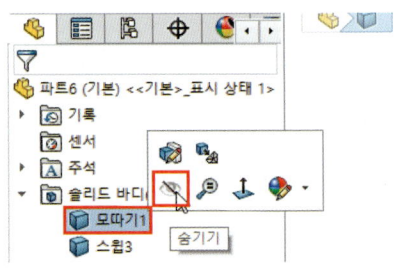

10 [대칭 복사] 명령을 실행하고 다음과 같이 옵션 및 대칭 복사 평면을 입력하여 형상을 작성합니다.

· 대칭 복사 유형 : 바디 / · 솔리드 합치기(R) : 체크 해제

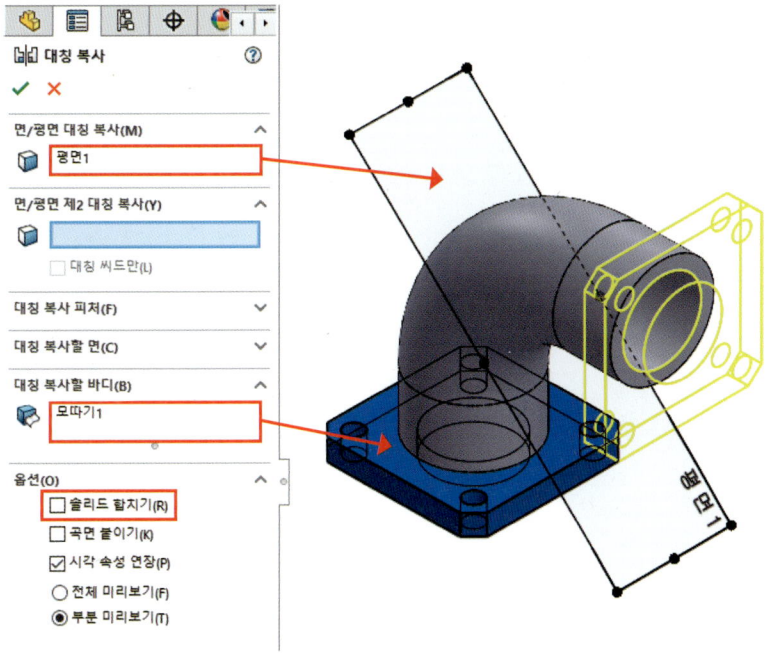

11 파이프 브라켓 모델링이 완료되었습니다.

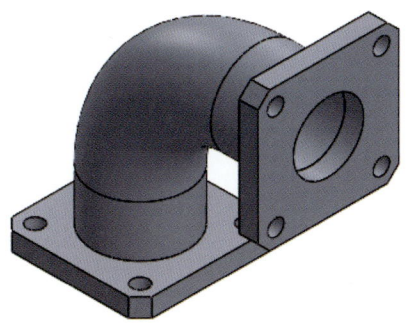

SECTION 07 커버

01 예제 도면 및 학습 명령어

1 예제 도면

> 학습 명령어

* **스케치 :** ☐ 코너 사각형   ☐ 중심 사각형   ■ 점
* **솔리드 :** 돌출   쉘   구멍 가공 마법사   필렛

2 모델링 순서

01 → **02** → **03**

04 → **05** → **06**

02 모델링 실습

01 정면도에 해당하는 평면에 다음과 같은 스케치를 작성합니다. (어느 평면에 작업하셔도 무방합니다.)

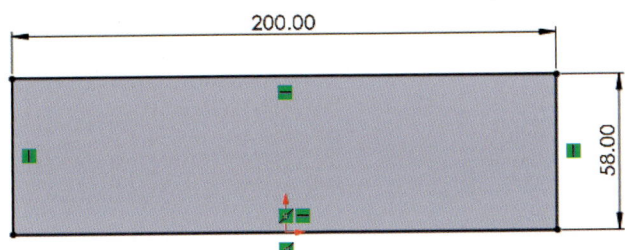

02 [돌출] 명령을 실행하고 다음과 같이 옵션 및 거리를 입력하여 형상을 작성합니다.

· 방향 : 중간 평면 / · 거리 : 120mm

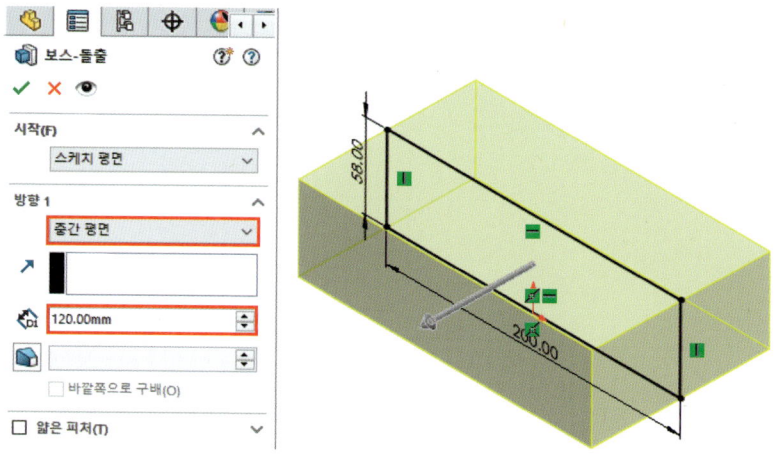

03 [쉘] 명령을 실행하고 다음과 같이 옵션 및 거리를 입력하여 형상을 작성합니다.

· 면 제거 : 바닥면 / · 두께 : 2mm

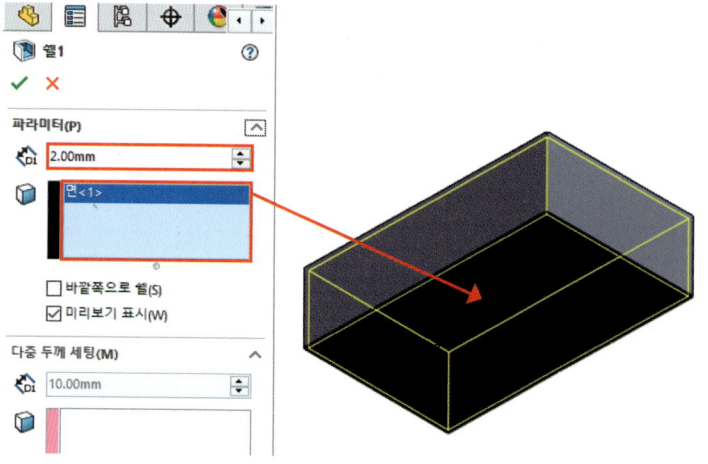

04 선택한 평면에 다음과 같이 스케치를 작성합니다.

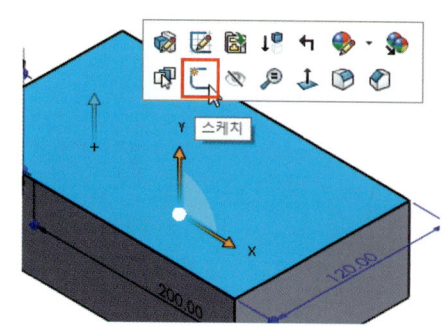
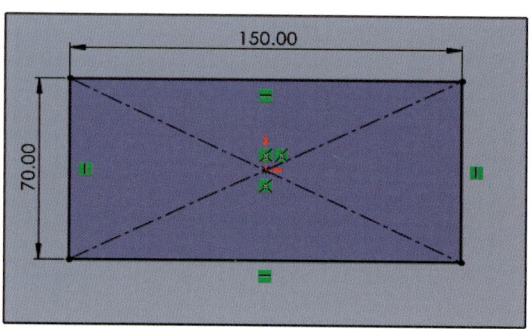

05 [돌출 컷] 명령을 실행하고 다음과 같이 옵션 및 거리를 입력하여 형상을 작성합니다.

- 방향 : 관통

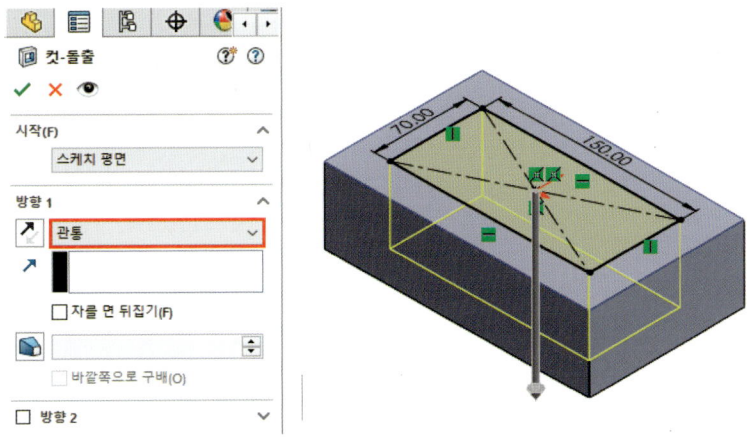

06 [필렛] 명령을 실행하고 다음과 같이 선택한 모서리에 8mm의 필렛을 작성합니다.

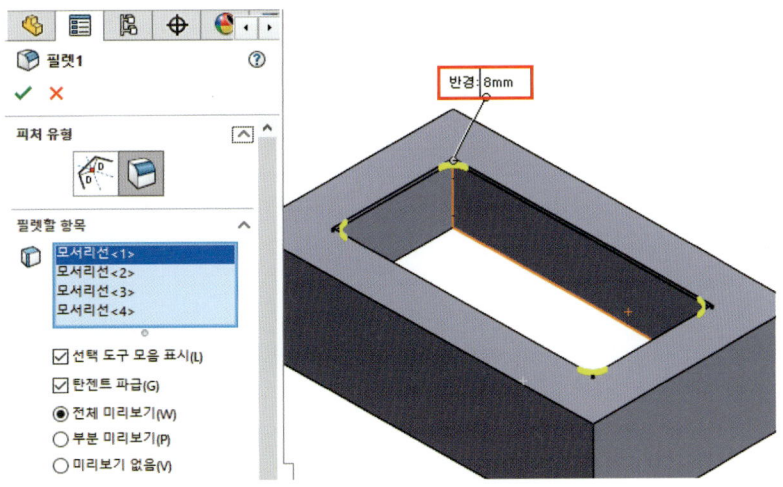

07 [구멍 가공 마법사] 명령을 실행하고 [위치] 탭에서 선택한 평면에 다음과 같이 스케치를 작성합니다.

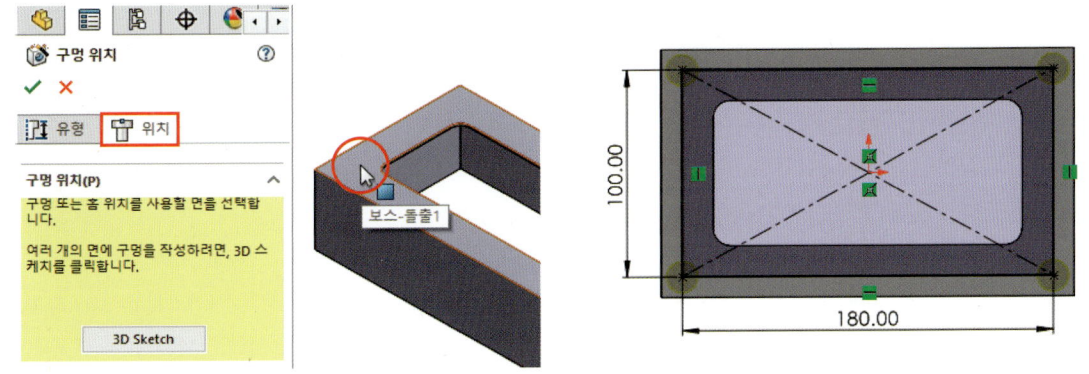

08 [유형] 탭에서 다음과 같이 옵션 및 크기를 입력하여 형상을 작성합니다.

· 구멍 유형 : 구멍 / · 표준 규격 : KS / · 유형 : 드릴 크기 / · 구멍 크기 : 9mm / · 마침 조건 : 관통

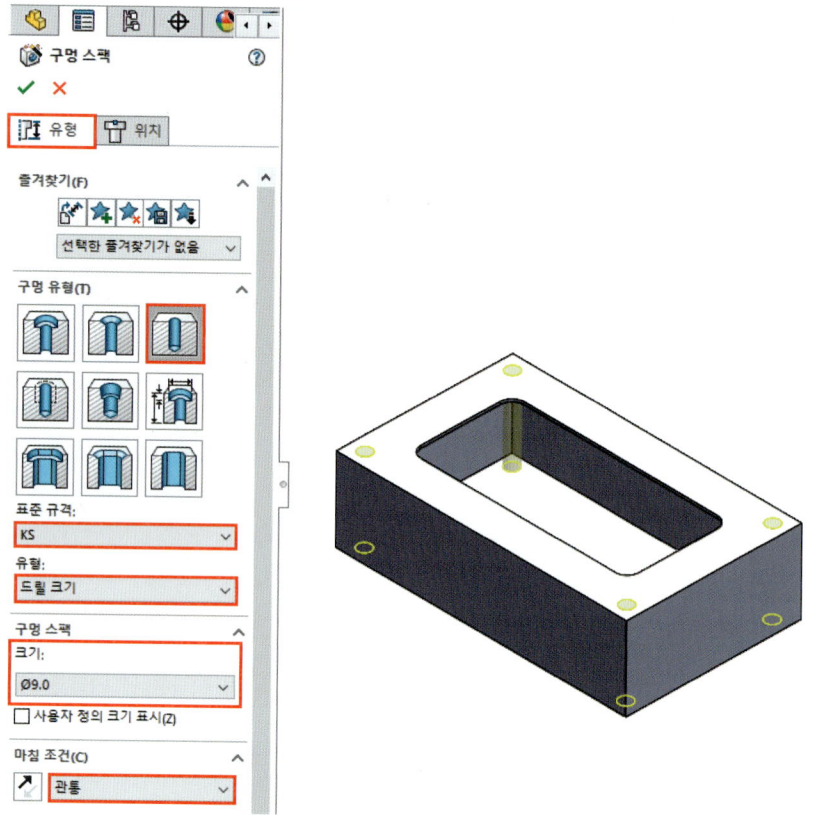

09 [구멍 가공 마법사] 명령을 실행하고 [위치] 탭에서 선택한 평면에 다음과 같이 스케치를 작성합니다.

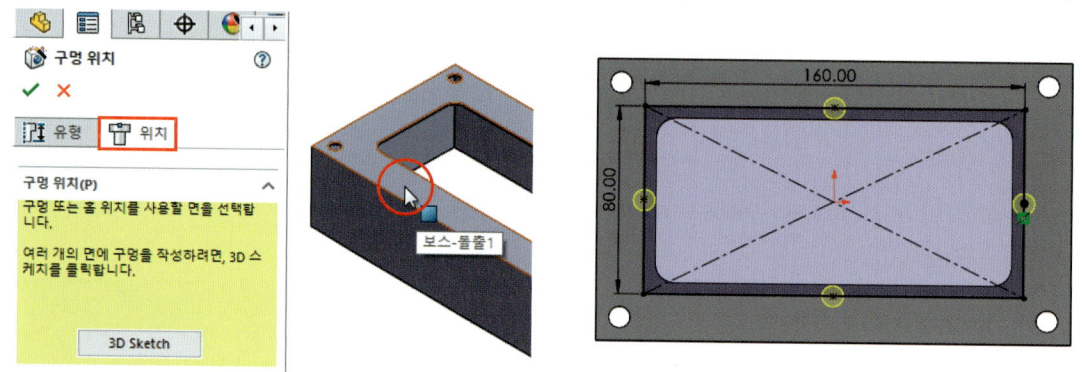

10 [유형] 탭에서 다음과 같이 옵션 및 크기를 입력하여 형상을 작성합니다.

· 구멍 유형 : 직선 탭 / · 표준 규격 : KS / · 유형 : 탭 구멍 / · 크기 : M4
· 마침 조건 : 관통 / · 나사산 : 관통

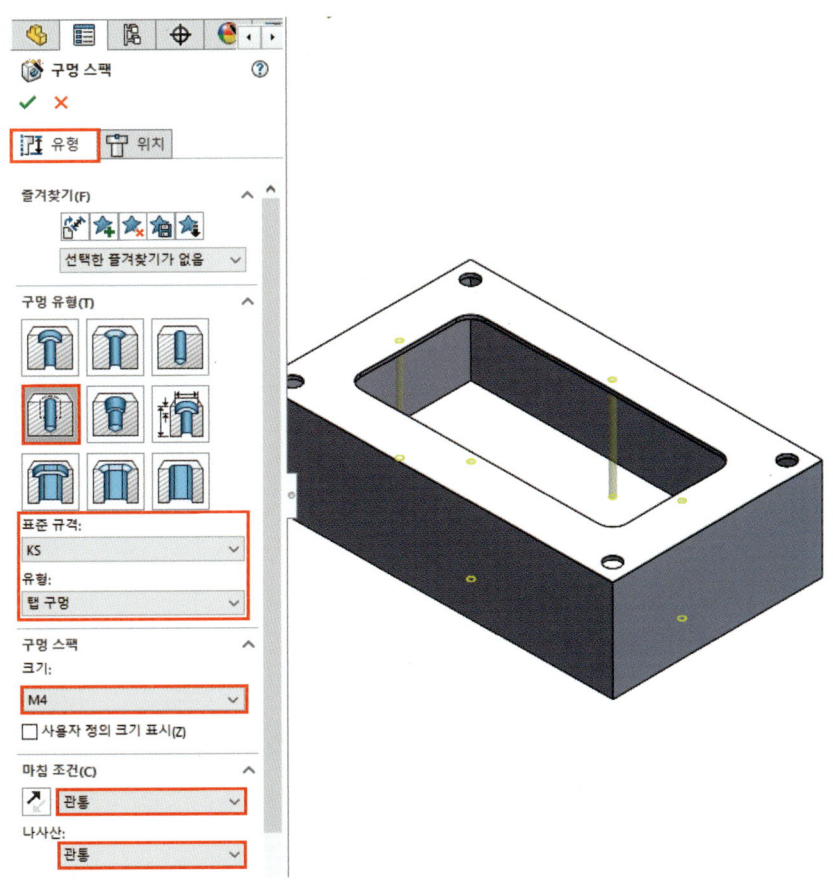

11 선택한 평면에 다음과 같이 스케치를 작성합니다.

PART 5 응용 3D 형상 모델링 189

12 [돌출] 명령을 실행하고 다음과 같이 옵션 및 거리를 입력하여 형상을 작성합니다.

· 방향 : 블라인드 형태 / · 거리 : 2mm / · 바디 합치기(M) : 체크 해제

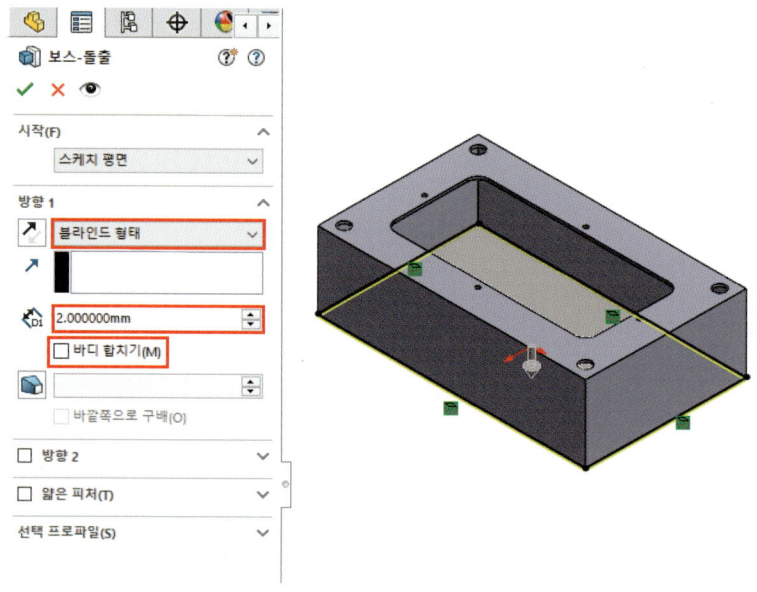

13 선택한 평면에 다음과 같이 스케치를 작성합니다.

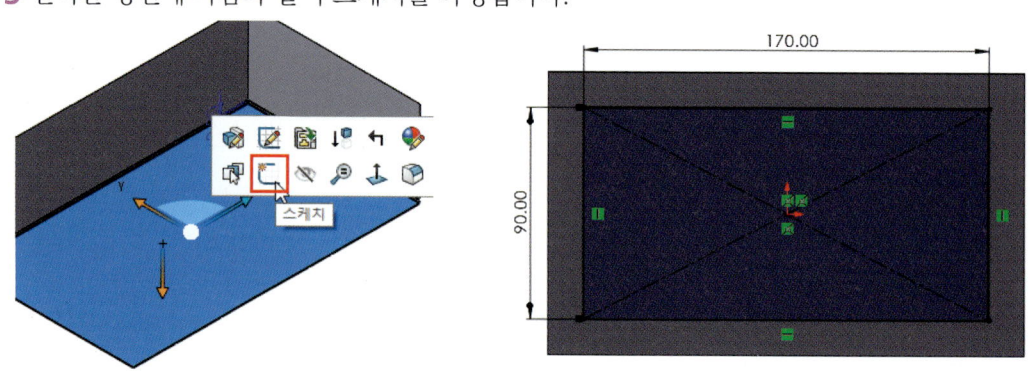

14 [돌출 컷] 명령을 실행하고 다음과 같이 옵션 및 거리를 입력하여 형상을 작성합니다.

· 방향 : 관통 / · 피처 영역 : 선택한 바디(S)

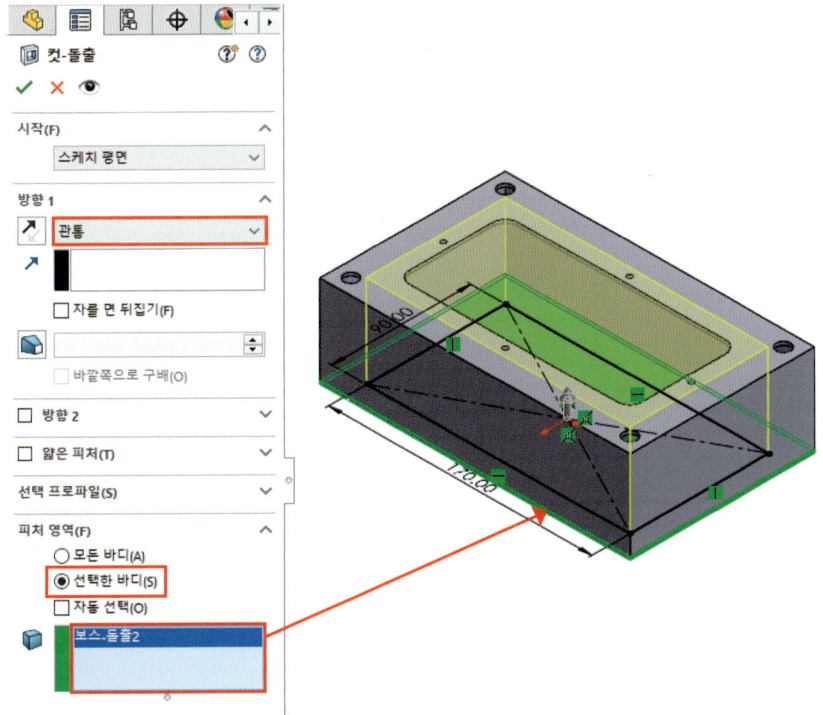

15 [구멍 가공 마법사] 명령을 실행하고 [위치] 탭에서 선택한 평면에 다음과 같이 스케치를 작성합니다.

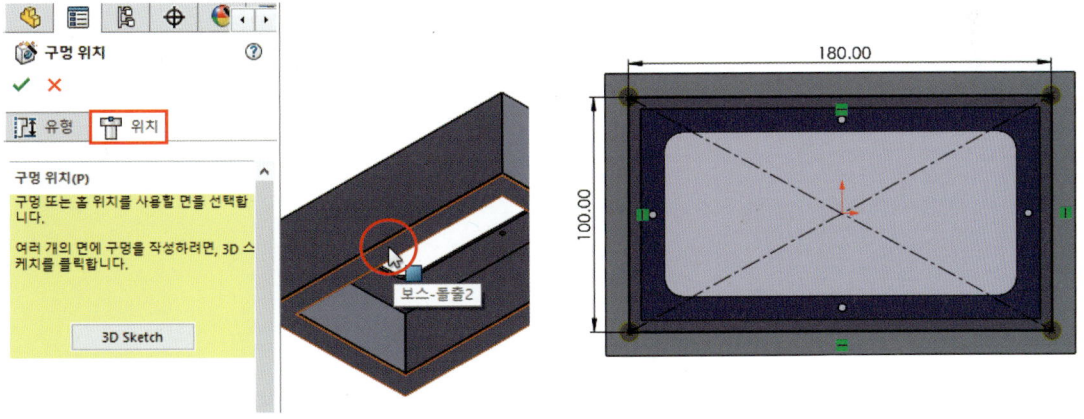

16 [유형] 탭에서 다음과 같이 옵션 및 크기를 입력하여 형상을 작성합니다.

· 구멍 유형 : 구멍 / · 표준 규격 : KS / · 유형 : 드릴 크기 / · 구멍 크기 : 5mm / · 마침 조건 : 관통

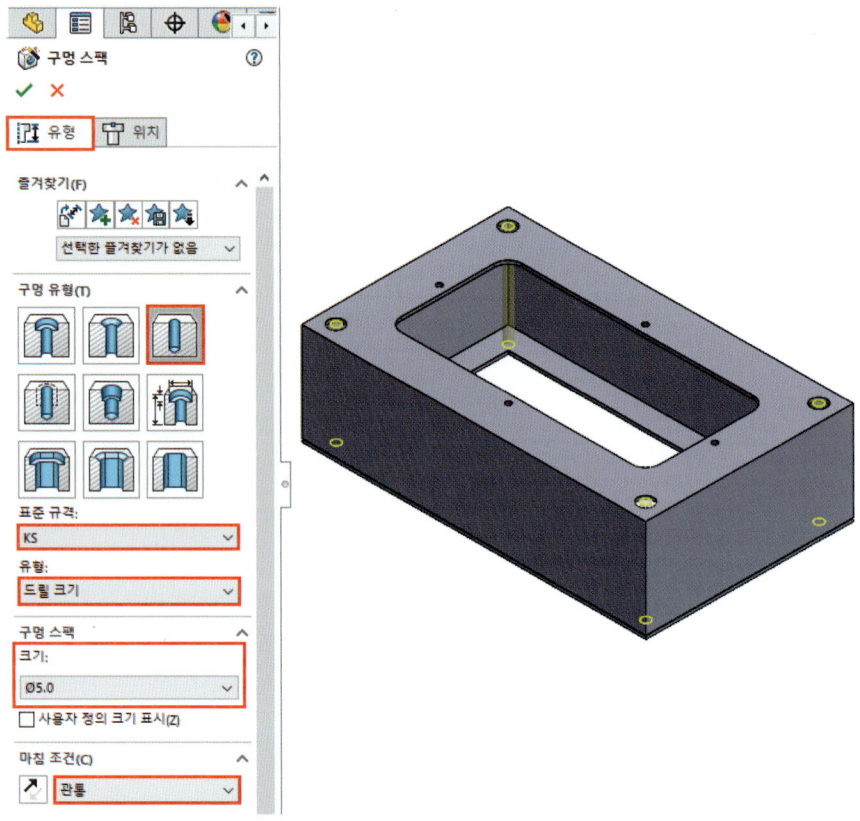

17 [필렛] 명령을 실행하고 다음과 같이 선택한 모서리에 2mm의 필렛을 작성합니다.

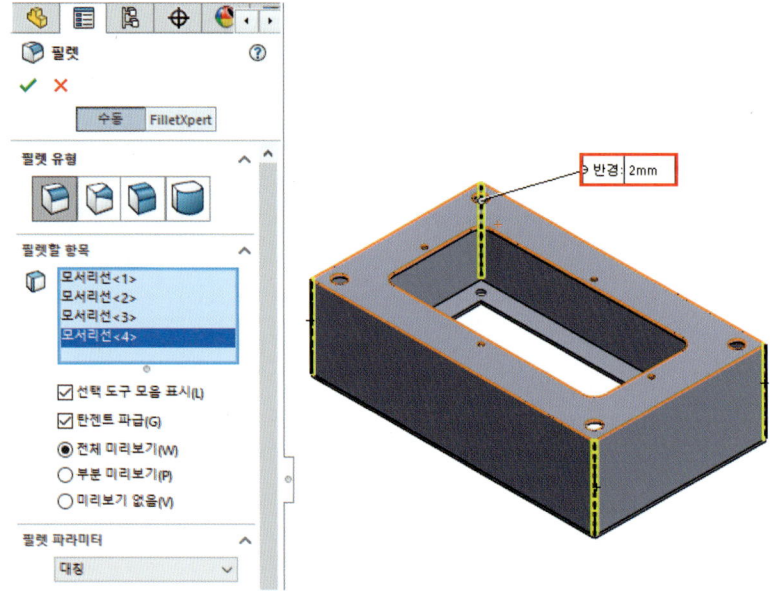

192　개념탑재 솔리드웍스

18 [필렛] 명령을 실행하고 다음과 같이 선택한 모서리에 2mm의 필렛을 작성합니다.

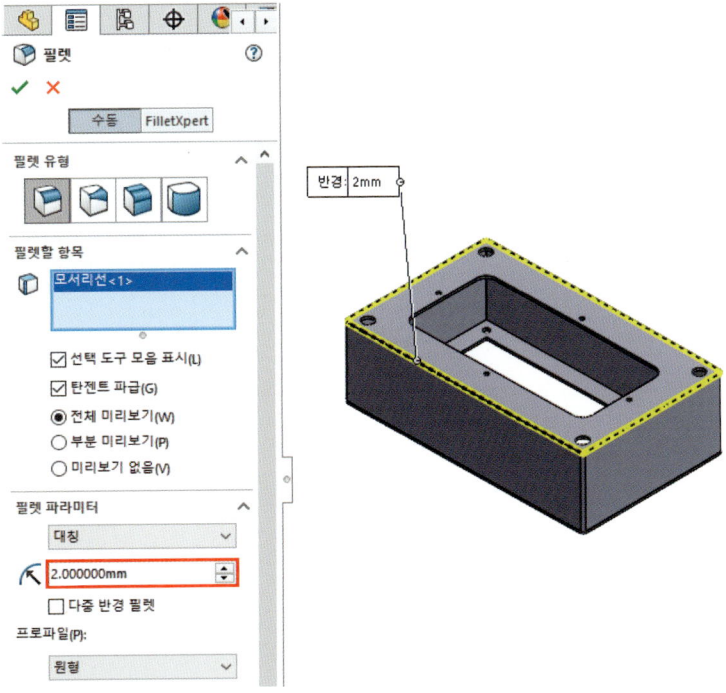

19 커버 모델링이 완료되었습니다.

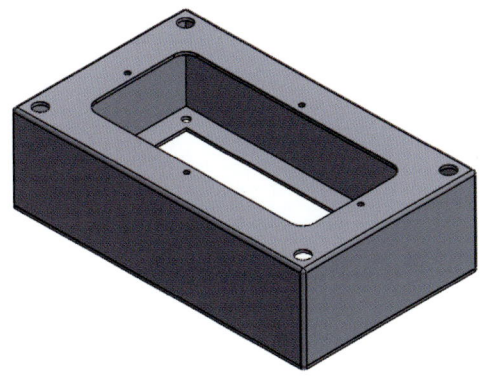

SECTION 08 하우징

01 예제 도면 및 학습 명령어

1 예제 도면

주서

도시되고 지시없는 모따기 C1,
필렛 및 라운드 R3

학습 명령어

* **스케치 :** 코너 사각형   중심 사각형   중심점 원
* **솔리드 :** 돌출   회전   쉘   구멍 가공 마법사

2 모델링 순서

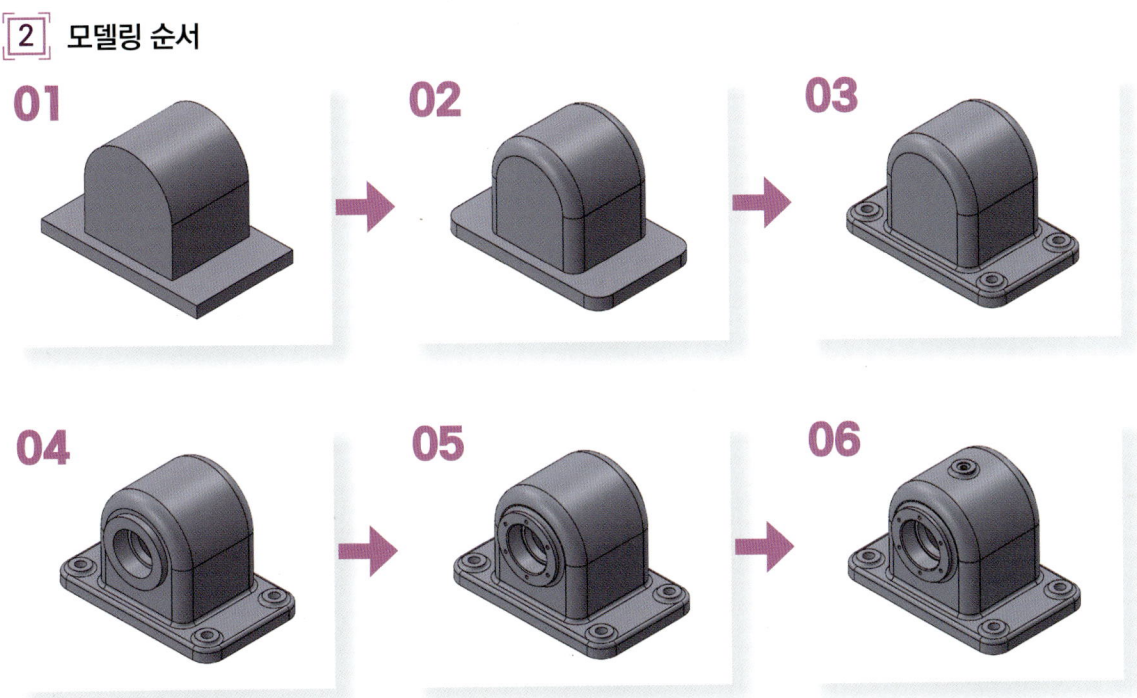

02 모델링 실습

01 측면도에 해당하는 평면에 다음과 같은 스케치를 작성합니다. (어느 평면에 작업하셔도 무방합니다.)

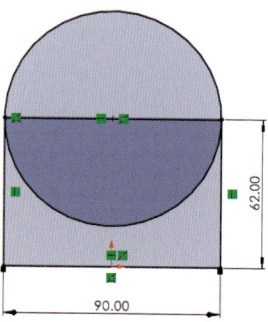

02 [돌출] 명령을 실행하고 다음과 같이 옵션 및 거리를 입력하여 형상을 작성합니다.
· 방향 : 중간 평면 / · 거리 : 80mm

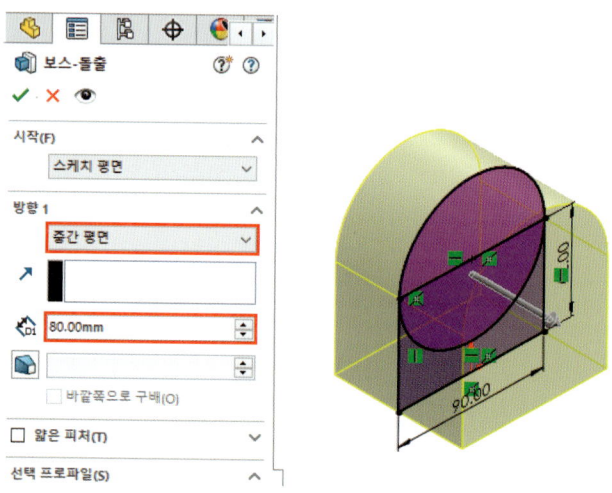

03 선택한 평면에 다음과 같이 스케치를 작성합니다.

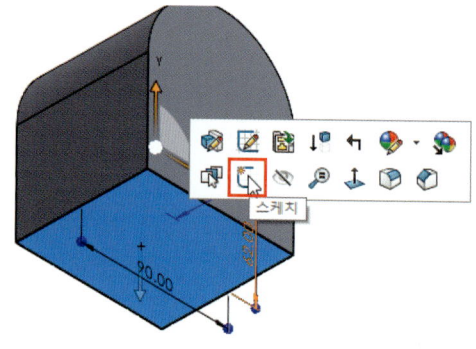
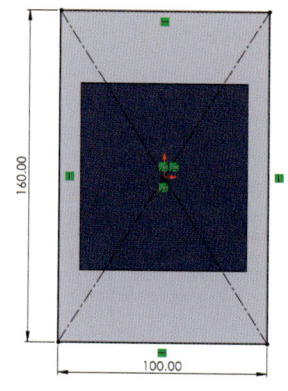

04 [돌출] 명령을 실행하고 다음과 같이 옵션 및 거리를 입력하여 형상을 작성합니다.

· 방향 : 블라인드 형태 / · 거리 : 12mm / · 바디 합치기(M) : 체크

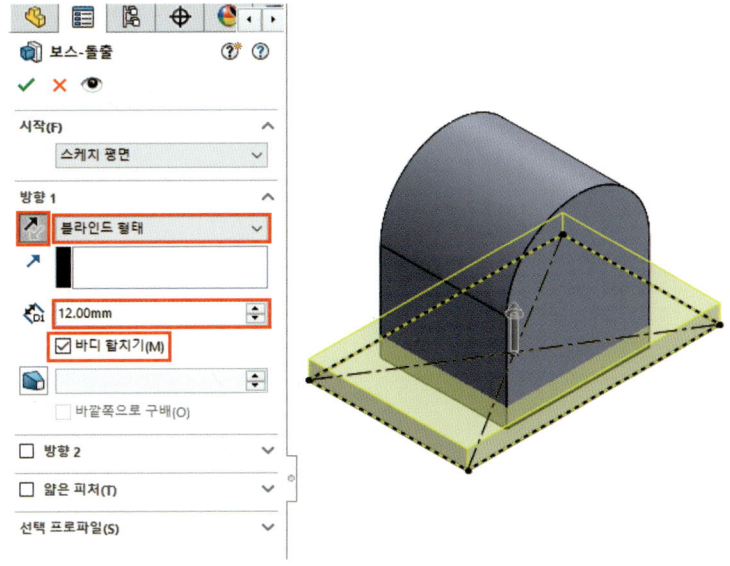

05 [필렛] 명령을 실행하고 다음과 같이 선택한 모서리에 11mm의 필렛을 작성합니다.

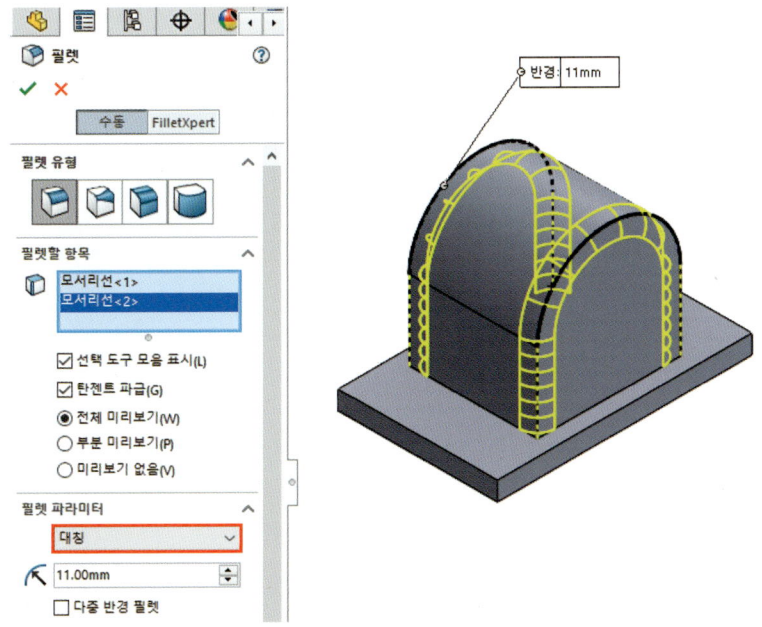

06 [쉘] 명령을 실행하고 다음과 같이 옵션 및 거리를 입력하여 형상을 작성합니다.

· 면 제거 : 바닥면 / · 두께 : 8mm / · 다중 두께 세팅 : 윗면 / · 두께 : 12mm

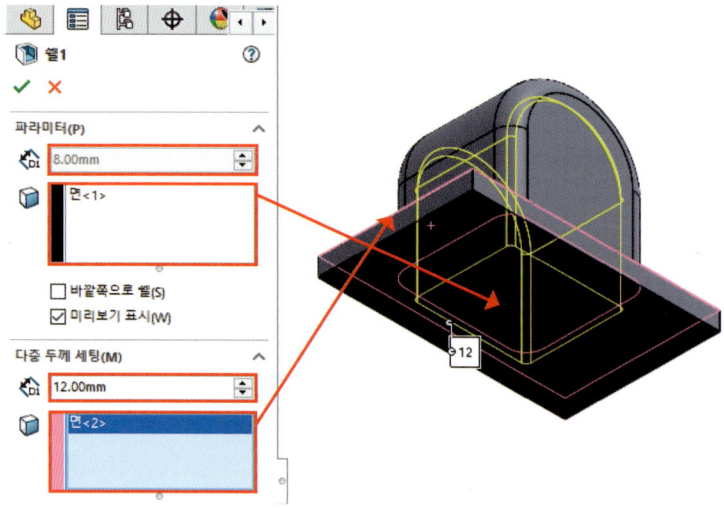

07 [필렛] 명령을 실행하고 다음과 같이 선택한 모서리에 15mm의 필렛을 작성합니다.

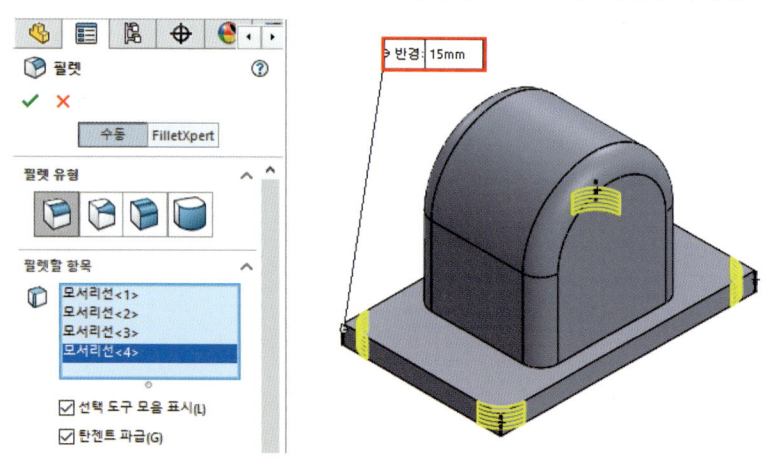

08 선택한 평면에 다음과 같이 스케치를 작성합니다.

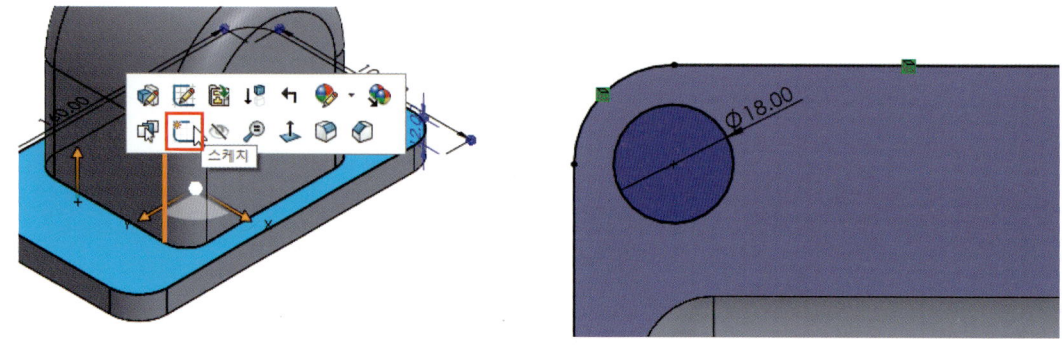

09 [돌출] 명령을 실행하고 다음과 같이 옵션 및 거리를 입력하여 형상을 작성합니다.

· 방향 : 블라인드 형태 / · 거리 : 3mm / · 바디 합치기(M) : 체크

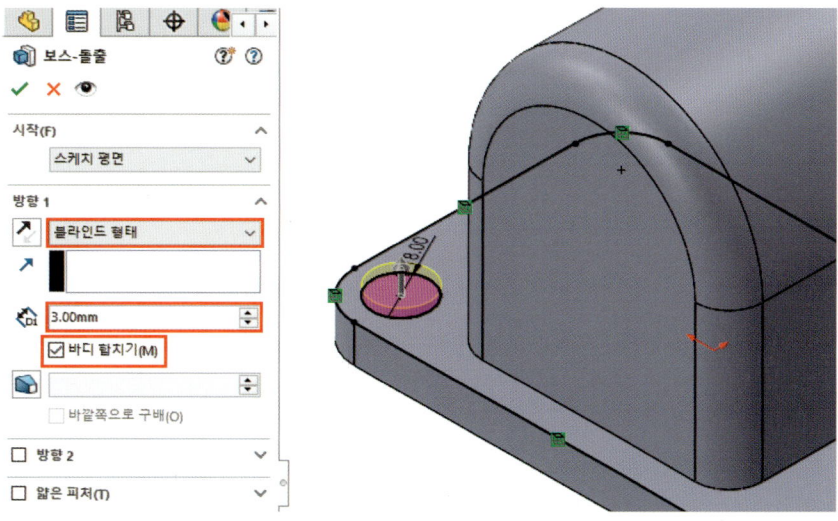

10 [구멍 가공 마법사] 명령을 실행하고 [위치] 탭에서 선택한 평면에 다음과 같이 스케치를 작성합니다.

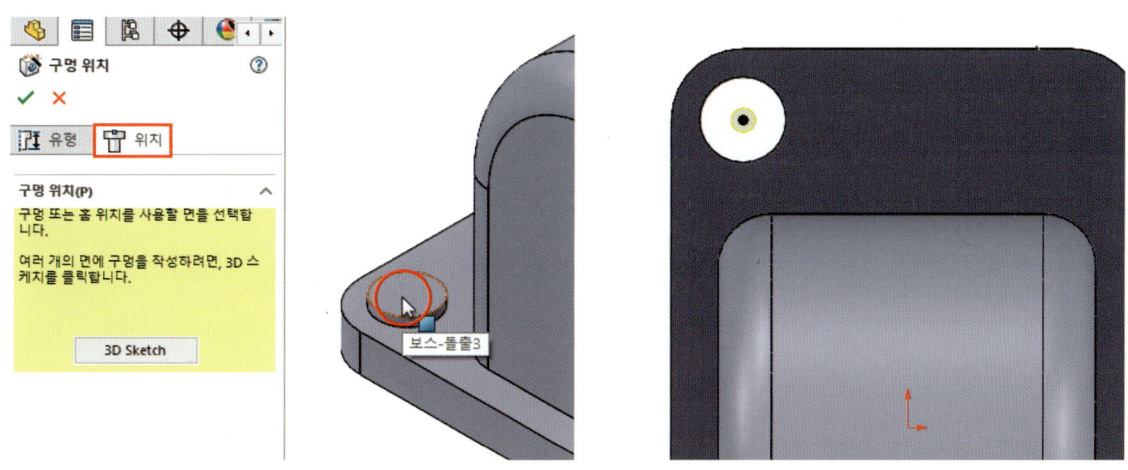

PART 5 응용 3D 형상 모델링 199

11 [유형] 탭에서 다음과 같이 옵션 및 크기를 입력하여 형상을 작성합니다.

· 구멍 유형 : 구멍 / · 표준 규격 : KS / · 유형 : 드릴 크기 / · 구멍 크기 : 9mm / · 마침 조건 : 관통

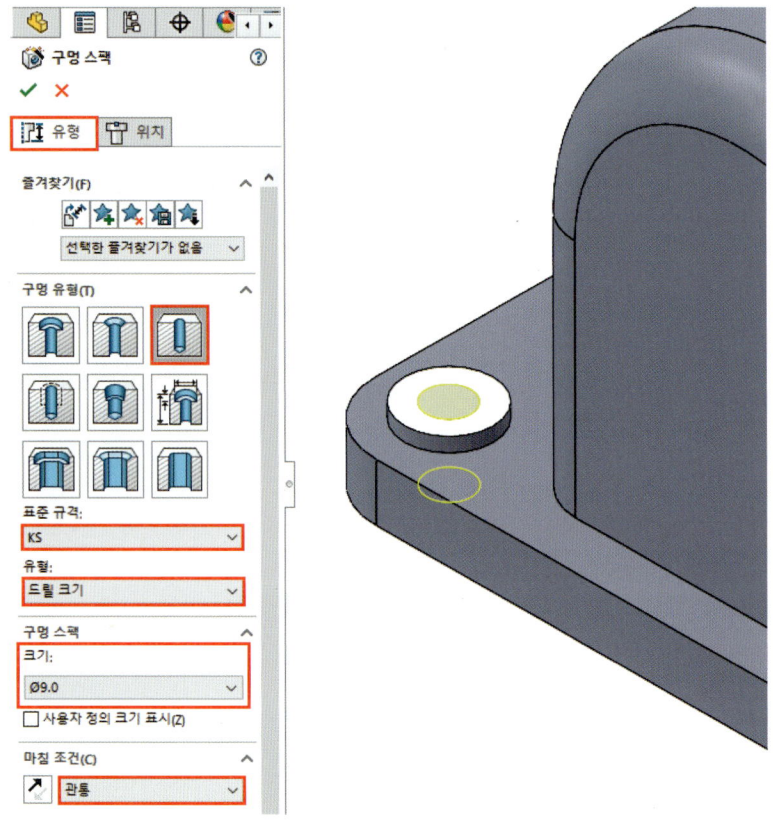

12 [선형 패턴] 명령을 실행하고 다음과 같이 옵션 및 거리를 입력하여 형상을 작성합니다.

· 방향 1 거리 : 70mm / · 방향 1 수량 : 2개 / · 방향 2 거리 : 130mm / · 방향 2 수량 : 2개

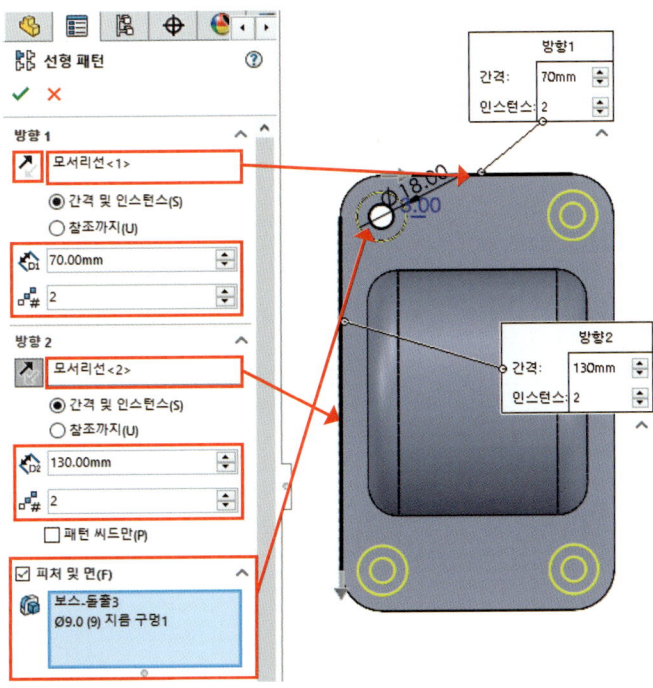

13 [필렛] 명령을 실행하고 다음과 같이 선택한 모서리에 3mm의 필렛을 작성합니다.

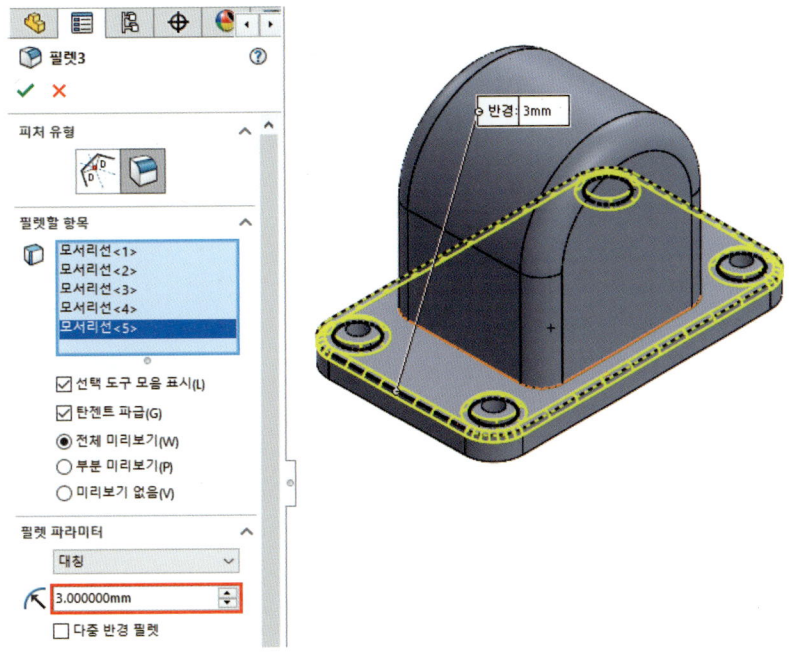

PART 5 응용 3D 형상 모델링　　201

14 [필렛] 명령을 실행하고 다음과 같이 선택한 모서리에 3mm의 필렛을 작성합니다.

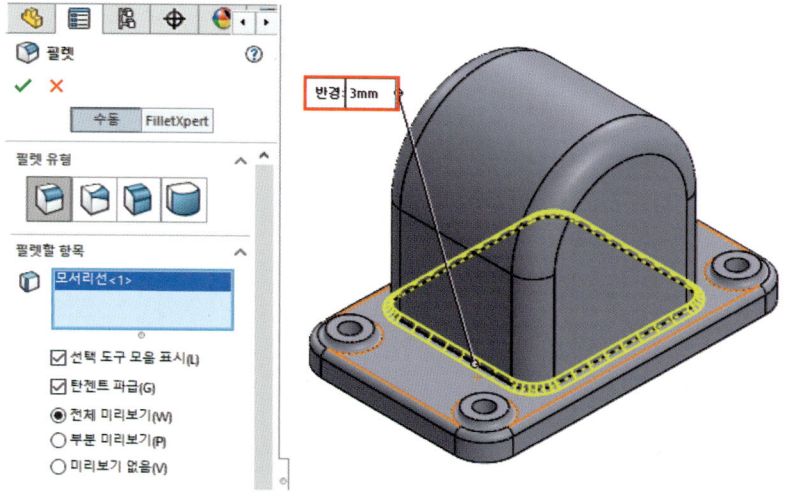

15 선택한 평면에 다음과 같이 스케치를 작성합니다.

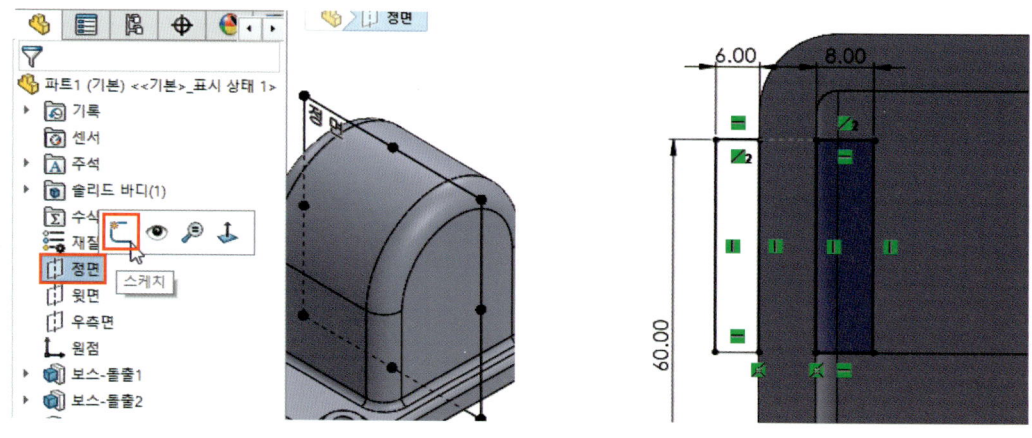

16 [회전] 명령을 실행하고 다음과 같이 옵션 및 거리를 입력하여 형상을 작성합니다.

· 방향 : 블라인드 형태 / · 각도 : 360도 / · 바디 합치기(M) : 체크

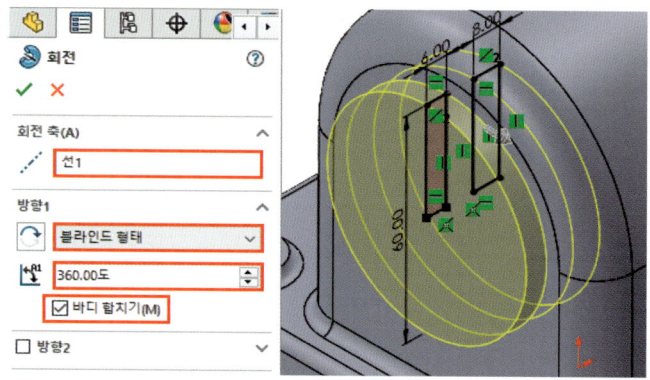

17 선택한 평면에 다음과 같이 스케치를 작성합니다.

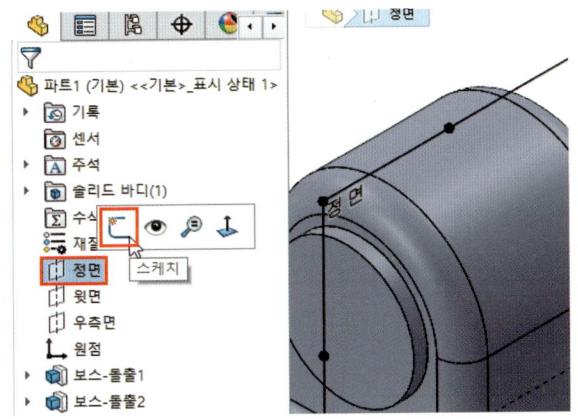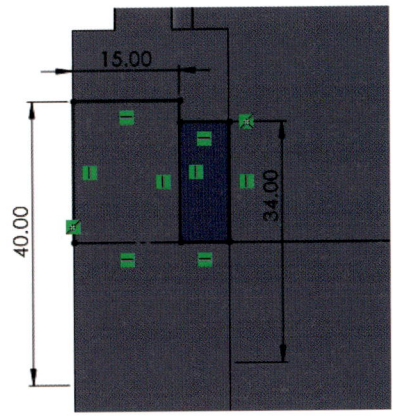

18 [회전 컷] 명령을 실행하고 다음과 같이 옵션 및 거리를 입력하여 형상을 작성합니다.

· 방향 : 블라인드 형태 / · 각도 : 360도

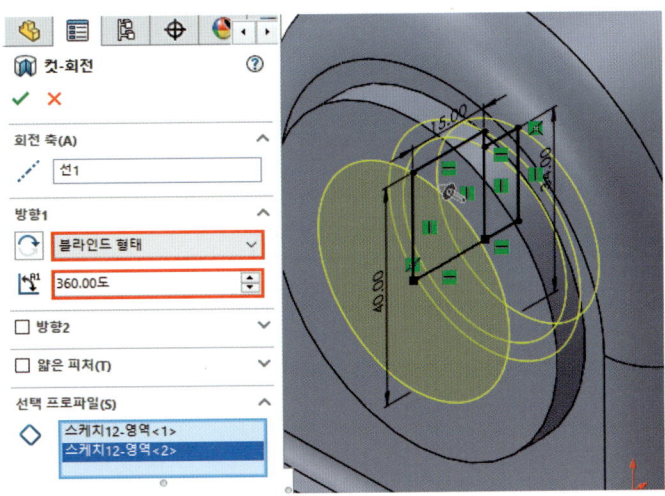

19 [구멍 가공 마법사] 명령을 실행하고 [위치] 탭에서 선택한 평면에 다음과 같이 스케치를 작성합니다.

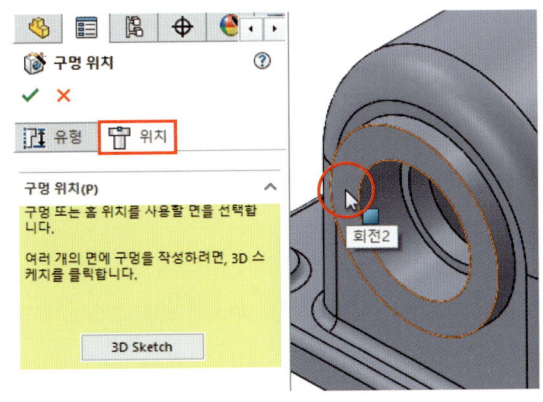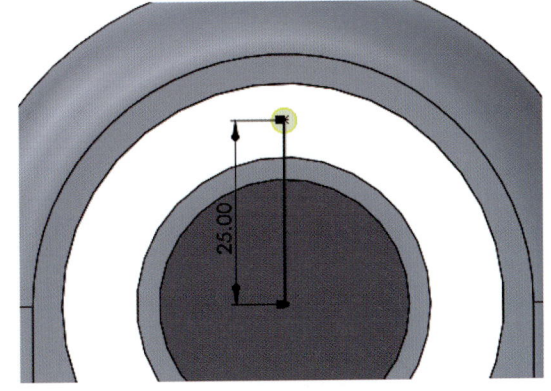

PART 5 응용 3D 형상 모델링   203

20 [유형] 탭에서 다음과 같이 옵션 및 크기를 입력하여 형상을 작성합니다.

· 구멍 유형 : 직선 탭 / · 표준 규격 : KS / · 유형 : 탭 구멍 / · 크기 : M4 / · 마침 조건 : 블라인드 형태
· 구멍 깊이 : 12mm / · 나사산 깊이 : 10mm

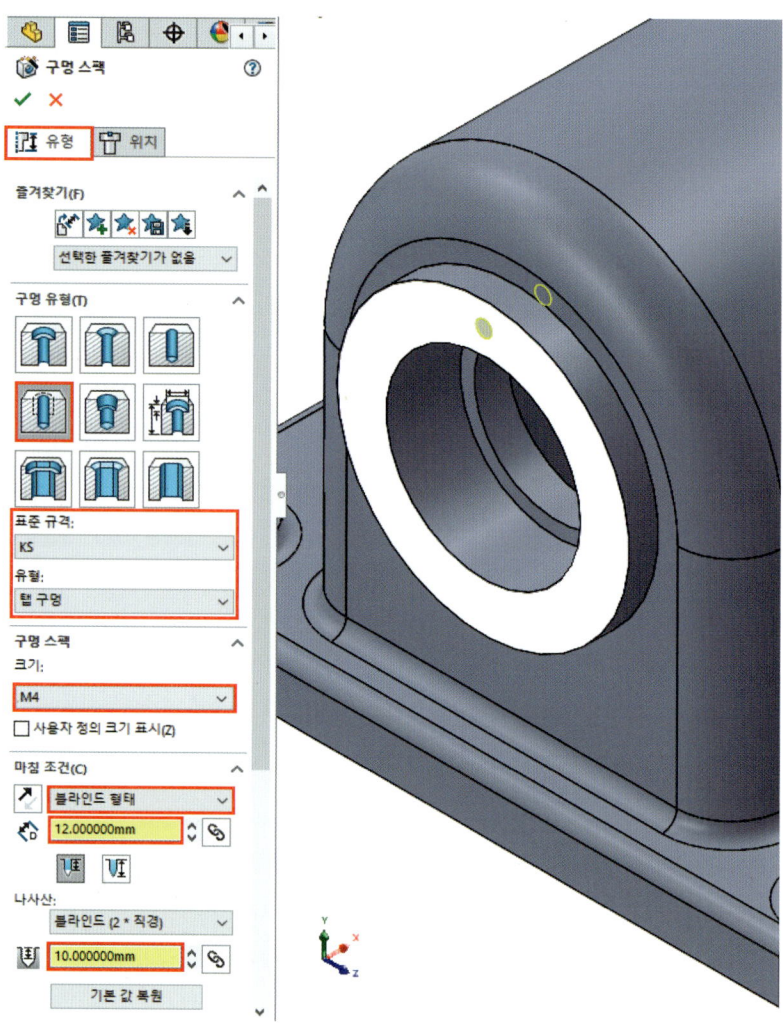

21 [원형 패턴] 명령을 실행하고 다음과 같이 옵션 및 거리를 입력하여 형상을 작성합니다.

· 피처 유형 : 피처 및 면 / · 간격 유형 : 동등 간격 / · 각도 : 360도 / · 수량 : 6개

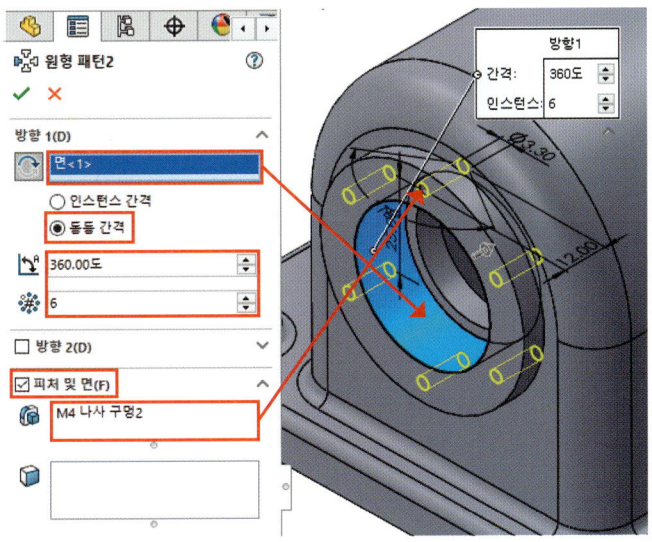

22 [모따기] 명령을 실행하고 선택한 모서리에 1mm의 모따기를 작성합니다.

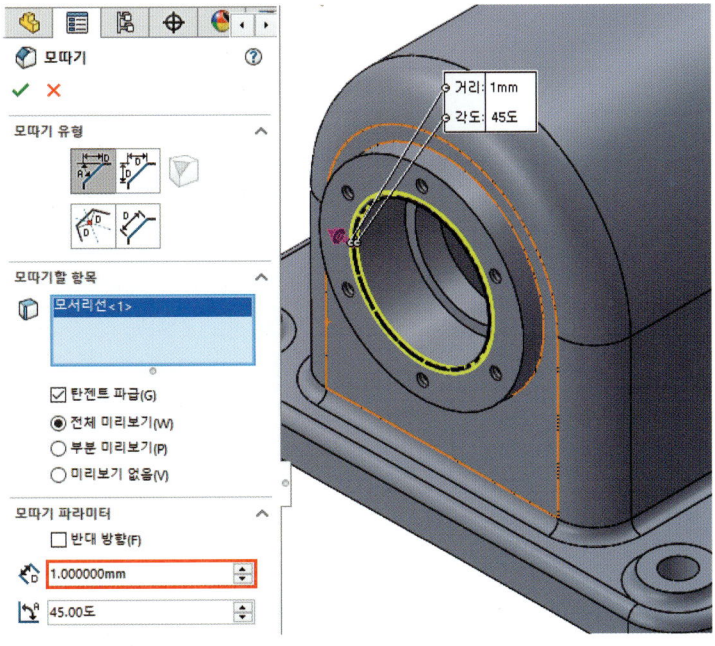

PART 5 응용 3D 형상 모델링   205

23 [필렛] 명령을 실행하고 다음과 같이 선택한 모서리에 0.5mm의 필렛을 작성합니다.

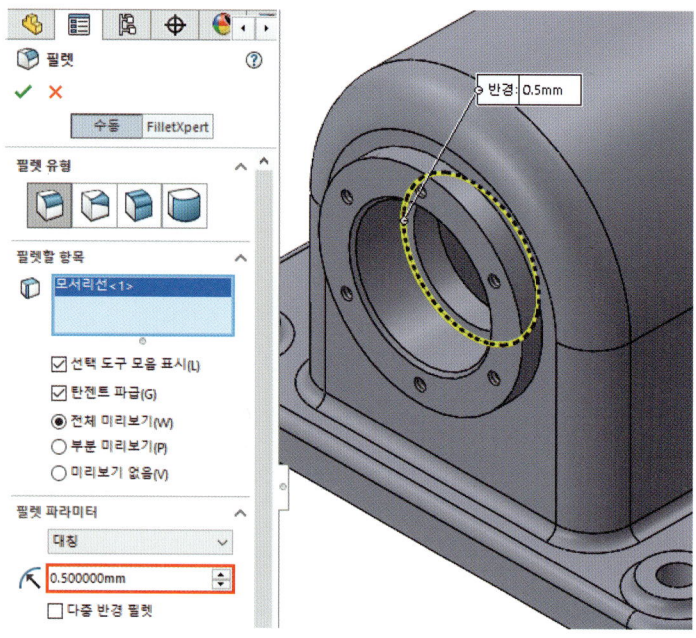

24 [대칭 복사] 명령을 실행하고 다음과 같이 옵션 및 대칭 복사 평면을 입력하여 형상을 작성합니다.

· 대칭 복사 유형 : 피처

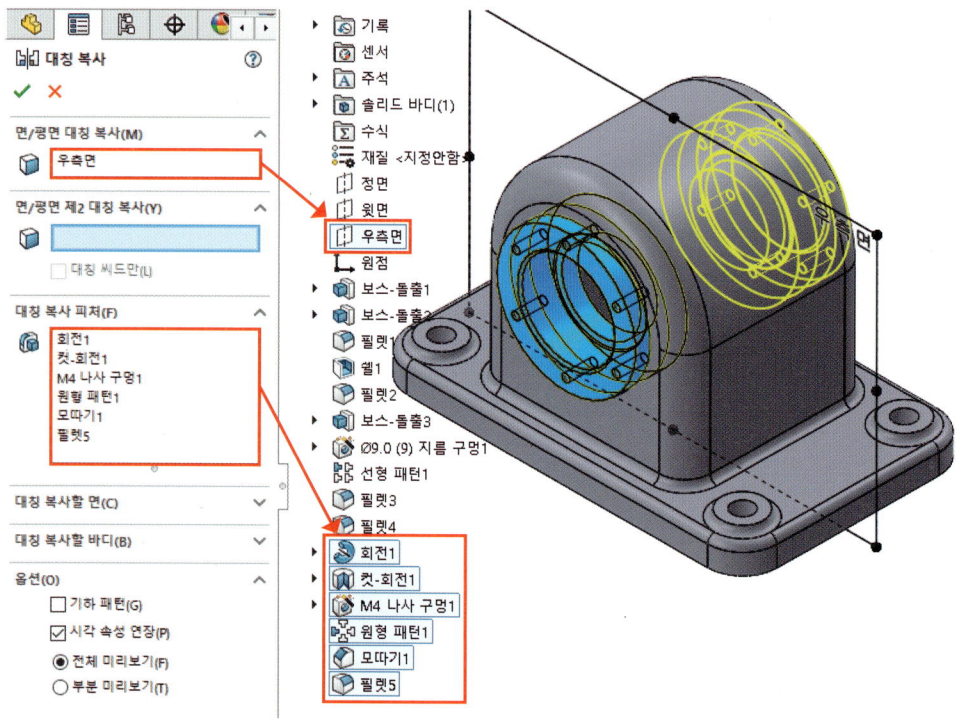

25 [필렛] 명령을 실행하고 다음과 같이 선택한 모서리에 3mm의 필렛을 작성합니다.

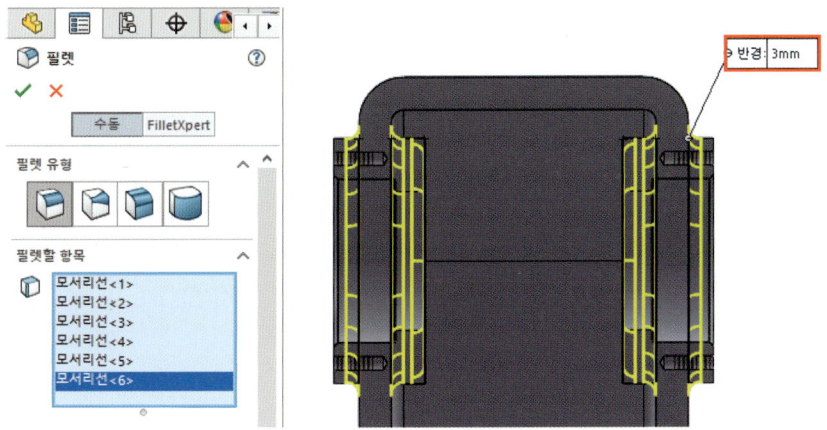

26 [스케치1]을 클릭하여 다음과 같이 스케치를 편집합니다.

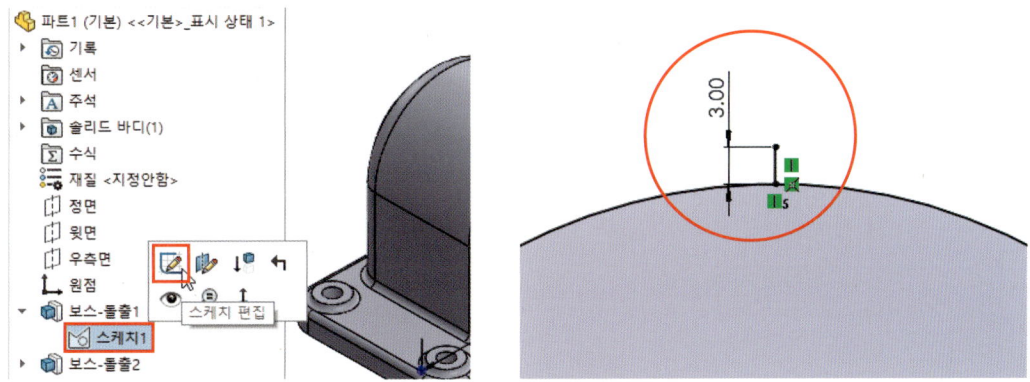

27 [스케치1]의 가시성을 켠 후 [기준면] 명령으로 다음과 같이 점과 축을 선택하여 점을 통과하고 축에 수직한 평면을 작성합니다.

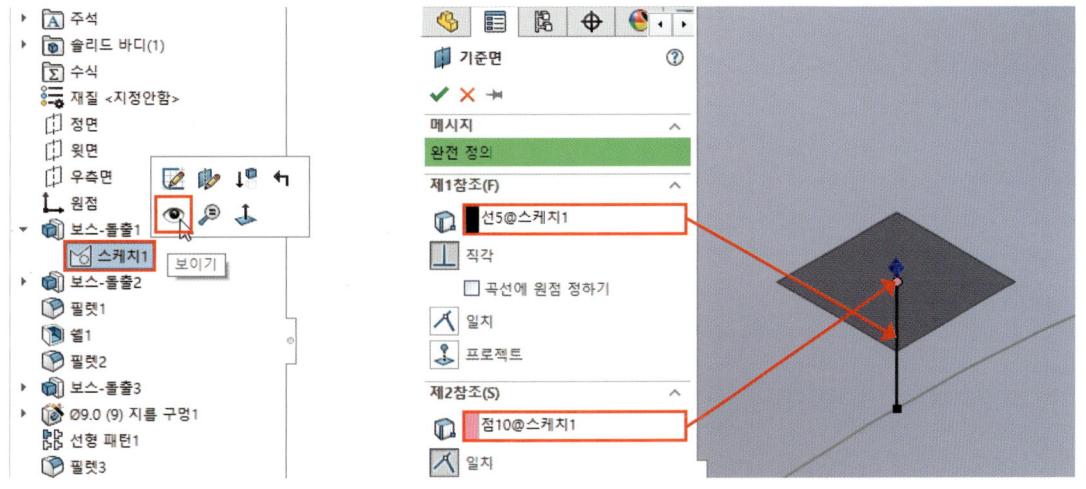

PART 5 응용 3D 형상 모델링   207

28 선택한 평면에 다음과 같이 스케치를 작성합니다.

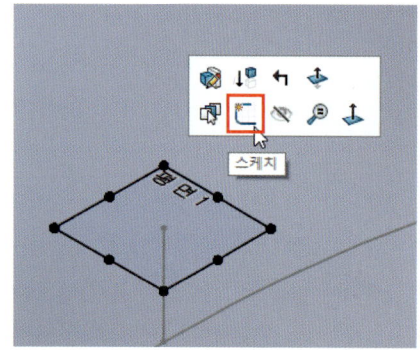 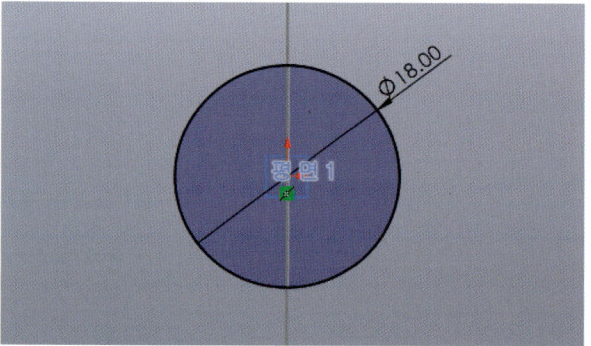

29 [돌출] 명령을 실행하고 다음과 같이 옵션 및 거리를 입력하여 형상을 작성합니다.

· 방향 : 곡면까지 / · 바디 합치기(M) : 체크

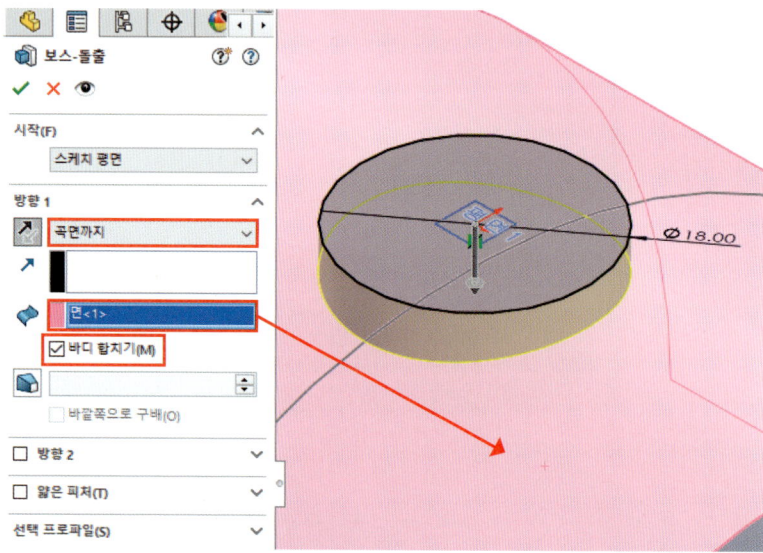

30 선택한 평면에 다음과 같이 스케치를 작성합니다.

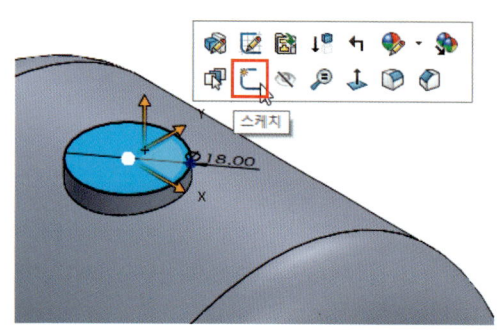 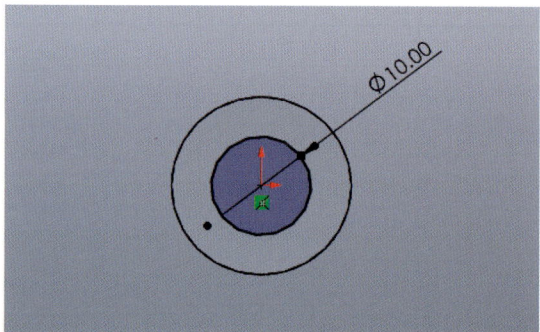

31 [돌출 컷] 명령을 실행하고 다음과 같이 옵션 및 거리를 입력하여 형상을 작성합니다.

· 방향 : 블라인드 형태 / · 거리 : 1mm

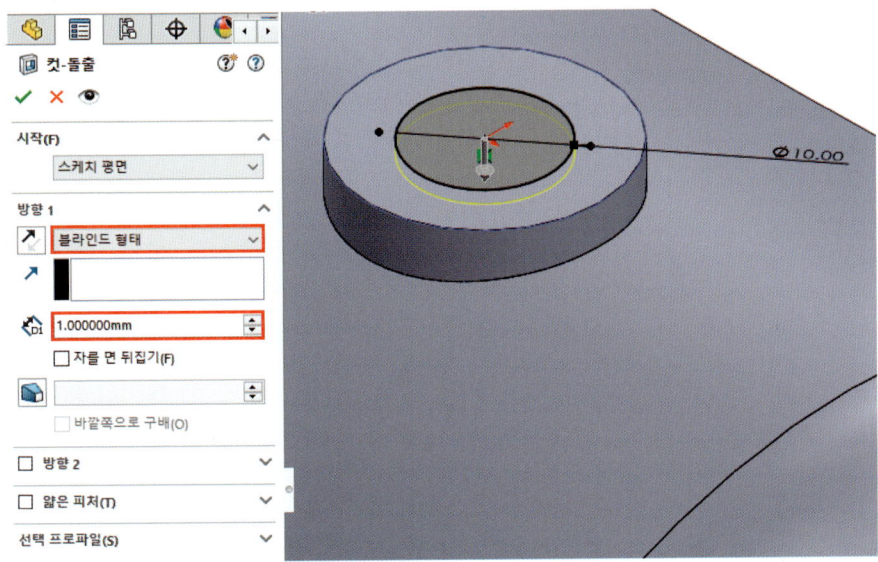

32 [구멍 가공 마법사] 명령을 실행하고 [위치] 탭에서 선택한 평면에 다음과 같이 스케치를 작성합니다.

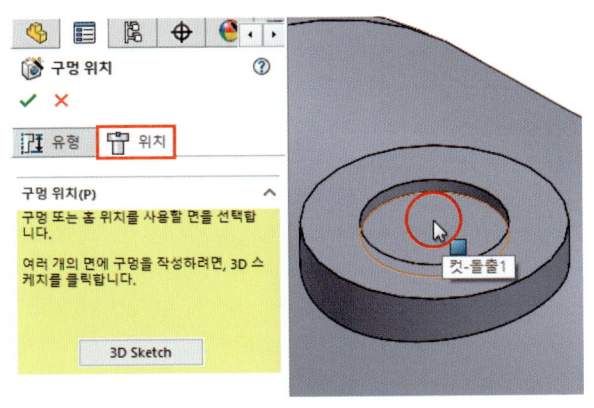
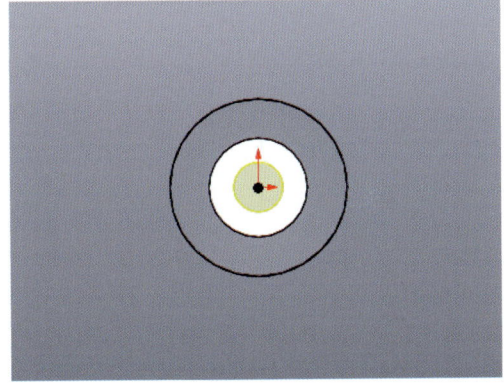

PART 5 응용 3D 형상 모델링

33 [유형] 탭에서 다음과 같이 옵션 및 크기를 입력하여 형상을 작성합니다.
· 구멍 유형 : 직선 탭 / · 표준 규격 : KS / · 유형 : 탭 구멍 / · 크기 : M6
· 마침 조건 : 관통 / · 나사산 : 관통

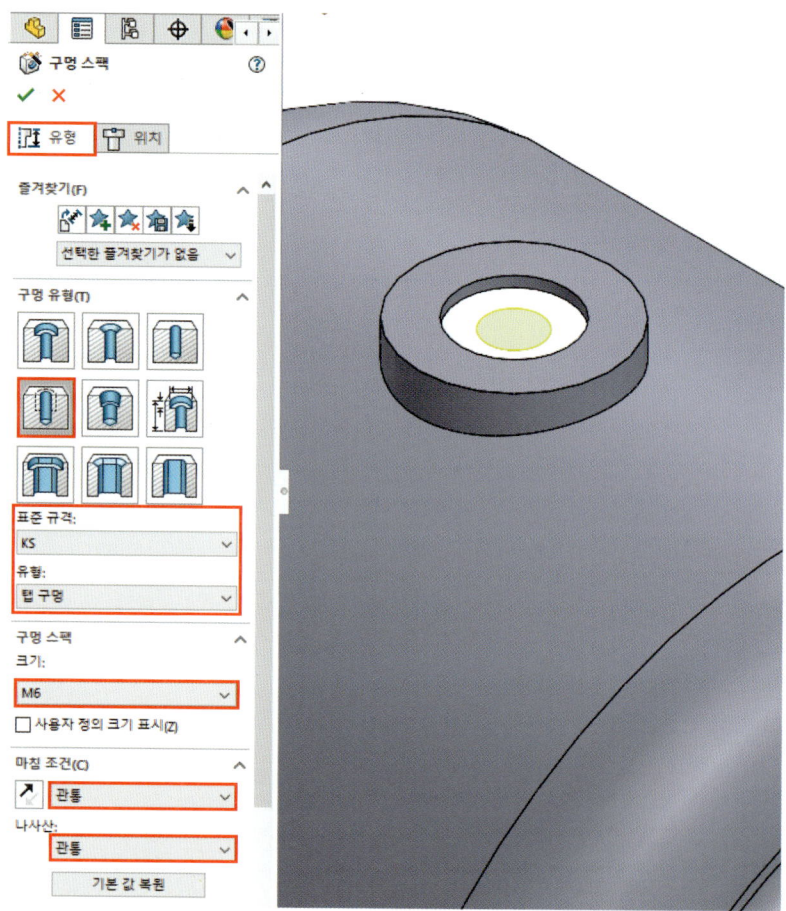

34 [필렛] 명령을 실행하고 다음과 같이 선택한 모서리에 3mm의 필렛을 작성합니다.

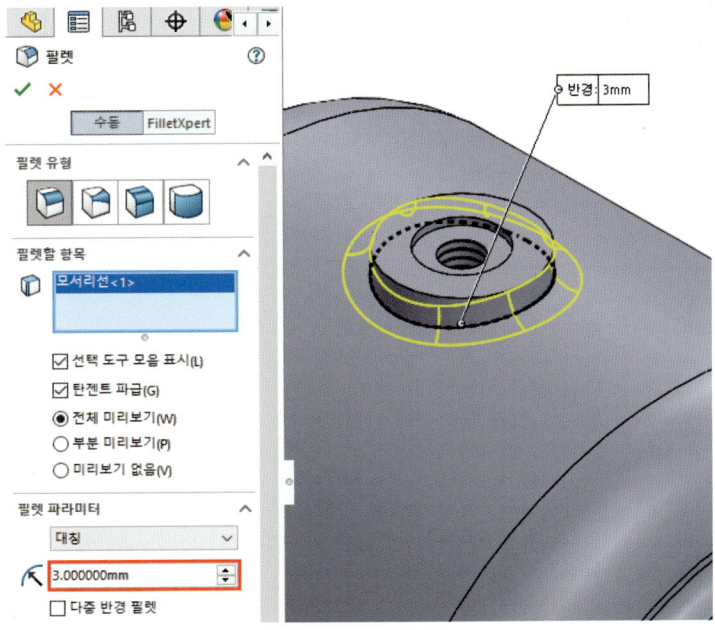

35 하우징 모델링이 완료되었습니다.

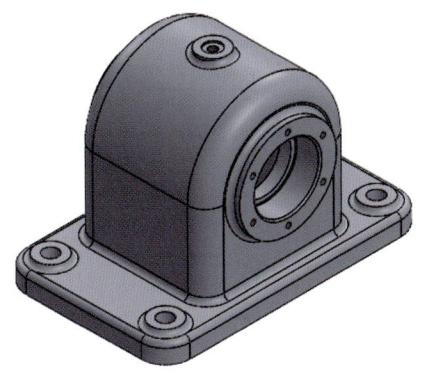

PART 5 응용 3D 형상 모델링 211

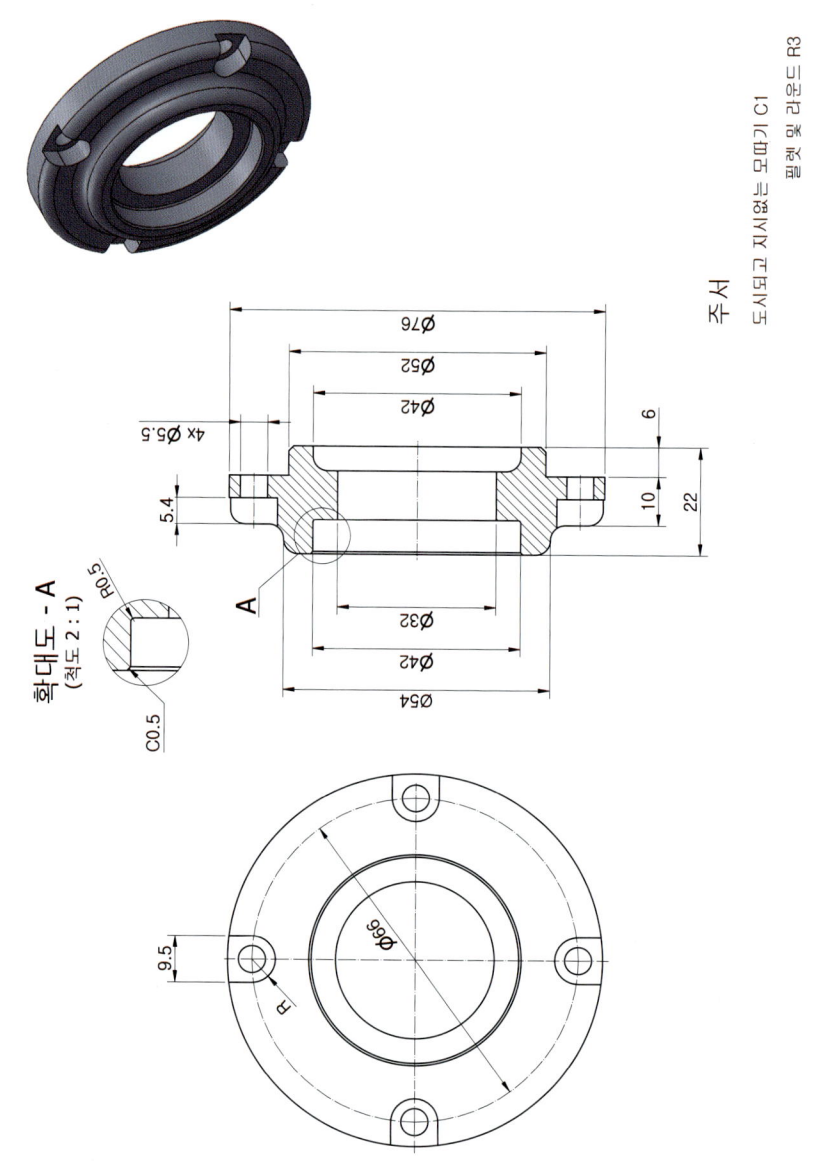

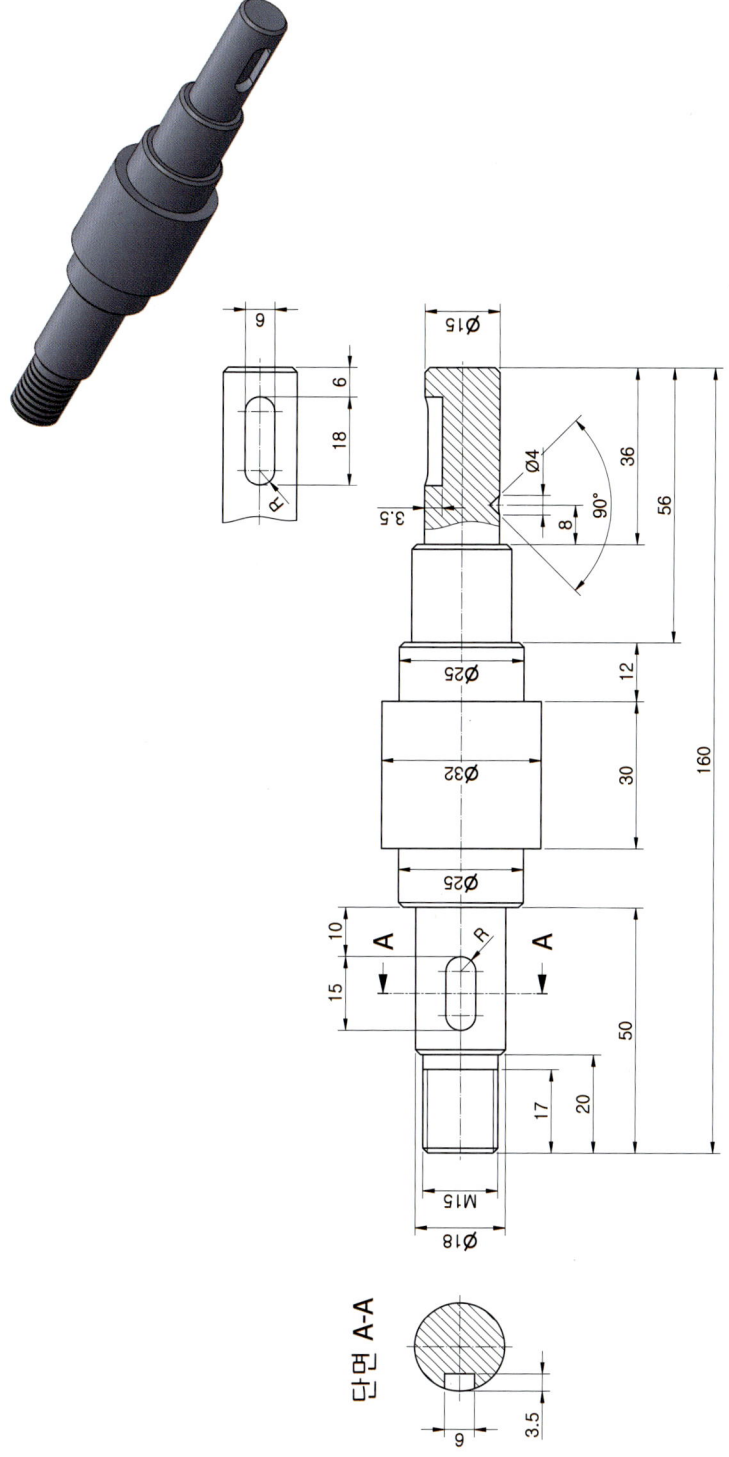

PART 5 응용 3D 형상 모델링

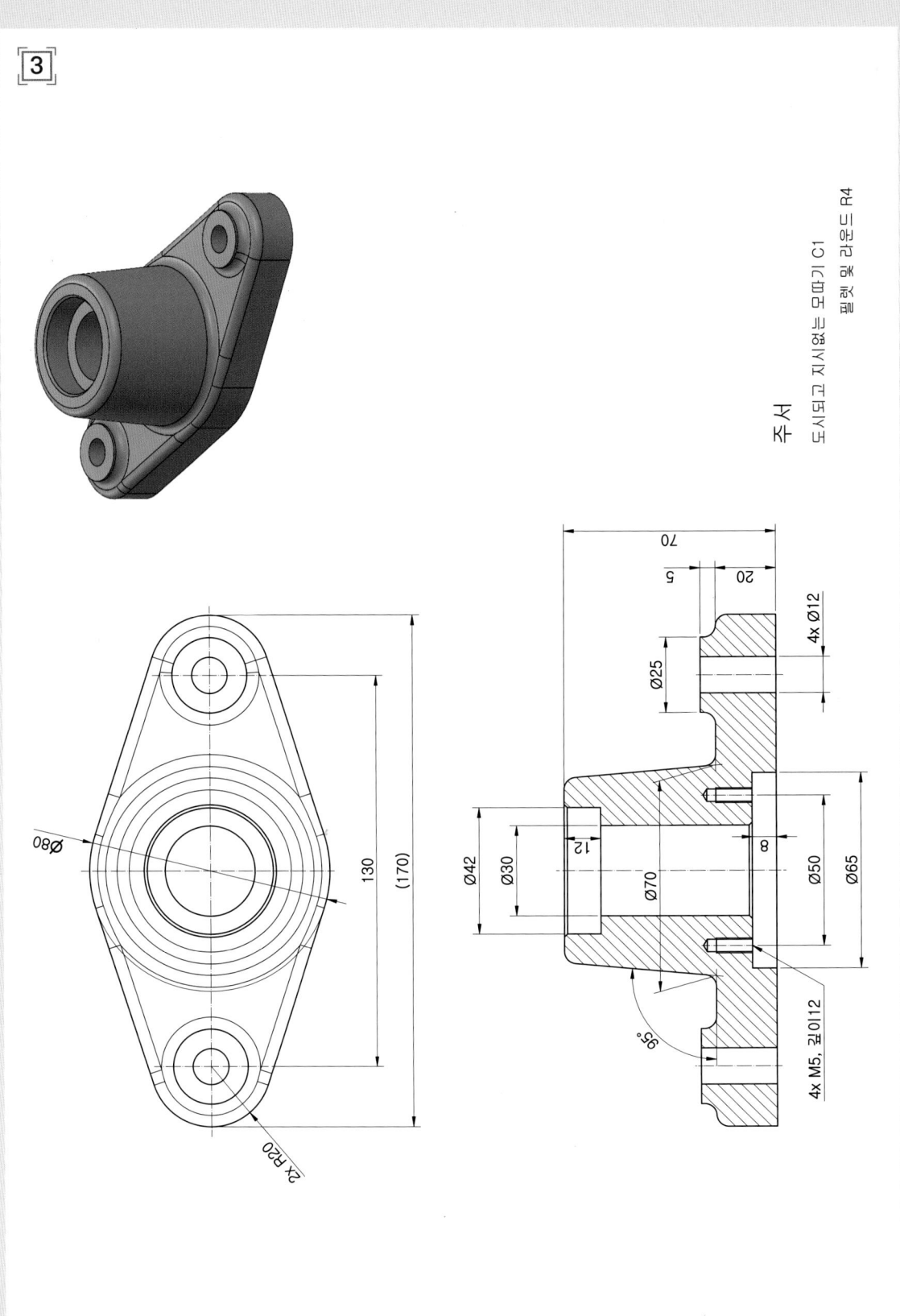

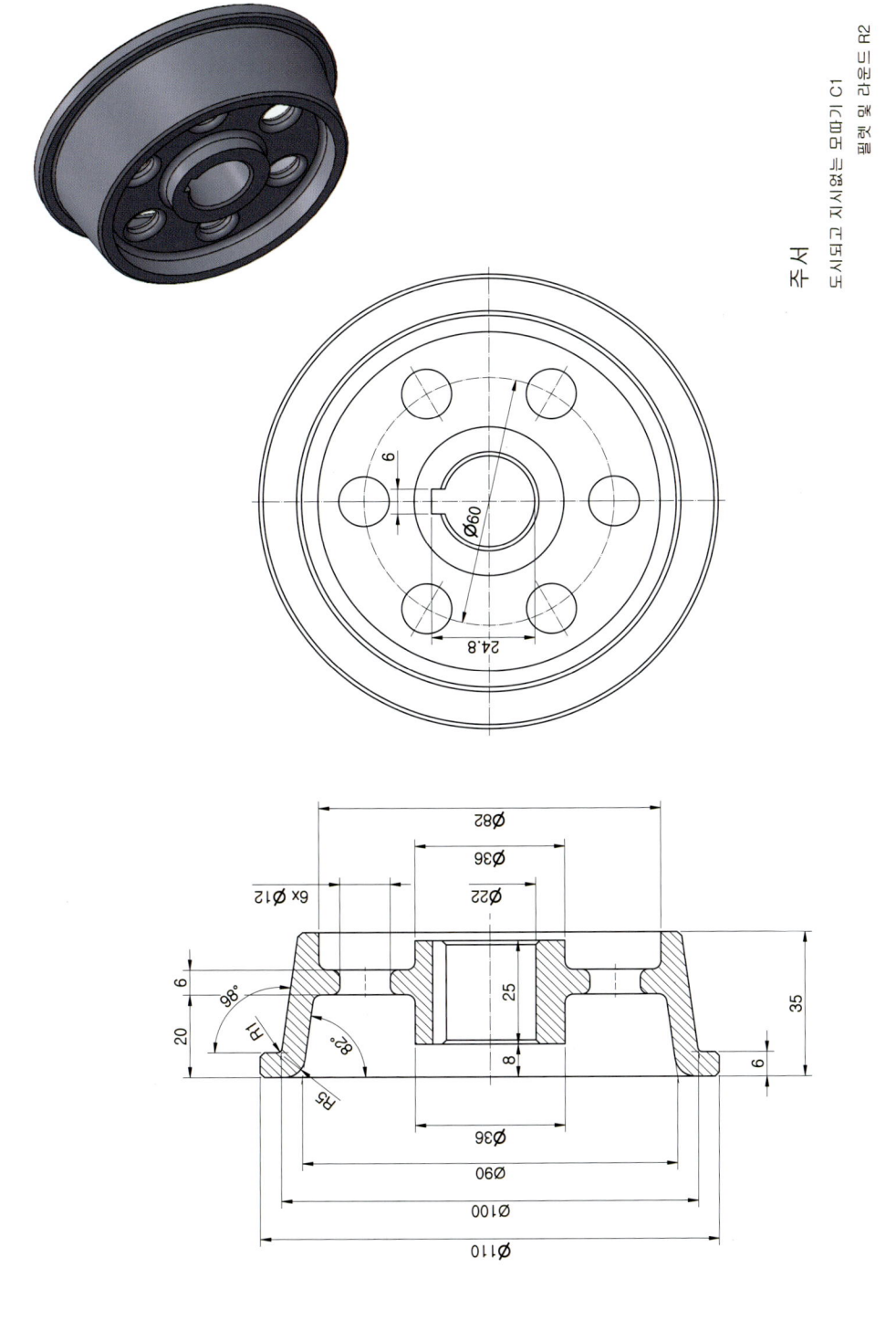

5️⃣

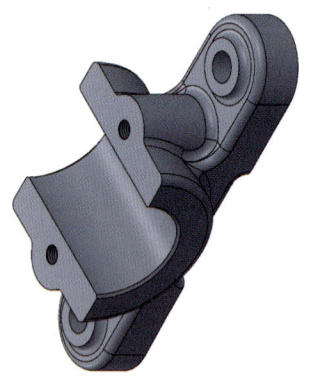

주서
도시되고 지시없는 모따기 C1
필렛 및 라운드 R3

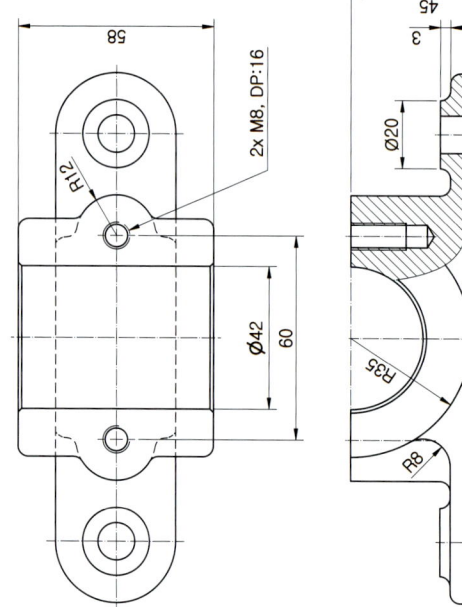
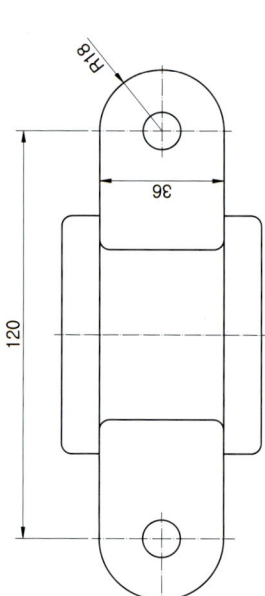

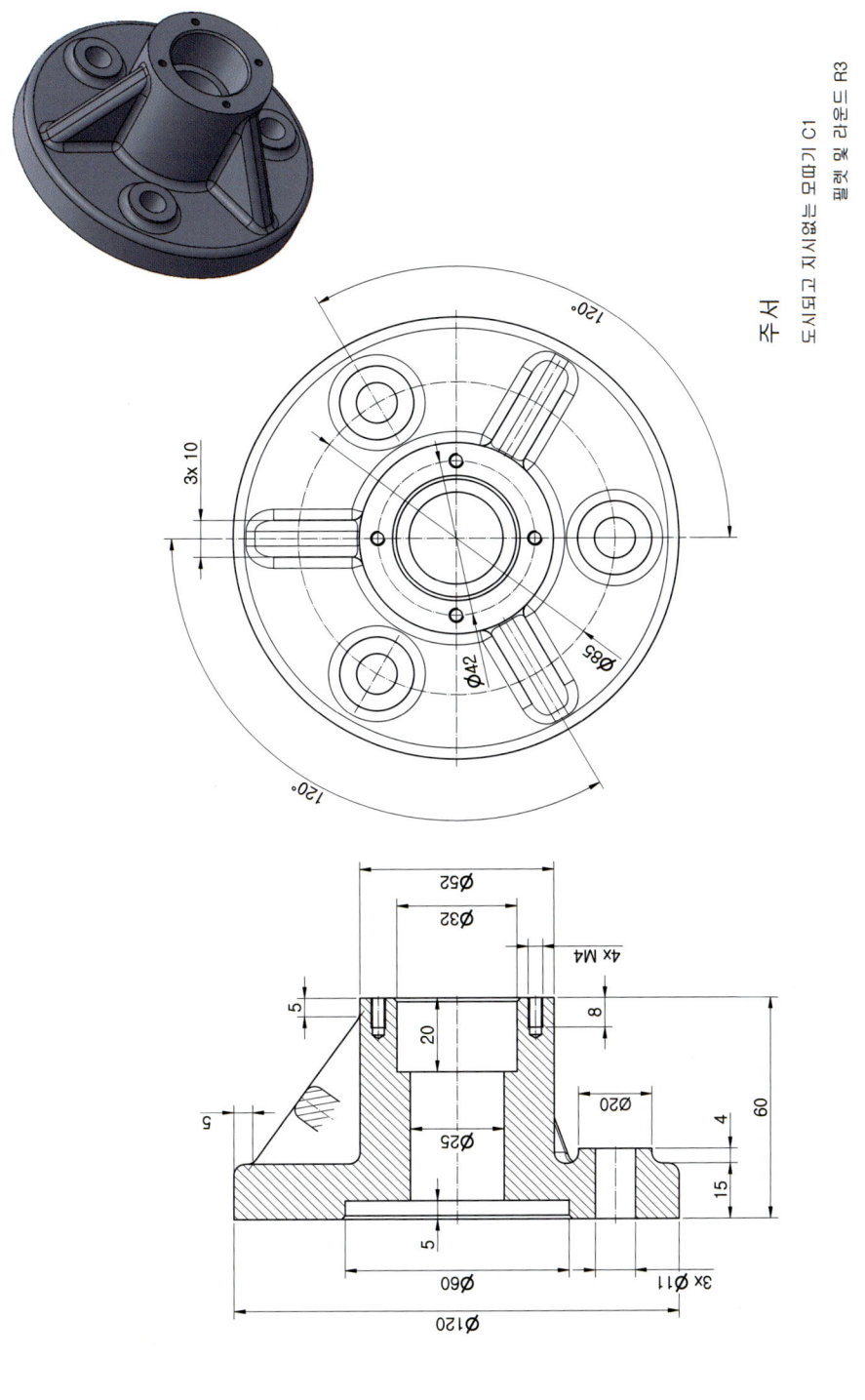

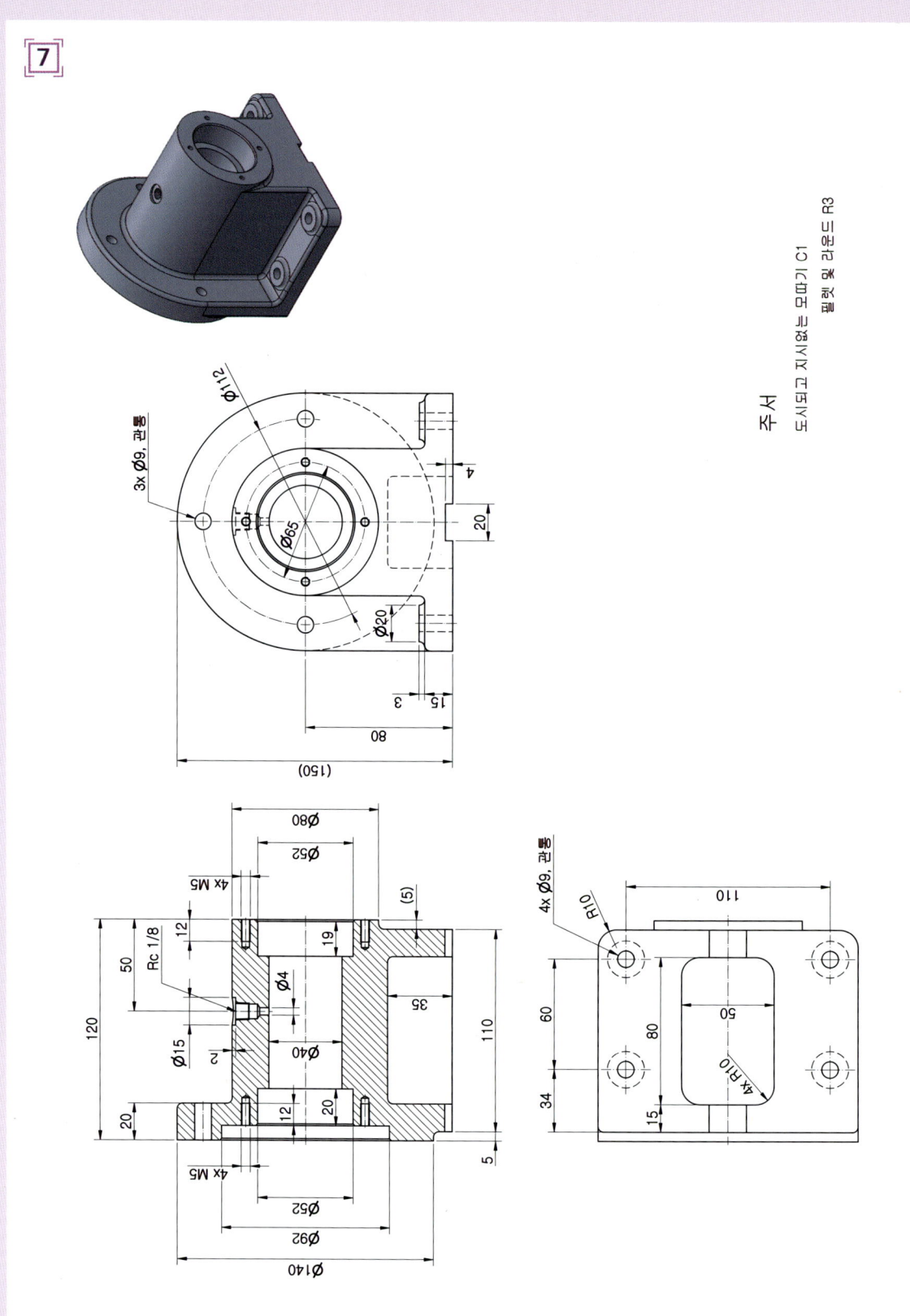

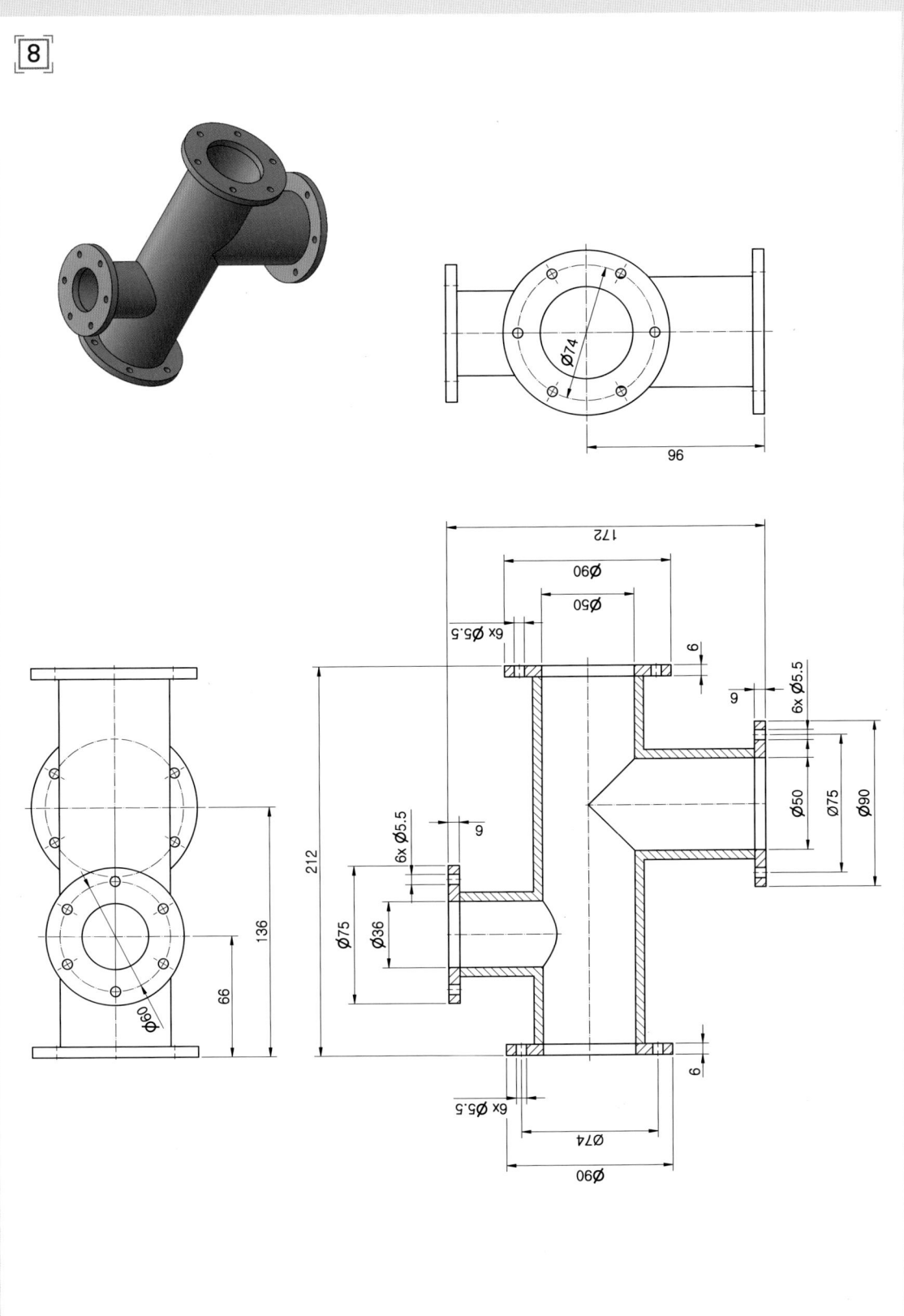

Section 1	3D 형상 모델링 검토	----------	222
Section 2	수식	----------	233

CHAPTER.06

3D 형상 모델링 검토 및 수식

SECTION 01

3D 형상 모델링 검토

01 측정

측정은 파트, 어셈블리, 도면 환경에서 점, 모서리, 면 등을 선택하여 형상의 크기나 형상 또는 파트 간의 거리 등의 값을 확인할 수 있는 명령이며, 여러 측정 값도 합산하여 확인할 수 있습니다.

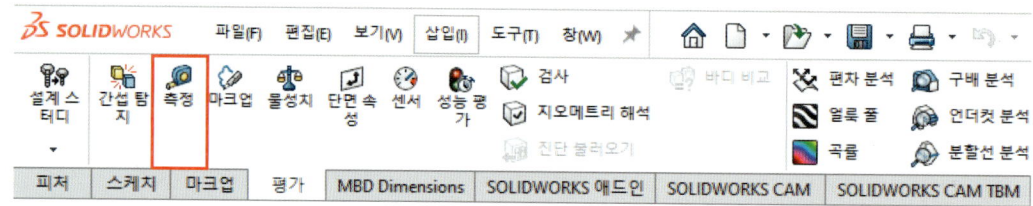

- 모서리를 선택하여 길이 확인

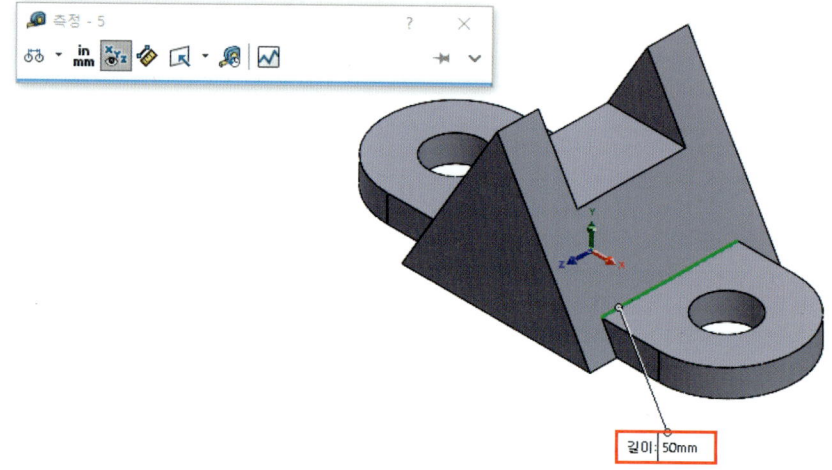

- 면을 선택하여 둘레와 면적 확인

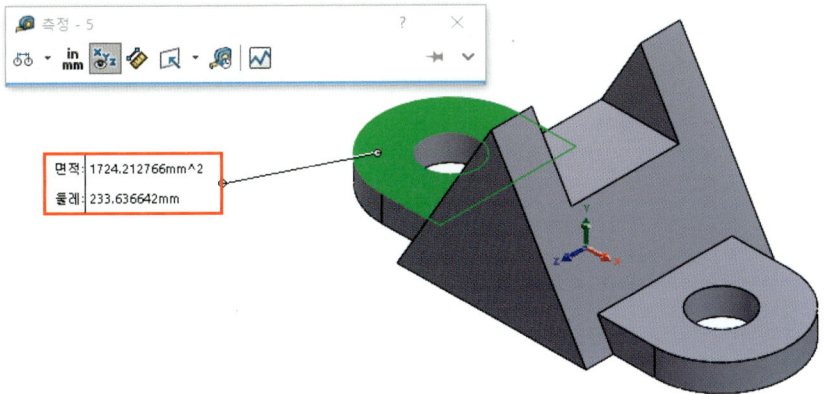

- 면과 면을 선택하여 거리 확인

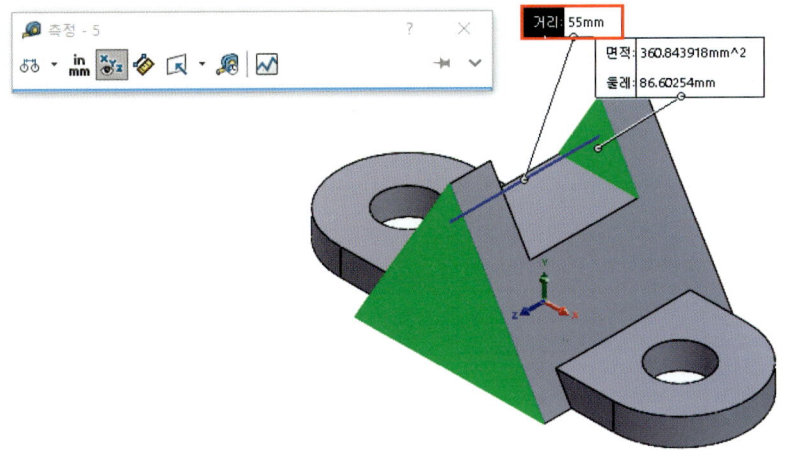

- 면과 면을 선택하여 각도 확인

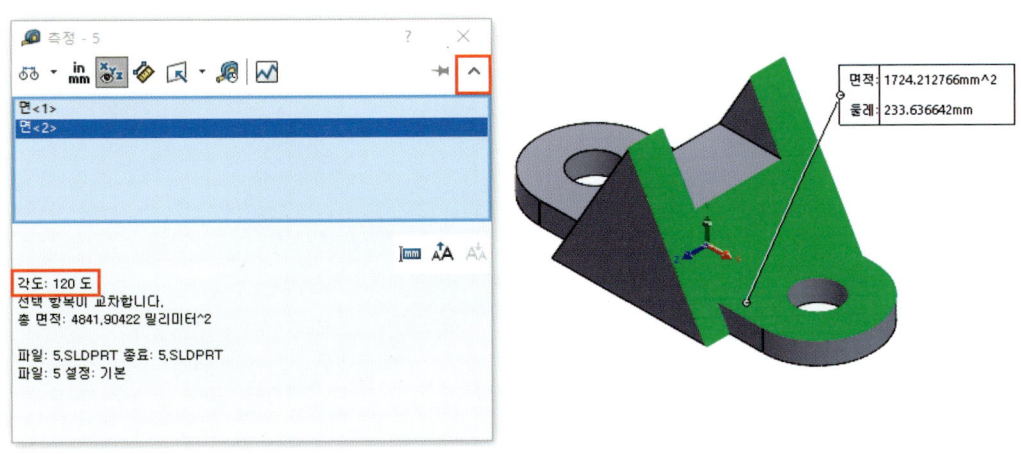

- 점과 점을 선택하여 거리 확인

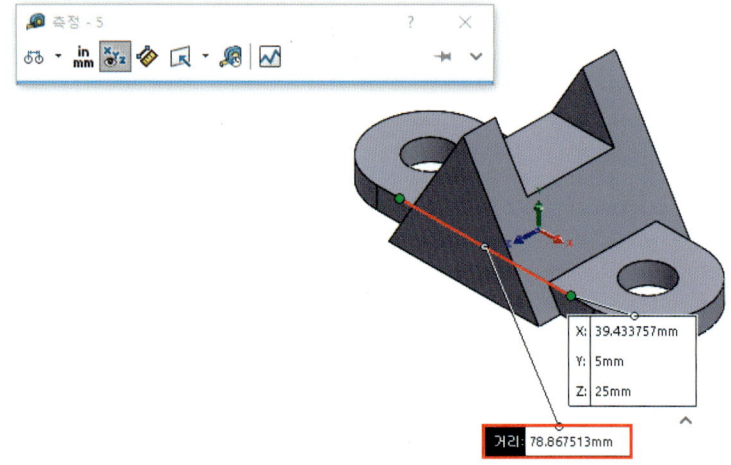

- 호를 선택하여 반지름 확인

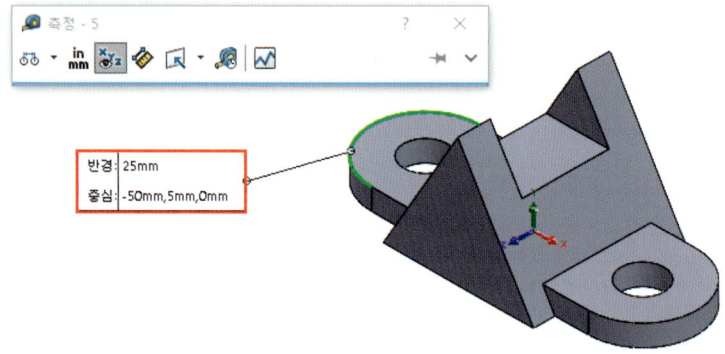

- 원을 선택하여 지름 확인

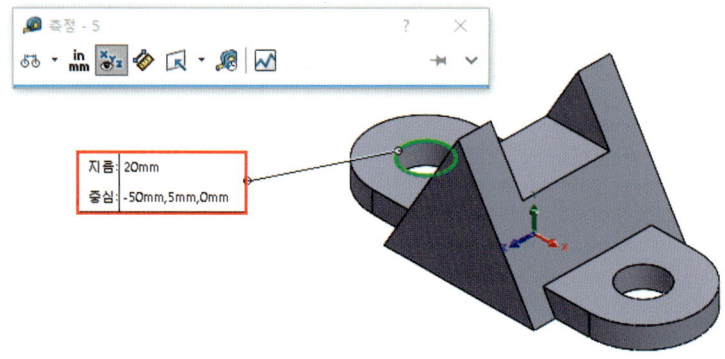

- 원통과 원통을 선택하여 중심 거리 확인

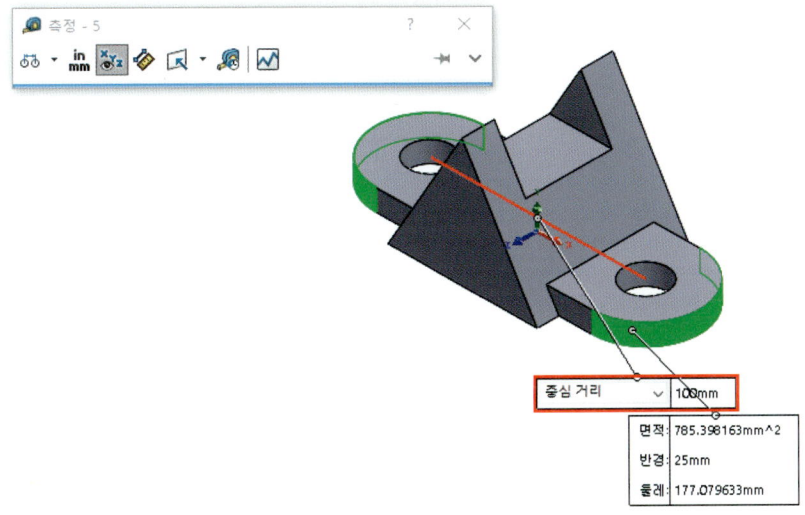

TIP

파트나 어셈블리를 측정할 때 원하는 요소 선택이 어려운 경우 [다른 요소 선택하기]를 활용해 원하는 요소를 선택할 수 있습니다.

02 물성치

물성치에서는 파트 또는 어셈블리 환경에서 작성한 파트의 질량, 면적, 체적 등의 물리적 특성을 확인할 수 있습니다.

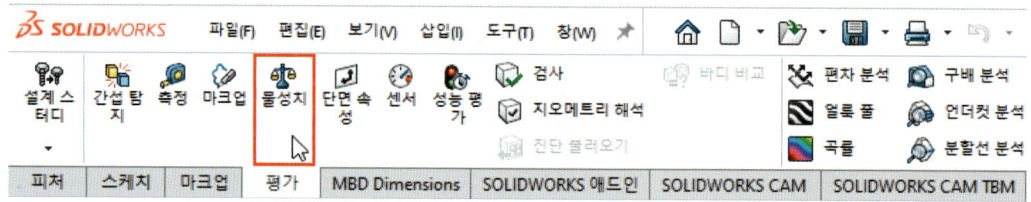

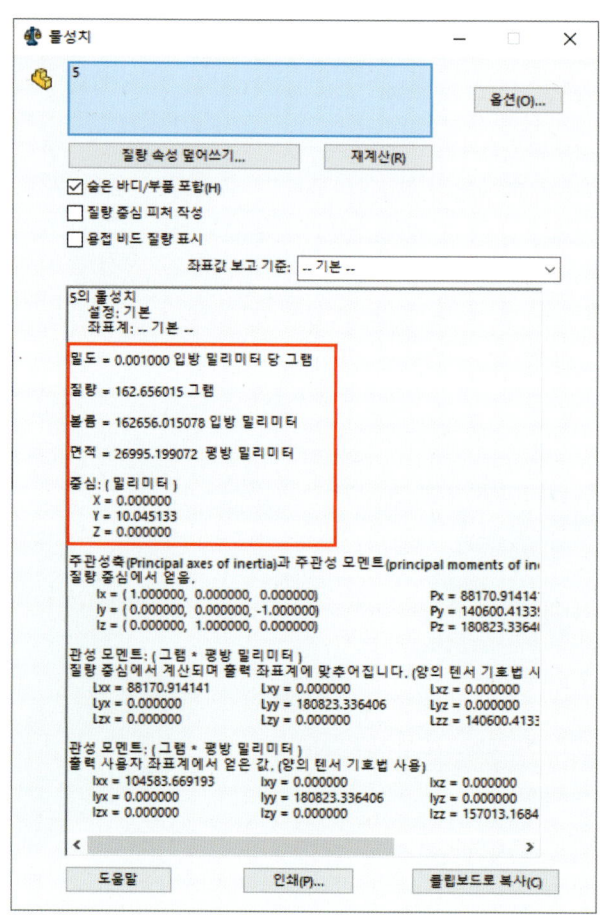

[옵션(O)]에서 [사용자 설정 사용]에 체크하면 물성치 대화상자에서 표시되는 길이, 질량 및 부피의 단위를 변경할 수 있습니다.

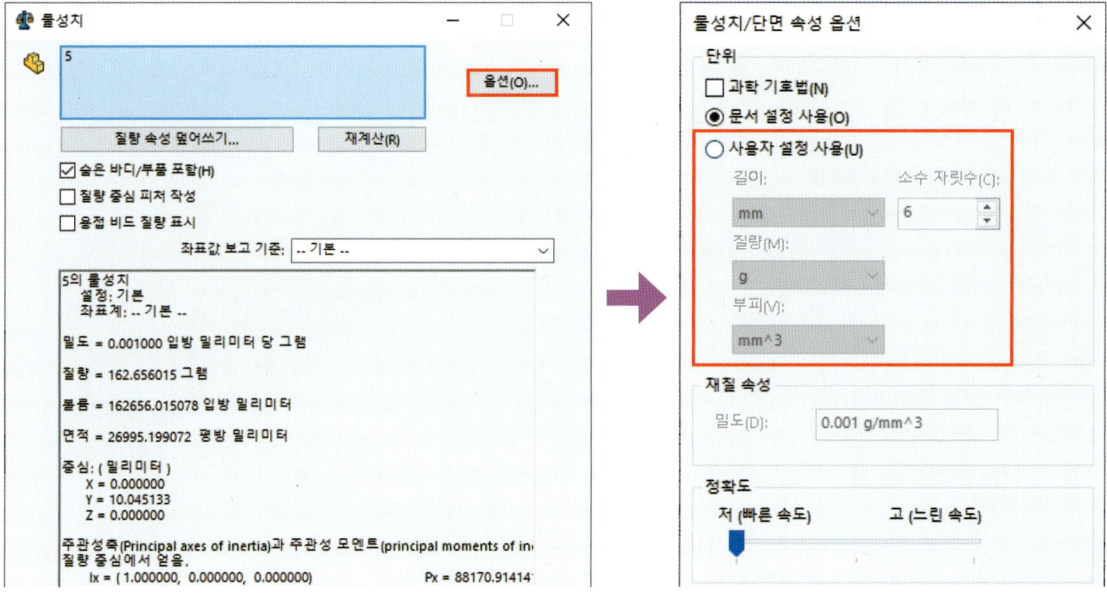

또한, 질량, 길이 등 물성치 대화상자에서 표시되는 단위를 [옵션] - [문서 속성] 탭의 [단위] 항목에서도 변경할 수 있습니다. (예 : 그램 g 〉 킬로그램 kg)

이 단위는 파트 환경에 적용되어 길이 단위를 변경하면 스케치하거나 피처를 생성할 때도 적용되니 주의해서 변경하기 바랍니다.

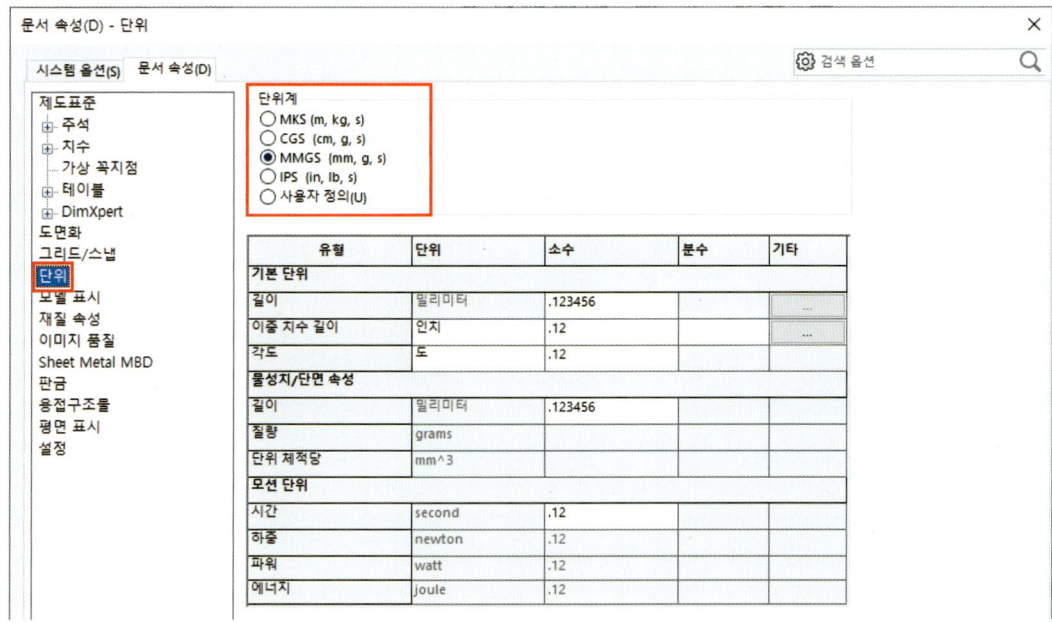

PART 6 **3D 형상 모델링 검토 및 수식**   227

03 피처 편집

작성된 피처를 편집하기 위해서는 FeatureManager 디자인 트리에서 편집할 피처를 더블 클릭하거나, 마우스 오른쪽 버튼으로 클릭한 다음 [피처 편집]을 선택합니다.

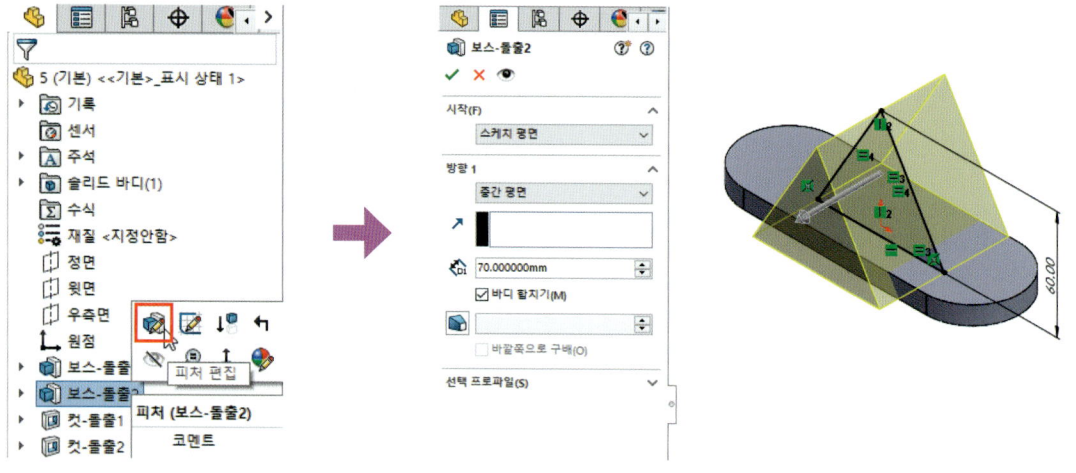

04 피처 삭제

작성한 피처를 사용하지 않는 경우 해당 피처를 선택해 삭제할 수 있으며, 지우기 재확인 대화상자에서 사용된 스케치 삭제 여부를 선택할 수 있습니다.

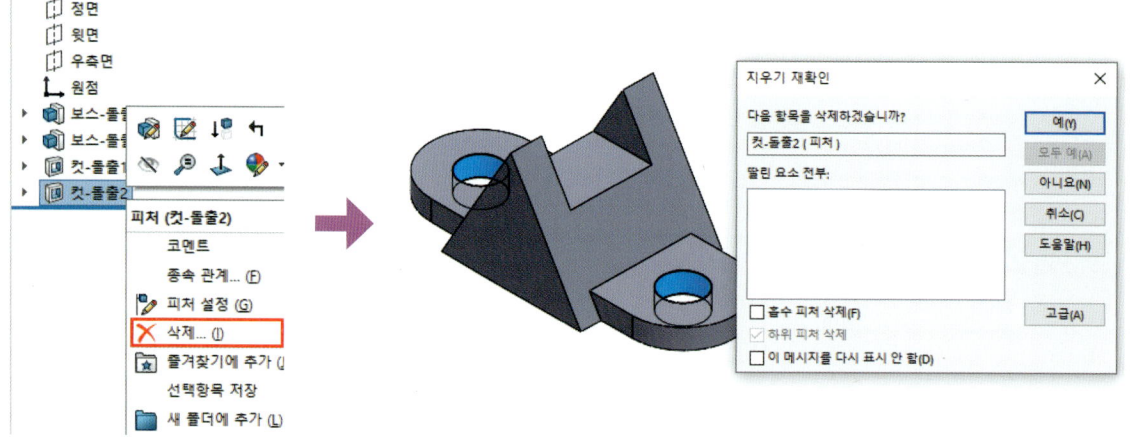

TIP

피처를 삭제할 때 종속된 피처가 있을 경우 FeatureManger 디자인 트리와 그래픽 영역에 종속된 피처들이 함께 표시되며, 삭제할 피처와 종속된 피처의 관계를 확인하여 지우기 재확인 대화상자에서 종속된 피처도 함께 삭제 할지의 여부를 선택합니다.

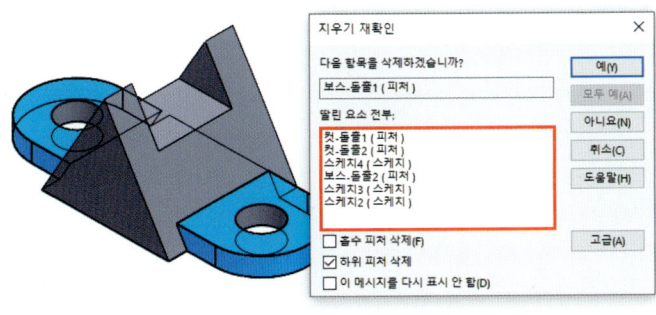

05 기능 억제

일시적으로 피처를 사용하지 않는 경우 기능 억제를 사용할 수 있습니다. 억제된 피처는 설계에 적용되지 않으며 FeatureManager 디자인 트리에서 회색으로 처리됩니다.

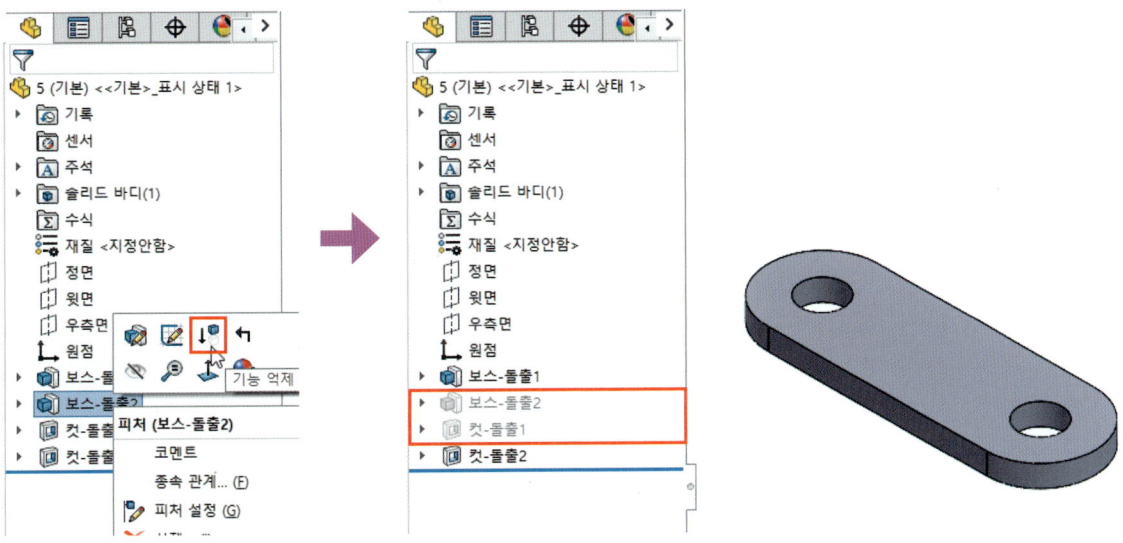

억제된 피처를 다시 사용해야 할 경우 FeatureManager 디자인 트리에서 피처를 마우스 오른쪽 버튼을 클릭하고 기능 억제 해제를 선택합니다. 억제 해제된 피처는 다시 설계에 적용됩니다.

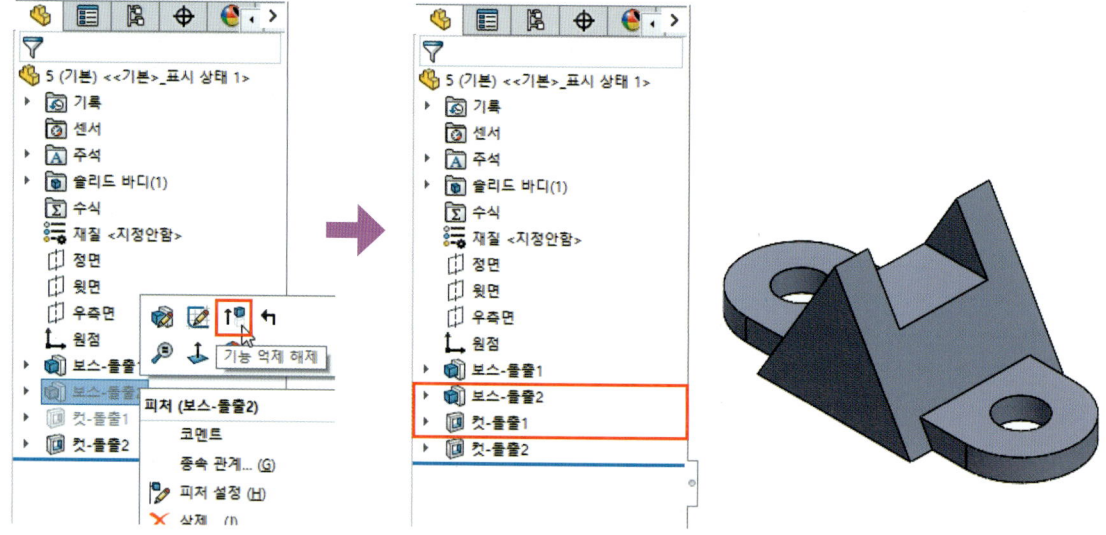

TIP

피처를 억제할 때 종속된 피처가 있을 경우 이 피처도 함께 억제됩니다.

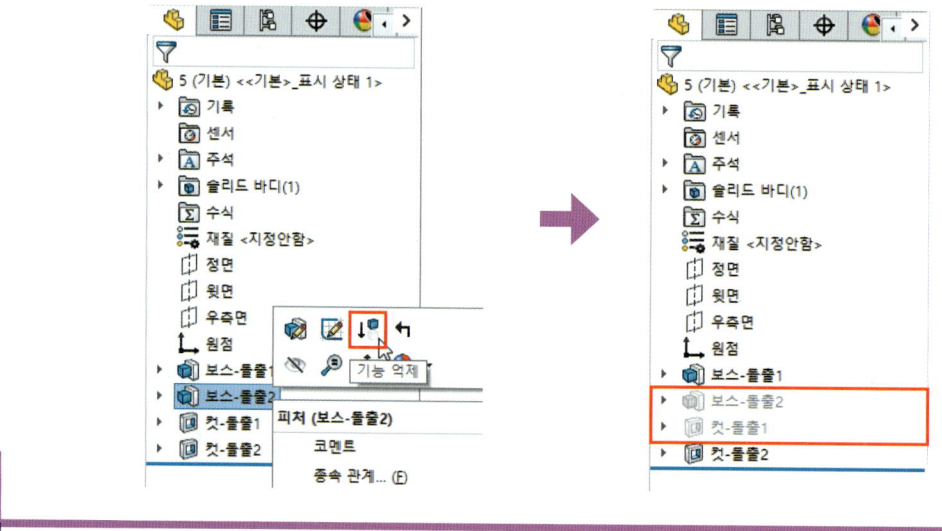

06 롤백 바

파트 모델링을 할 때 FeatureManager 디자인 트리에서 롤백 바를 사용하여 일시적으로 모델을 이전 상태로 롤백할 수 있습니다. 롤백 바는 사용자가 위 아래로 끌어 위치를 조정할 수 있으며 롤백 바 아래 있는 피처는 회색이 되고 사용할 수 없게 됩니다.

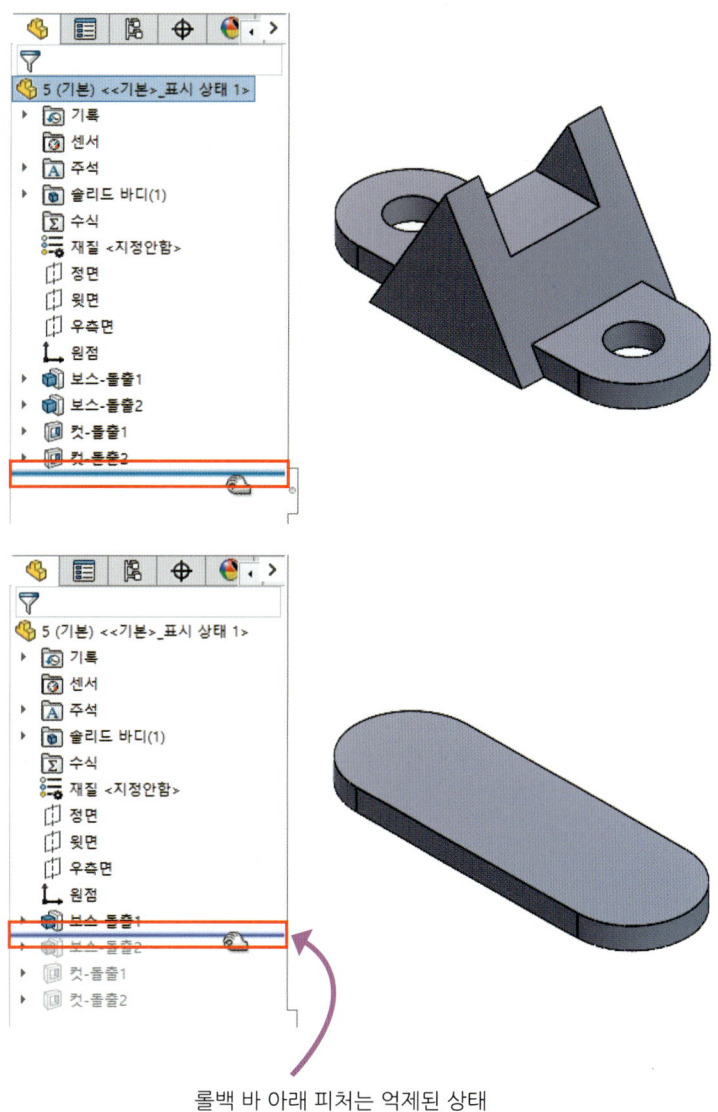

롤백 바 아래 피처는 억제된 상태

파트 모델링을 작성하는 도중 오류가 발생했을 때 피처가 많은 경우 오류를 찾기 어렵지만 롤백 바를 활용하면 오류가 발생한 위치를 찾는데 도움이 될 수 있습니다.

사용자는 롤백 바를 위로 끌어올려 처음으로 모형을 되돌린 다음 오류가 발생한 피처를 찾을 때까지 롤백 바를 한 피처씩 아래로 이동하여 피처에 오류가 발생했는지 확인합니다.

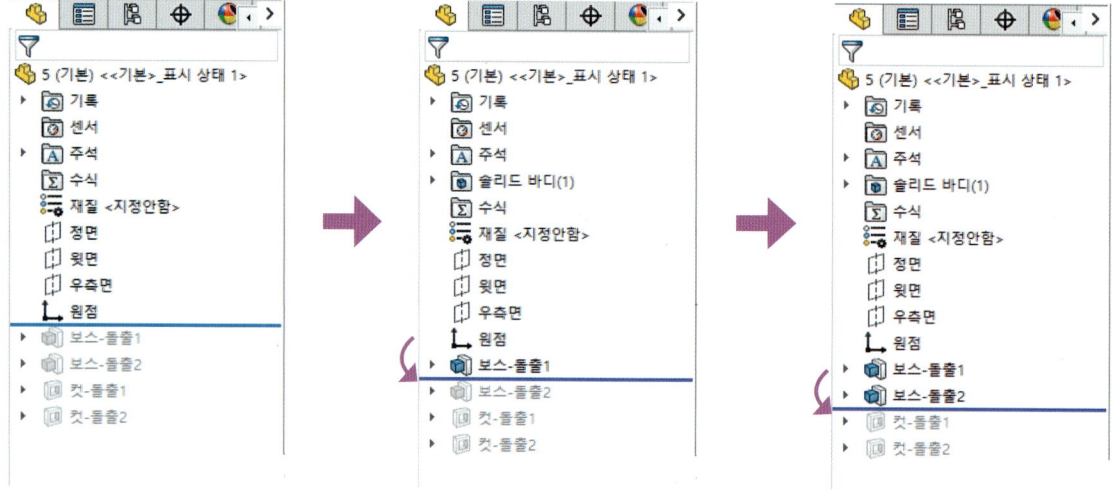

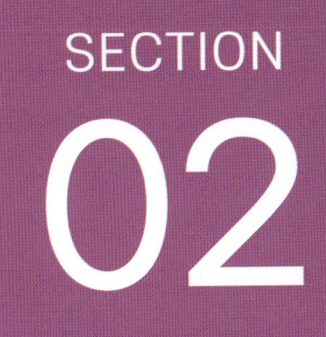

SECTION 02

수식

01 수식에 대해서

수식(파라미터)이란 파트 환경에서 형상의 크기와 모양을 정의하고 어셈블리 환경에서 파트 간의 위치나 거리를 제어할 수 있는 기능입니다.

SOLIDWORKS에서는 파트 환경에서 스케치의 치수를 정의하거나 피처를 생성할 때, 어셈블리 환경에서 구속조건을 추가할 때 수식이 자동으로 정의되며, 이 수식에는 기본적으로 D1@스케치1, D1@보스-돌출1 등으로 이름이 지정되지만 사용자가 수식을 쉽게 알아볼 수 있도록 이름을 재지정할 수 있습니다.

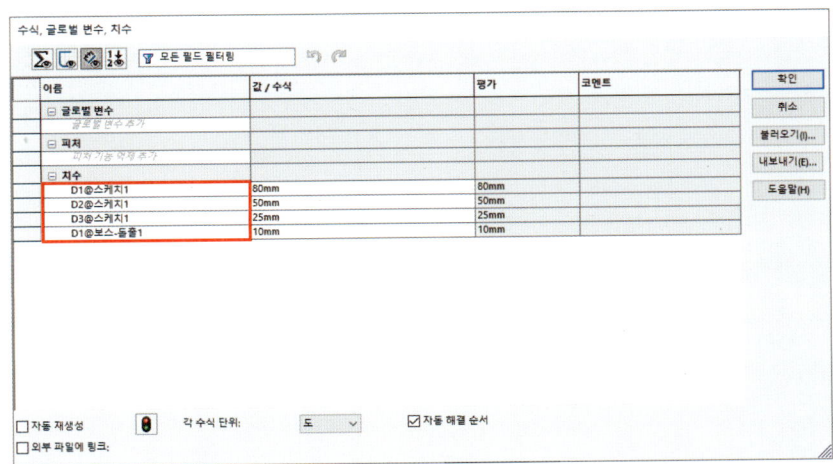

수식 대화상자

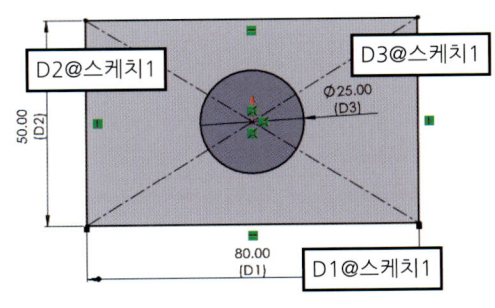

스케치의 치수를 정의할 때

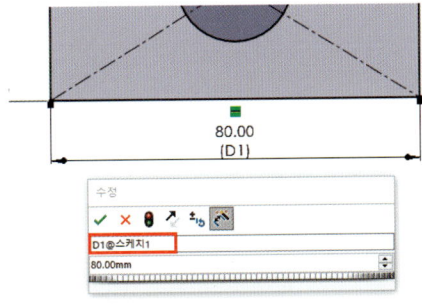

치수 편집할 때

PART 6 3D 형상 모델링 검토 및 수식   233

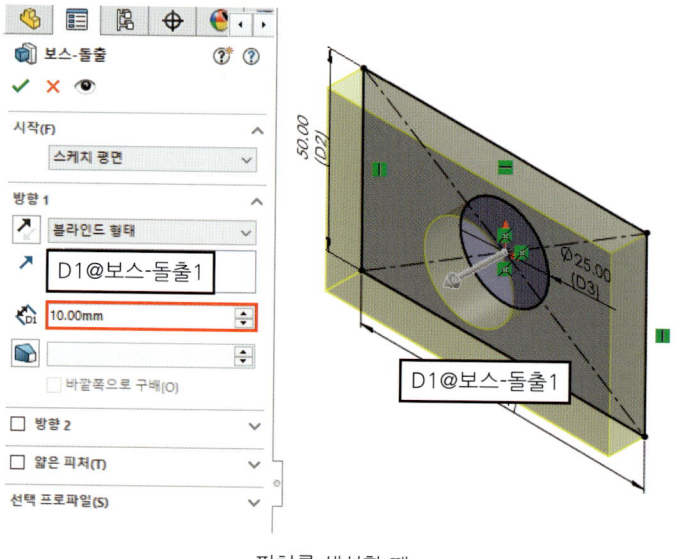

피처를 생성할 때

TIP

스케치 환경에서 정의한 치수에 수식 이름을 표시하는 방법입니다.

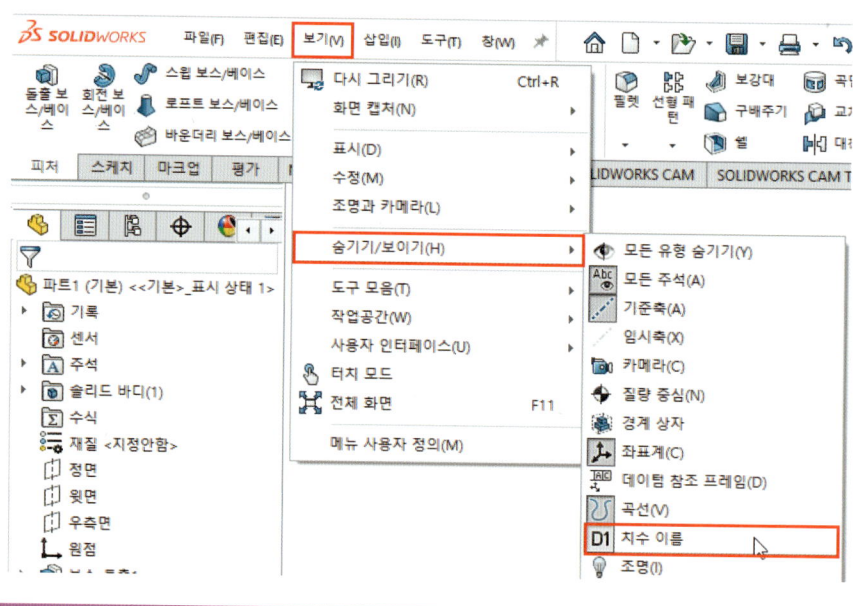

02 수치 링크

수식은 수식 대화상자에서 지정할 수 있지만 수치 링크 기능을 이용하여 2개 이상의 스케치 치수를 연결하여 사용할 수도 있습니다.

01 수치 링크로 등록할 치수를 마우스 우측 버튼으로 클릭한 다음 [수치 링크]를 선택합니다.

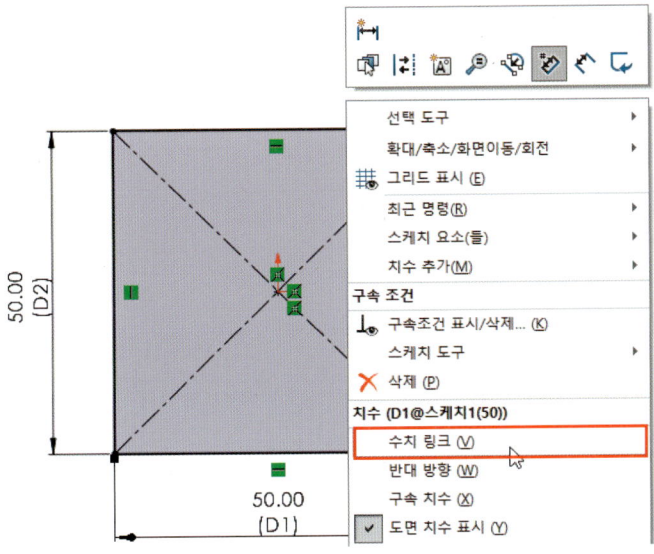

02 공유된 치수 대화 상자에서 치수의 이름을 입력하고 확인 버튼을 클릭합니다.

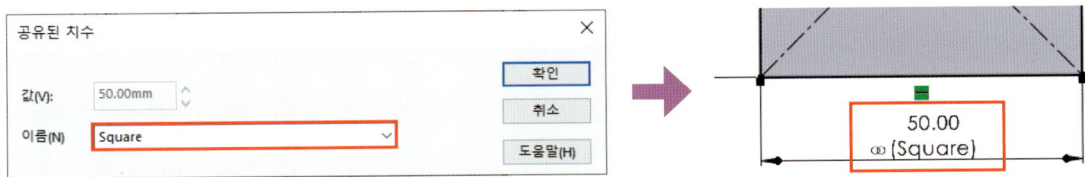

03 수치 링크를 사용할 다른 치수를 마우스 우측 버튼으로 클릭한 다음 [수치 링크]를 선택합니다.

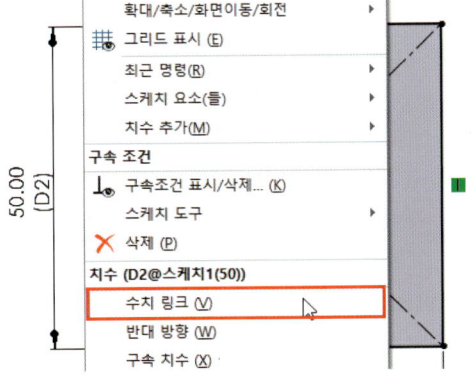

PART 6 **3D 형상 모델링 검토 및 수식**   235

04 공유된 치수 대화 상자에서 링크시킬 치수를 선택하고 확인 버튼을 클릭합니다.

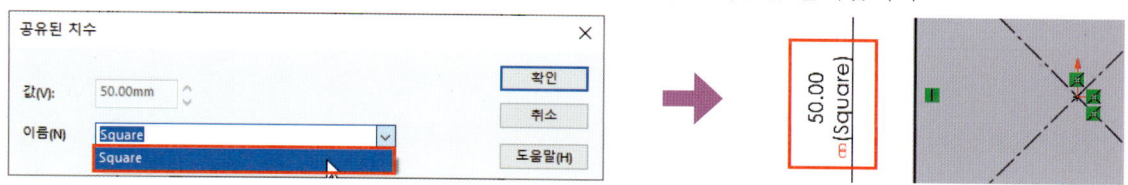

05 선택한 치수값이 링크되며, 링크된 치수 중 하나를 변경하면 다른 치수도 함께 변경됩니다.

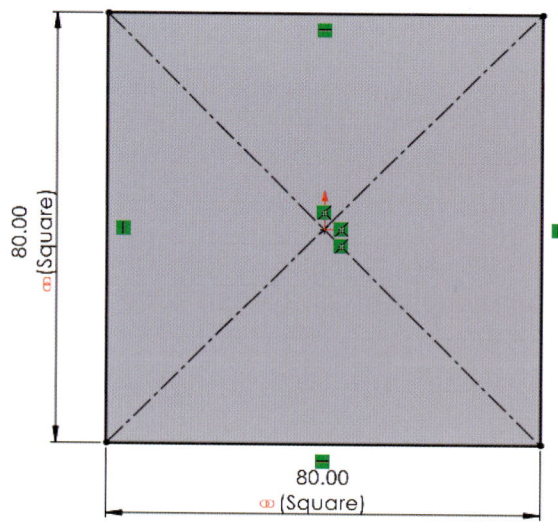

TIP

수치 링크를 제거하려면 치수를 마우스 우측 버튼으로 클릭한 후 [수치 링크 해제]를 선택합니다.

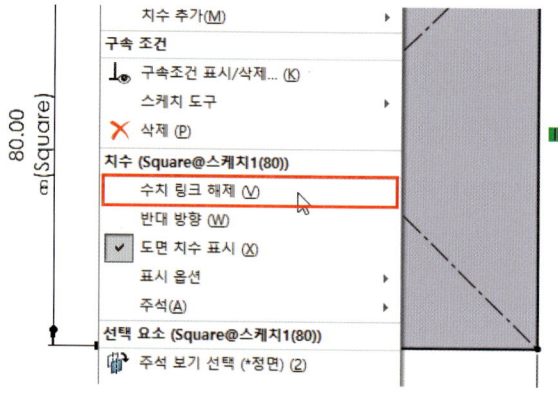

03 글로벌 변수

글로벌 변수는 수식에서 추가하거나, 치수 작성시 수정 대화 상자에서 〈=변수 이름〉을 통해 직접 글로벌 변수를 추가할 수 있습니다.

수식 대화상자에서 [글로벌 변수] 행에 변수의 이름과 방정식을 입력합니다.

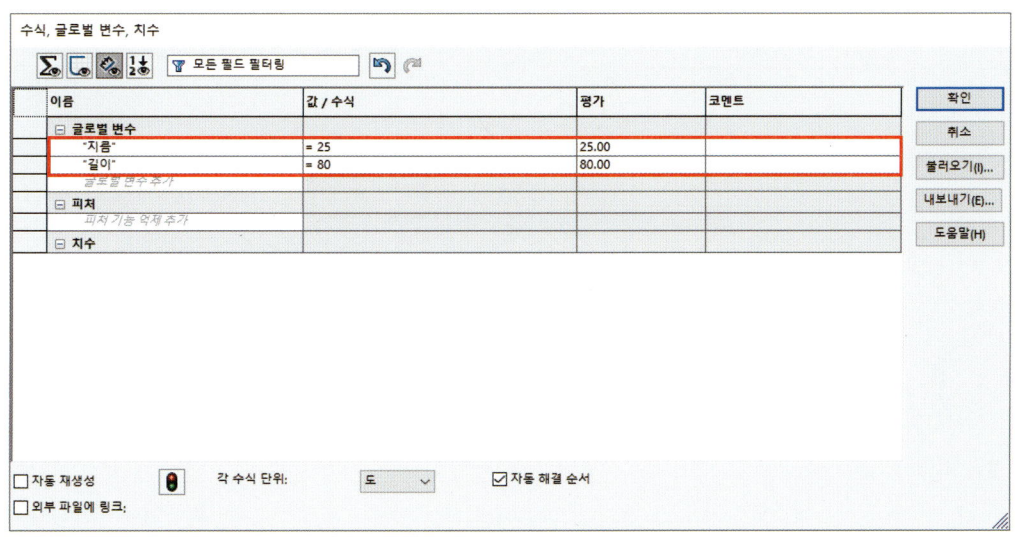

치수 작성시 나타나는 수정 대화 상자에서 "=변수 이름"을 입력하여 글로벌 변수를 작성한 다음 값을 입력합니다.

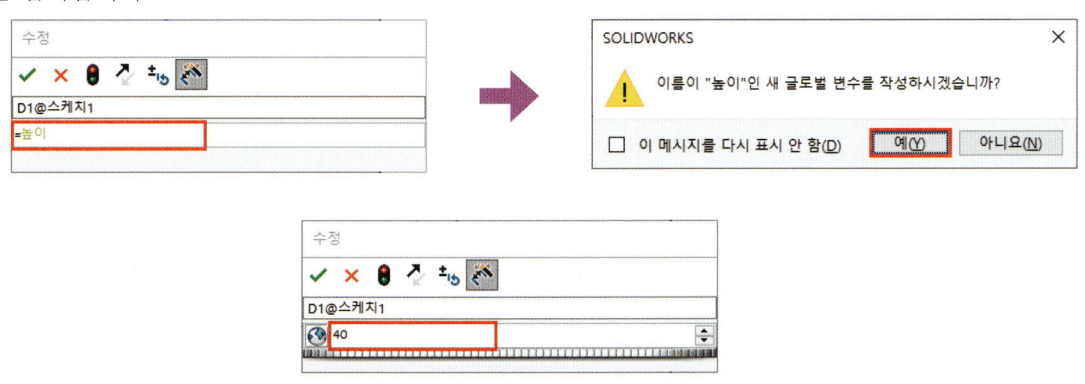

TIP

=(등호)를 입력하지 않고 변수 이름을 작성하게 되면 글로벌 변수로는 작성되나 스케치 수식에는 적용되지 않습니다.

04 수식 사용

스케치 작업 중 치수를 입력할 때 =(등호)를 입력하면 나타나는 글로벌 변수 항목에서 원하는 변수를 클릭하여 사용할 수 있습니다.

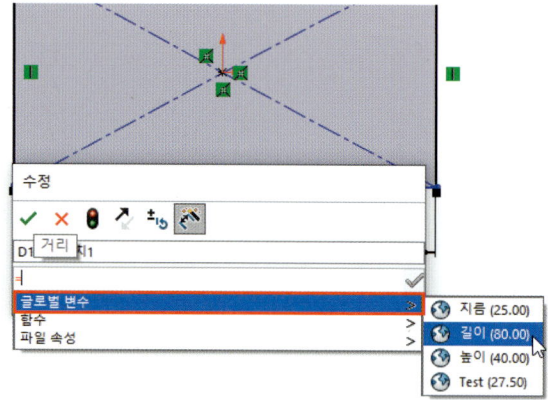

또한, 글로벌 변수의 이름을 알고 있는 경우 〈="변수 이름"〉을 직접 입력하여 글로벌 변수를 사용할 수도 있습니다.

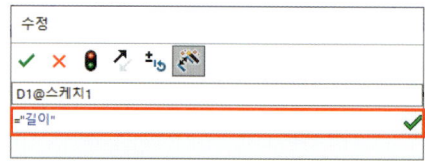

수식이 사용된 치수 앞에는 ∑ 기호가 추가됩니다.

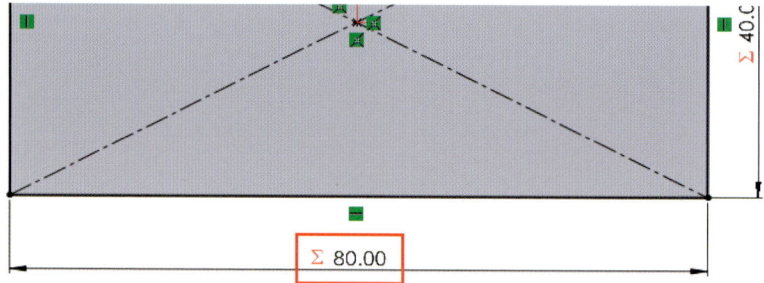

05 수식 제어

스케치를 작성하거나 피처를 생성할 때 방정식(equation)을 사용해 수식을 제어할 수 있습니다.

다음은 방정식을 사용한 간단한 예로 아래 형상의 직사각형의 높이를 길이의 -30으로 원의 지름을 높이의 1/2 크기로 지정하려고 합니다.

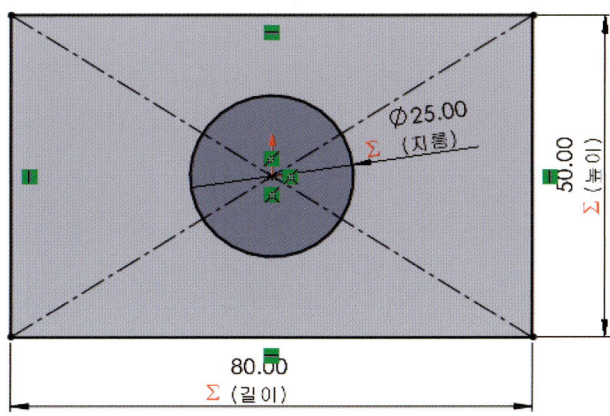

방정식은 수식 대화상자에서 입력하거나 치수 편집 대화상자에서 입력할 수 있으며, 높이는 길이에 연관되어 있고 지름은 높이에 연관되어 있기 때문에 설계 변경으로 형상의 크기가 변경되어야 할 경우 사용자가 길이 수식만 변경하면 방정식에 따라 높이와 지름 수식이 자동으로 변경됩니다.

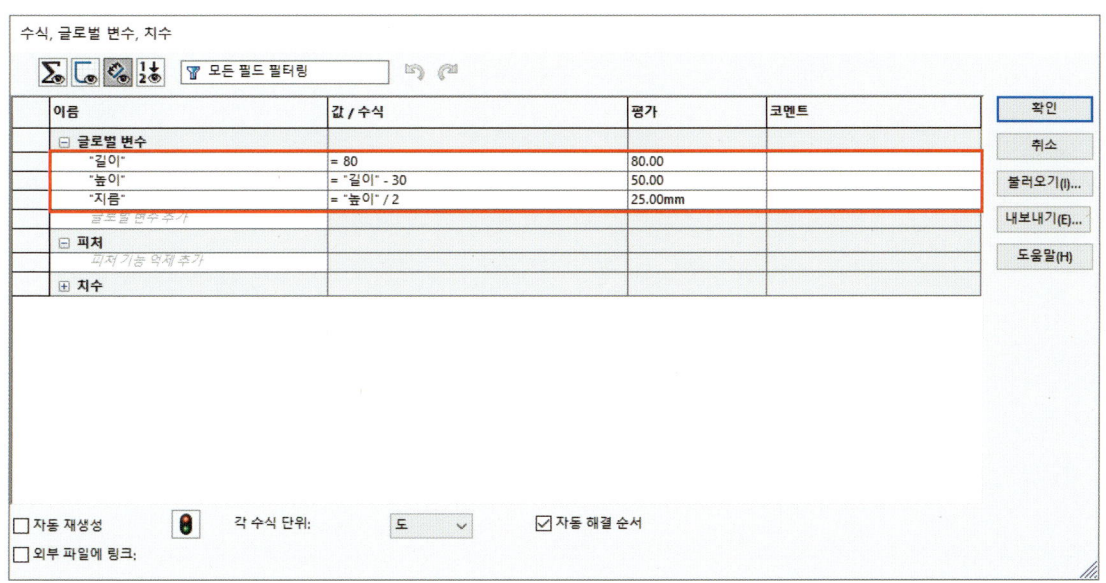

PART 6 **3D 형상 모델링 검토 및 수식**

- 길이 수식을 80mm → 100mm로 변경했을 때

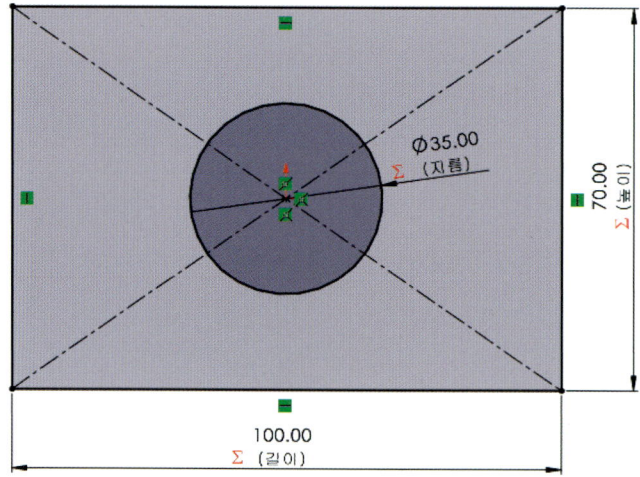

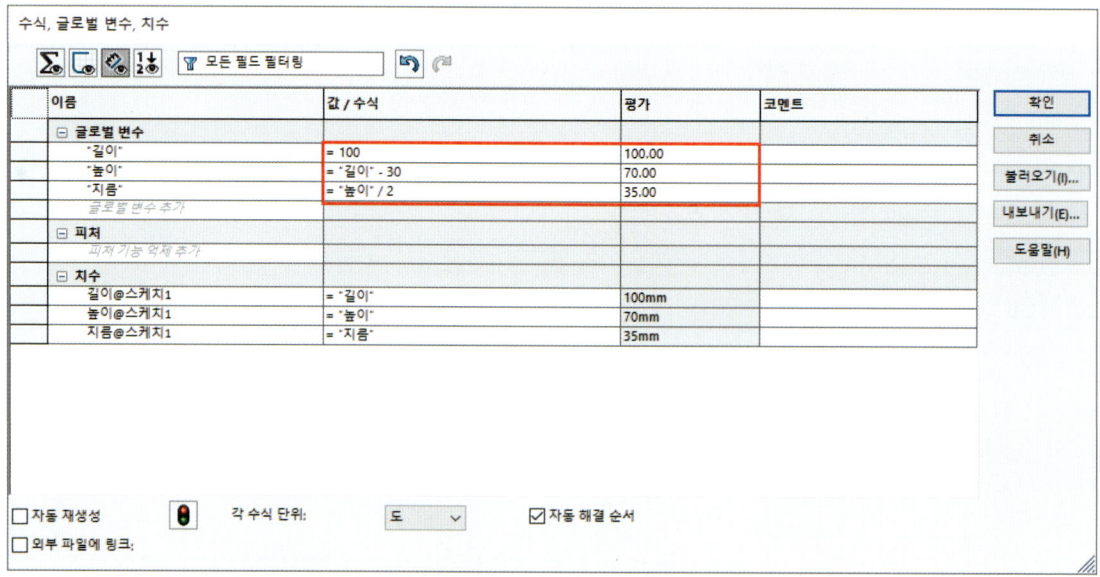

아래와 같이 다른 수식과 연관 없이도 방정식을 작성할 수도 있습니다. 단, 수식 간 연관이 없기 때문에 형상의 크기를 변경하려면 각 수식을 모두 변경해야 합니다.

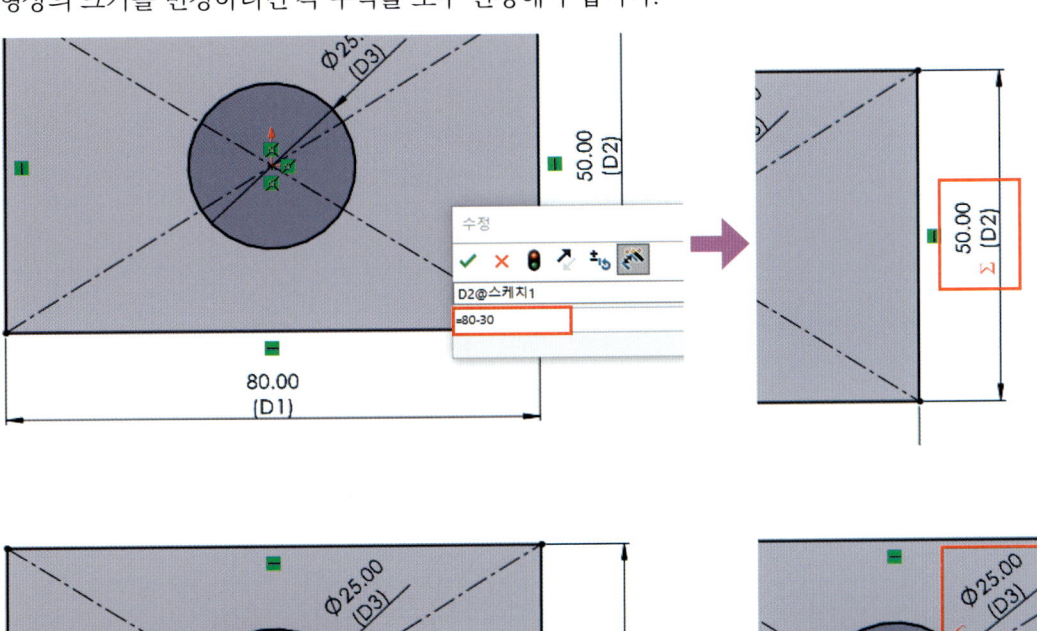

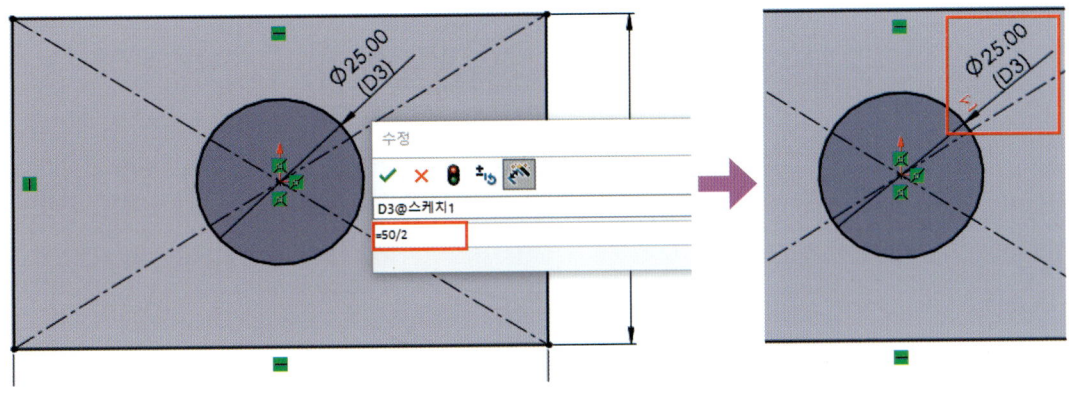

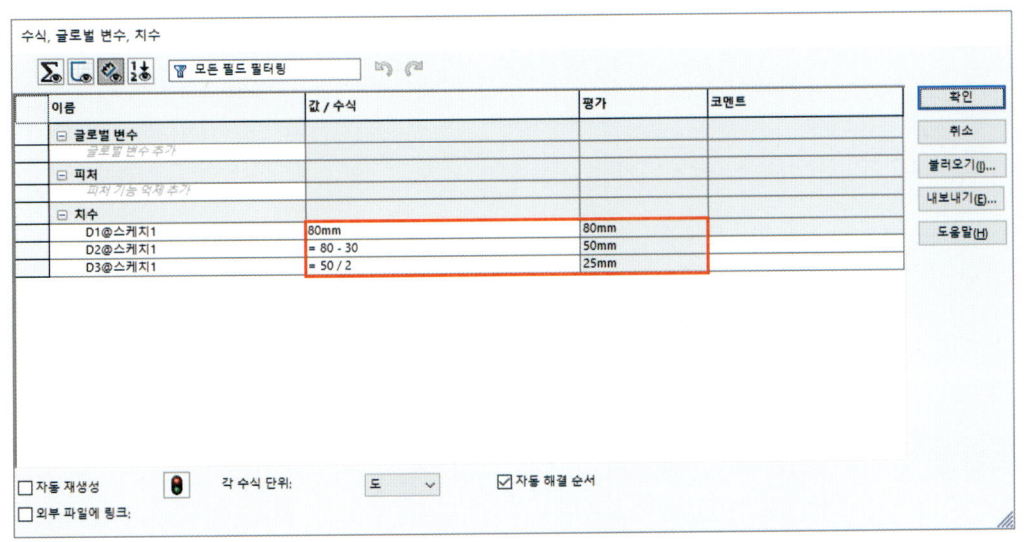

● **사용 가능한 연산자 종류**

+	더하기
−	빼기
%	부동 소수점 모듈로
*	곱하기
/	나누기
^	제곱
( )	표현식 구분기호
;	다중 인수 함수의 구분기호

부록 | AutoCAD 명령에 상응하는 SOLIDWORKS 기능 대조표

● **그리기 도구 모음**

스케치 도구 모음에 있는 스케치 도구들은 도면에서도 사용할 수는 있지만, 일반적으로 파트 스케치에서 피처를 작성하는 데 사용됩니다. 주석 도구 모음에 있는 대부분의 주석은 파트나 어셈블리에 삽입할 수 있으며, 삽입한 주석은 도면을 작성할 때 자동으로 기입됩니다.

AutoCAD			SOLIDWORKS		
도구	도구 정보	명령어	도구	도구 정보	도구 모음
	선(L)	LINE		선(L)	스케치
	구성 선	XLINE		중심선	스케치
−	−	−		보조선	스케치
	폴리선	PLINE		선(L)	스케치
	다각형	POLYGON		다각형	스케치
	사각형	RECTANG		사각형	스케치
	원호	ARC		3점호	스케치
	원	CIRCLE		원	스케치
	구름형 수정 기호	REVCLOUD		구름	eDrawings ®Professional
	스플라인(P)	SPLINE		스플라인(P)	스케치
	타원	ELLIPSE		타원	스케치
	타원호	ELLIPSE		부분 타원	스케치
	블럭 삽입	블록 플라이아웃		블럭 삽입	블럭
	블럭 만들기	BLOCK		블럭 만들기	블럭
	점	POINT		점	스케치
	해치	BHATCH		영역 해칭 / 채우기	주석
	여러 줄 문자	MTEXT		노트	주석

● **치수 도구 모음**

지능 치수 도구와 치수/구속조건 도구 모음의 다른 치수 도구로 치수를 적용할 수 있습니다.

AutoCAD			SOLIDWORKS		
도구	도구 정보	명령어	도구	도구 정보	도구 모음
	선형 치수	DIMLINEAR		지능형 치수	치수/구속조건
	치수 정렬	DIMALIGNED		지능형 치수	
	좌표 치수	DIMORDINATE		좌표 치수	
	반지름 치수	DIMRADIUS		지능형 치수	
	지름 치수	DIMDIAMETER		지능형 치수	
	각도 치수	DIMANGULAR		지능형 치수	
	빠른 작업 치수	QDIM		Smart Dimension Autodimension tab	
	기초선 치수	DIMBASELINE		기초선 치수	
	연속 치수	DIMCONTINUE		지능형 치수	
	공차(T)	TOLERANCE		기하 공차	주석
	중심 표시	DIMCENTER		중심 표시	

● 수정 도구 모음

표준 도구 모음과 스케치 도구 모음에 있는 도구 이외에 각 스케치 요소의 PropertyManager에서 속성을 편집하거나 요소를 직접 끌어와 스케치 요소를 수정할 수 있습니다.

AutoCAD			SOLIDWORKS		
도구	도구 정보	명령어	도구	도구 정보	도구 모음
	지우기	ERASE		삭제	규격
	객체 복사	COPY		요소 복사	스케치
	대칭 복사	MIRROR		요소 대칭 복사	
	간격띄우기	OFFSET		오프셋	
	배열	ARRAY		선형 스케치 패턴	
-	-	-		원형 스케치 패턴	
	이동	MOVE		요소 이동	
	회전	ROTATE		요소 회전	
	축척	SCALE		축척할 요소	
	잘라내기	TRIM		잘라내기	
	늘리기	EXTEND		요소 늘리기	
	점에서 끊기	BREAK		요소 분할	
	모따기	CHAMFER		스케치 모따기	
	필렛	FILLET		스케치 필렛	
	분해	EXPLODE		구속조건 표시/삭제	치수/구속조건

● **레이어 도구 모음**

SOLIDWORKS의 레이어는 레이어 도구 모음과 선 형식 도구 모음에서 작업합니다.

AutoCAD			SOLIDWORKS		
도구	도구 정보	명령어	도구	도구 정보	도구 모음
	도면층 특성 관리자	LAYER		레이어 속성	레이어 또는 선 형식
	색상	목록		선 색상	선 형식
	선 유형	목록		선 유형	선 형식
	선 가중치	목록		선 두께	선 형식
	플롯 스타일	목록	–	–	–